Die Vorsorgevollmacht in der Personengesellschaft

Europäische Hochschulschriften Recht

European University Studies in Law

Publications Universitaires Européennes de Droit

Band/Volume **6083**

Julius Busold

Die Vorsorgevollmacht in der Personengesellschaft

Eine gesellschaftsrechtliche Betrachtung unter besonderer Berücksichtigung des Abspaltungsverbots

PETER LANG

Bibliografische Information der Deutschen Nationalbibliothek
Die Deutsche Nationalbibliothek verzeichnet diese Publikation in der Deutschen Nationalbibliografie; detaillierte bibliografische Daten sind im Internet über http://dnb.d-nb.de abrufbar.

Zugl.: Bochum, Univ., Diss., 2018.

D 294
ISSN 0531-7312
ISBN 978-3-631-78519-5 (Print)
E-ISBN 978-3-631-78857-8 (E-PDF)
E-ISBN 978-3-631-78858-5 (EPUB)
E-ISBN 978-3-631-78859-2 (MOBI)
DOI 10.3726/b15569

Peter Lang – Berlin · Bern · Bruxelles · New York · Oxford · Warszawa · Wien

Diese Publikation wurde begutachtet.

www.peterlang.com

Inhaltsverzeichnis

A. Einleitung

Die demographische Entwicklung ist geprägt durch die Alterung der Gesellschaft.[1] Die Auswirkungen dieser Entwicklung treffen viele Bereiche des Lebens, auch die anwaltliche und notarielle Gestaltungspraxis. Hierbei werden die Steigerung der Lebenserwartung und ihre Wechselwirkung auf die Vertragsgestaltung zukünftig noch stärker zu berücksichtigen sein als bisher. Dies gilt insbesondere für Unternehmensübertragungen, die Gestaltung von Gesellschaftsverträgen und den Umgang mit betreuungsbedürftigen oder geschäftsunfähigen Gesellschaftern.[2]

Insbesondere die Frage nach dem Umgang mit betreuungsbedürftigen oder geschäftsunfähigen Gesellschaftern besitzt eine große praktische Relevanz. Denn dies betrifft nicht nur den älter werden Gesellschafter selbst, sondern wirkt sich auch auf seine Erben, die Mitgesellschafter und die Gesellschaft, und damit mittelbar auch auf die dortigen Arbeitsplätze, aus. Aber nicht nur älter werdende Gesellschafter können von diesem Schicksal ereilt werden. Auch junge und vollkommen gesunde Menschen können betreuungsbedürftig oder geschäftsunfähig werden, wie der Skiunfall von Michael Schumacher in tragischer Weise verdeutlicht hat.

Dass eine Vorsorge für diesen Fall notwendig ist, gilt erst recht, wenn man sich vor Augen führt, dass die deutsche Wirtschaft maßgeblich durch mittelständische Unternehmen geprägt ist. Viele dieser Unternehmen sind als Personengesellschaften organisiert und zeichnen sich durch eine starke Stellung des (Mehrheits-)Gesellschafters aus.[3] Aufgrund ihrer prägenden Bedeutung für ihre Gesellschaft wiegt der Ausfall eines solchen Gesellschafters oftmals schwer; erst recht, wenn der Unternehmer – wie so oft – nicht nur kapitalmäßig an der Gesellschaft beteiligt ist, sondern auch seine Arbeitskraft in den Dienst des Unternehmens stellt. In diesen Fällen ist eine entsprechende Vorsorge besonders wichtig; vor allem wenn es zum Verlust der Geschäftsfähigkeit kommt.[4] Entsprechendes gilt auch für Freiberufler in vergleichbaren Positionen. Ein möglicher Ausfall des

---

1 *Heckschen* NZG 2012, 10; *Winkler* Vorsorgeverfügungen S. 1; Müller/Renner/*Renner* Teil 2 A. II. 1. Rn. 234; *Jocher* notar 2014, 3, 4.

2 *Heckschen* NZG 2012, 10; vgl. auch *Wedemann* NJW 2014, 3419–3424.

3 *Langenfeld* ZEV 2005, 52; *Hübner* in Sudhoff Unternehmensnachfolge Einl. LXIII.

4 *Reymann* ZEV 2005, 457, 458; *Langenfeld* ZEV 2005, 52; Würzburger NotarHdB/*Müller* Teil 3 Kap. 3 Rn. 21.

Unternehmers sollte also bereits im Vorfeld bedacht werden und entsprechende Regelungen sollten rechtzeitig getroffen werden.[5]

Zwar verbieten sich für die Frage, welche Regelungen für den Ausfall eines Gesellschafters getroffen werden sollen, pauschale Ratschläge, jedoch können die Vor- und Nachteile der Gestaltungsmöglichkeiten losgelöst von einem konkreten Beratungsfall diskutiert werden. Ausgangspunkt ist der, dass die Geschäftsunfähigkeit eines Gesellschafters weder zu dem Verlust der Gesellschafterstellung noch zu dem Verlust der Geschäftsführungsbefugnis führt.[6] Denn für Letztere bestehen für Personengesellschaften keine mit § 6 Abs. 2 S. 1 und S. 2 Nr. 1 GmbHG bzw. § 76 Abs. 3 S. 1 und 2 Nr. 1 AktG vergleichbaren Regeln, die geschäftsunfähigen oder unter Betreuung stehenden Personen die Geschäftsführungsbefugnis nehmen. Auch eine analoge Anwendung scheidet aus, da § 6 Abs. 2 GmbHG in einem engen Zusammenhang mit dem Prinzip der Fremdorganschaft steht, eine Personengesellschaft aber durch den Grundsatz der Selbstorganschaft geprägt ist.[7] Für Gesellschaften, in denen der Erfolg stark von den individuellen Fähigkeiten und den Persönlichkeiten der einzelnen Gesellschafter abhängt, wird für den Fall der Handlungsunfähigkeit teilweise vorgeschlagen, dass der Gesellschaftsvertrag das Ausscheiden des Gesellschafters vorsehen soll.[8] Eine solche Regelung dürfte aber häufig am Widerstand der (Mehrheits-)Gesellschafter scheitern.

Verbleibt der Gesellschafter trotz Betreuungsbedürftig- oder Geschäftsunfähigkeit in der Gesellschaft, werden seine Gesellschafterrechte durch einen gem. § 1896 Abs. 1 BGB zu bestellenden Betreuer ausgeübt.[9] Dies ist nur dann nicht

---

5 *Winkler* Vorsorgeverfügungen S. 42; *Westermann* FS Blaurock S. 538 ff. schlägt vor, auch für den Fall einer bloßen altersbedingten Überforderung eines Gesellschafters vorzusorgen.

6 Vertiefend zur Frage der Geschäftsunfähigkeit als möglichen Ausschlussgrund des Gesellschafters sowie als Auflösungsgrund der Gesellschaft *Raub* Vorsorgevollmachten S. 26 ff., *Heckschen* NZG 2012, 12, 16 sowie *Westermann* FS Blaurock S. 541.

7 *Schäfer* ZHR 175 (2011), 557, 572; *Raub* Vorsorgevollmachten S. 26 f.; vgl. zur Rechtslage in der GmbH: *Heckschen/Kreußlein* NotBZ 2012, 321–329.

8 So bspw. *Jocher* notar, 2014, 3, 5.

9 BGH Urt. v. 21.06.1965 – II ZR 68/63, juris Tz. 15 ff., NJW 1965, 1961 f.; *Schäfer* ZHR 175 (2011), 557, 560; MüKoBGB/*Ulmer/Schäfer* BGB, § 705 Rn. 69 ff.; Staub/*Schäfer* HGB, § 105 Rn. 85 f.; Staub/*Habersack* HGB, § 125 Rn. 29; MüKoHGB/*Schmidt* HGB, § 125 Rn. 18; Röhricht/Graf von Westphalen/Haas/*Hass* HGB, § 125 Rn. 18; EBJS/*Hillmann* BGB, § 125 Rn. 48; Oetker/*Boesche* HGB, § 125 Rn. 55; *Wedemann* ZIP 2013, 1508, 1511; *Hübner/Hammes* BB 2013, 2307; *Wilde* GmbHR 2010, 123, 124; *Raub* Vorsorgevollmachten S. 39.

der Fall, soweit eine Vorsorgevollmacht der Betreuerbestellung entgegensteht, § 1896 Abs. 2 S. 2 BGB.[10]

Die Tätigkeit eines Betreuers in der Gesellschaft ist mit einer Reihe von Nachteilen[11] verbunden, die vor allem daraus resultieren, dass das Betreuungsverfahren ein formelles staatliches Verfahren ist. Hinzu kommt die Gefahr, dass der Betreuer die Gesellschaftsangelegenheiten nicht im Sinne des Betreuten fortführt und dass die Mitgesellschafter unter Umständen mit einer ihnen unliebsamen und möglicherweise wenig sachkundigen Person kooperieren müssen,[12] da sie deren Auswahl kaum steuern können.[13] Außerdem können die Gesellschafter die Befugnisse eines Betreuers nicht beschränken. Begründet wird dies damit, dass auch die Befugnisse eines gesetzlichen Vertreters eines minderjährigen Gesellschafters nicht eingeschränkt werden können und dass übergeordnete Gesichtspunkte dem entgegenstünden.[14] Dies wird teilweise kritisiert, da nicht nachvollziehbar sei, warum die Gesellschafter vorab nicht festlegen können sollen, dass bestimmte Gesellschafterrechte mit dem Eintritt der Geschäftsunfähigkeit ruhen oder eingeschränkt werde, zumal dies für das Erreichen eines gewissen Alters zulässig sei. Außerdem überzeuge der Vergleich mit einem Minderjährigen nicht, da dieser zuvor nicht selber in die Beschränkung seiner Rechtsstellung einwilligen konnte.[15]

Auch betriebswirtschaftliche Erwägungen sprechen gegen die Tätigkeit eines Betreuers. Denn während des oftmals mehrere Monate dauernden Zeitraums[16] zwischen dem Eintritt der Geschäftsunfähigkeit und der Bestellung

---

10 *Bühler* FamRZ 2001, 1585, 1586 f. zur Frage, wann trotz Vorsorgevollmacht ein Betreuer bestellt wird.

11 Vgl. vertiefend *Raub* Vorsorgevollmachten S. 50 ff.; *Zimmermann* Vorsorgevollmacht Rn. 36 ff. sowie Damrau/*Zimmermann* BGB, § 1896 Rn. 107.

12 *Wedemann* ZIP 2013, 1508 f.

13 Nur dem Betroffenem steht ein Vorschlagsrecht zu; BayObLG Beschl. v. 14.06.1996 – 3Z BR 125/96, NJW-RR 1997, 71–72; *Heckschen/Kreußlein* NotBZ 2012, 321; *Heckschen* NZG 2012, 10, 12 f.; *Wedemann* ZIP 2013, 1508, 1508; MüKoBGB/*Schwab* BGB, § 1896 Rn. 125; Jurgeleit/*Jurgeleit* BGB, § 1896 Rn. 4; „Anträge" anderer sind lediglich Anregungen an das Betreuungsgericht tätig zu werden, vgl. Jürgens/*Jürgens* BGB, § 1896 Rn. 12.

14 BGH Urt. v. 21.06.1965 – II ZR 68/63, juris Tz. 18 f., NJW 1965, 1961, 1962.

15 *Heckschen* NZG, 2012, 10, 14; *Heckschen/Kreußlein* NotBZ 2012, 321, 322; ähnlich: *Westermann* FS Blaurock S. 542.

16 Die Länge des Zeitraums liegt daran, dass gem. § 280 FamFG ein Sachverständigengutachten zur Notwendigkeit einer Betreuung einzuholen ist und gem. § 279 FamFG die Beteiligten anzuhören sind.

eines Betreuers ist die Gesellschaft nur eingeschränkt handlungsfähig. Wegen der Geschäftsunfähigkeit des Gesellschafters können nämlich Gesellschafterversammlungen nicht stattfinden, da dieser bereits nicht wirksam geladen werden kann.[17] Auch wenn sich die Geschäftsunfähigkeit erst später herausstellt oder ignoriert wird, sind dennoch gefasste Gesellschafterbeschlüsse nichtig.[18] Aber auch nach der Bestellung eines Betreuers kommt es zu weiteren Verzögerungen und Rechtsunsicherheiten, da der Betreuer für viele Strukturentscheidungen der Zustimmung des Betreuungsgerichts bedarf. Dies verlangsamt die Entscheidungsprozesse in der Gesellschaft. Erschwerend kommt hinzu, dass oft strittig ist, ob eine Genehmigung im Einzelfall erforderlich ist.[19] Außerdem führen das Genehmigungserfordernis und die Überwachung des Betreuers durch das Betreuungsgericht dazu, dass der Staat einen tiefgehenden Einblick in die Gesellschaft erhält und so vertrauliche und wirtschaftlich sensible Informationen nach außen gelangen.[20] Problematisch ist das Zustimmungserfordernis auch vor dem Hintergrund, dass die unternehmerische Risikobereitschaft des Betreuungsgerichts wenig ausgeprägt sein dürfte und so erforderliche, aber gegebenenfalls risikoreiche Maßnahmen an der fehlenden Zustimmung des Betreuungsgerichts scheitern.[21] Ähnlich ist die Situation für den Betreuer selbst. Dieser besitzt oftmals keinen persönlichen Bezug zum Betreuten und dessen Unternehmen[22] und hat sich ausschließlich an den Interessen des Betreuten zu orientieren. Um Haftungsgefahren für sich zu vermeiden, wird sein Augenmerk auf der Erhaltung der Vermögenswerte liegen.[23] Hierbei droht der langfristige Unternehmenserfolg, der auch das Eingehen kaufmännischer Risiken erfordert, in den Hintergrund zu treten. Außerdem wird ein Betreuer in der Regel weniger risikobereit sein, als es der betreute Gesellschafter wäre.[24] Letztlich besteht bei einem Betreuer auch die Gefahr, dass er für die Tätigkeit in der Gesellschaft

---

17 *Heckschen* NZG 2012, 10, 12.

18 BayObLG Beschl. v. 04.02.1993 – 3Z BR 6/93, NJW-RR 1993, 612–614; *Heckschen/Kreußlein* NotBZ 2012, 321; *Heckschen* NZG 2012, 10, 12.

19 *Heckschen/Kreußlein* NotBZ 2012, 321, 322; *Heckschen* NZG 2012, 10, 12; *Wedemann* ZIP 2013, 1508, 1509; zur Frage der Zustimmungsbedürftigkeit: *Wilde* GmbHR 2010, 123, 125 ff.

20 *Jocher* notar 2014, 3, 4; *Heckschen* NZG 2012, 10, 13.

21 *Wedemann* ZIP 2013, 1508, 1509; *Heckschen* NZG 2012, 10, 13.

22 *Heckschen/Kreußlein* NotBZ 2012, 321.

23 *Raub* Vorsorgevollmachten S. 128.

24 *Jocher* notar 2014, 3 f. mit Beispielen.

nicht hinreichend qualifiziert ist, denn die Geeignetheit im Sinne des § 1897 BGB setzt nicht voraus, dass der Betreuer über spezielle Kenntnisse im unternehmerischen Bereich verfügt.[25]

Aufgrund dieser Nachteile wird es für Gesellschafter als sinnvoller erachtet, die Bestellung eines Betreuers mit Hilfe unternehmensbezogener Vorsorgevollmachten entbehrlich zu machen.[26] Anders als bei einem Betreuer können die Gesellschafter die Befugnisse eines Vorsorgebevollmächtigten nämlich vorab frei ausgestalten. Auch der Gefahr der zeitweisen Handlungsunfähigkeit der Gesellschaft kann so begegnet werden.[27] Als weiterer Vorteil wird teilweise auf die im Verhältnis zur Betreuung geringeren Kosten verwiesen, da die Kosten des Gerichts (gem. Nr. 11101 KV-GNotKG jährlich 10 Euro je 5000 EUR), die Kosten für Verfahrenspfleger und Gutachten sowie die Vergütung des Betreuers nach §§ 1836, 1908 i BGB, §§ 4, 5 VBVG vermieden werden.[28] Jedoch relativiert sich dieses Argument, wenn man berücksichtigt, dass der Vollmachtgeber seinen Vorsorgebevollmächtigten für dessen – gerade in mittelständischen Gesellschaften oftmals umfangreiche – Tätigkeit jedenfalls dann entlohnen sollte, wenn er eine ordnungsgemäße und qualitativ hochwertige Wahrnehmung seiner Interessen wünscht. Dann aber werden die Kosten für die Vergütung die Kosten des Betreuungsverfahrens schnell übersteigen. Für den Betroffenen selbst dürfte ein weiterer Vorteil einer Vorsorgevollmacht insbesondere darin bestehen, dass er sich keiner medizinischen Begutachtung unterwerfen muss[29] und ihm erspart bleibt, staatlich attestiert zu bekommen, dass er geschäftsunfähig ist; zumal der Betreuer dies durch Vorlage seines Betreuerausweises im Rechtsverkehr ständig manifestieren würde.[30] Dem größten Nachteil einer Vorsorgevollmacht, einem möglichen Vollmachtmissbrauch, der sich dadurch ergibt, dass sich der Vorsorgebevollmächtigte außerhalb der Kontrolle des Betreuungsgerichts bewegt, kann durch entsprechende Gestaltungen im Vorfeld begegnet werden.[31]

---

25 *Jocher* notar 2014, 3 f.; *Wilde* GmbHR 2010, 123, 124.

26 *Heckschen/Kreußlein* NotBZ 2012, 321, 322; *Wedemann* ZIP 2013, 1508, 1509; *Winkler* Vorsorgeverfügungen S. 42; *Westermann* FS Blaurock S. 540 f.; *Reymann* ZEV 2005, 457 f.

27 *Langenfeld* ZEV 2005, 52 f.

28 So bspw. *Zimmermann* NJW 2014, 1573.

29 Darauf weist auch *Bühler* FamRZ 2001, 1585, 1596 hin.

30 *Heckschen* NZG 2012, 10, 16.

31 *Walter* Vorsorgevollmacht S. 170 ff.; *Zimmermann* NJW 2014, 1573, 1574; Müller/Renner/*Renner* Teil 2 G. II. Rn. 657.

Zwar ist es zutreffend, dass eine Vorsorgevollmacht, insbesondere aufgrund der aufgezeigten Nachteile des Betreuungsverfahrens, empfehlenswert ist. Die Wahrnehmung der Gesellschafterrechte durch einen Vorsorgebevollmächtigten wirft aber weitere – insbesondere gesellschaftsrechtliche – Fragen auf. Die Ausübung der Gesellschafterrechte durch einen gesellschaftsfremden Dritten könnte womöglich zu einem Verstoß gegen das Abspaltungsverbot aus § 717 S. 1 BGB führen.[32] Denn es kommt wirtschaftlich gesehen zu einem Auseinanderfallen von Rechtsinhaberschaft und Rechtsausübung. Dies gilt erst recht nach dem Eintritt der Geschäftsunfähigkeit des Vollmachtgebers, da dieser seine Gesellschafterrechte dann nur noch mittels des Vorsorgebevollmächtigten ausüben kann. Diesem kann er aber weder Weisungen erteilen noch ihn anderweitig kontrollieren, sodass es letztlich zu einer dauerhaften Fremdverwaltung des Gesellschaftsanteils kommt. Bedenken ergeben sich auch daraus, dass der Vorsorgebevollmächtigte aus dieser Rechtsposition im starken Maße in die Rechtssphäre anderer, namentlich der Mitgesellschafter, eingreifen kann.[33] Die wirtschaftliche Bedeutung dieser nicht gänzlich ausdiskutierten Problemkreise ist immens, denn die Tätigkeit des Vorsorgebevollmächtigten hat, wie aufgezeigt, nicht nur Folgen für den Gesellschafter, sondern auch für andere Beteiligte, wie etwa Erben und Mitgesellschafter. Dies gilt insbesondere für Personengesellschaften. Für Kapitalgesellschaften, die nicht durch den Grundsatz der Selbstorganschaft, sondern durch den der Fremdorganschaft geprägt sind, ist die Frage der gesellschaftsrechtlichen Zulässigkeit weniger relevant.[34]

I. Gang der Darstellung

Ziel der Arbeit ist es, die gesellschaftsrechtliche Zulässigkeit einer Vorsorgevollmacht in einer Personengesellschaft unter der besonderen Berücksichtigung des Abspaltungsverbots zu klären. Hierfür wurde bereits in allgemeiner Form in die Problematik eingeleitet. Unter A. II. wird sodann der Begriff der Vorsorgevollmacht definiert.

Unter B. I. werden zunächst ganz allgemein das Abspaltungsverbot und seine Bedeutung für die Personengesellschaft dargestellt. Ausgehend von dem

32 Für die Frage der Vereinbarkeit mit dem Grundsatz der Höchstpersönlichkeit der Gesellschafterrechte, der Haftungsverfassung und dem Prinzip der Selbstorganschaft vgl. insbesondere *Schäfer* ZHR 175 (2011), 557, 566 ff.; *Raub* Vorsorgevollmachten S. 76 ff.; *Heckschen* NZG 2012, 12, 14.

33 *Raub* Vorsorgevollmachten S. 18 f.

34 Vertiefend *Wilde* GmbHR 2010, 123–129; *Heckschen/Kreußlein* NotBZ 2012, 321–329.

normativen Anknüpfungspunkt des Abspaltungsverbots in § 717 S. 1 BGB werden dessen Inhalt, der Sinn und Zweck sowie der zwingende Charakter dieses personengesellschaftsrechtlichen Grundsatzes erläutert. Dies soll die Grundlage für die späteren Untersuchungen bilden.

Der Gliederungspunkt B. II. dient der Darstellung der Auswirkung des Abspaltungsverbots auf die Wahrnehmung von Gesellschafterrechten durch gesellschaftsfremde Personen. Ausgehend vom Wortlaut des § 717 S. 1 BGB, wonach Ansprüche der Gesellschafter aus dem Gesellschaftsverhältnis nicht übertragen werden dürfen, wird zunächst die Frage untersucht, warum bei gewöhnlichen Vollmachten ebenso wie bei der Testamentsvollstreckung, dem Nießbrauch und der Treuhand diskutiert wird, ob es zu einem Verstoß gegen das Abspaltungsverbot kommt. Diesen Fallgruppen, auf die unter B. II. 2. – II. 5 einzeln und vertieft eingegangen wird, ist nämlich gemein, dass es sich jedenfalls formell betrachtet nicht um eine Übertragung von Rechten, sondern um eine Bevollmächtigung bzw. Ermächtigung zur Ausübung handelt. Die Darstellung der einzelnen Fallgruppen der Ausübung von Gesellschafterrechten durch einen gesellschaftsfremden Dritten, durch einen gesetzlichen Vertreter oder einen Mitgesellschafter (= Fälle der Fremdverwaltung) ist zumeist so aufgebaut, dass auf die allgemeine gesellschaftsrechtliche Zulässigkeit dieser Konstruktionen ebenso eingegangen wird wie auf die Vereinbarkeit mit dem Abspaltungsverbot im Besonderen. Ziel ist es hierbei, eine ausreichende Vergleichsbasis für die Vorsorgevollmacht zu schaffen. Hierzu wird in Abschnitt B. III. auf die Ausübung von Gesellschafterrechten durch einen gesetzlichen Vertreter eingegangen. Unter B. IV. werden die typischen Fälle der Ausübung von Gesellschafterrechten durch Mitgesellschafter besprochen. Die Darstellung der Fallgruppen beginnt also bei der Ausübung von Gesellschafterrechten durch eine gesellschaftsfremde Person. Es folgen Ausführungen zu der Ausübung von Gesellschafterrechten durch einen gesetzlichen Vertreter sowie durch einen Mitgesellschafter.

Im Rahmen von Abschnitt C. werden Rückschlüsse aus den Fällen der Fremdverwaltung auf die Vorsorgevollmacht gezogen. Zunächst werden hierfür die Vergleichbarkeit der Fallgruppen untereinander sowie die der Fallgruppen mit der Situation einer Vorsorgevollmacht exemplarisch an einzelnen Vergleichspunkten herausgearbeitet. Daran anschließend wird in Abschnitt C. II. der Stand der wissenschaftlichen Diskussion zur Frage der Vereinbarkeit der Ausübung von Gesellschafterrechten durch einen Vorsorgebevollmächtigten mit dem Abspaltungsverbot dargelegt. Ausgehend davon wird unter C. III. auf den Einwand, dass eine Vorsorgevollmacht spätestens ab dem Eintritt der Geschäftsunfähigkeit des Vollmachtgebers faktisch unwiderruflich sei, eingegangen und anhand der Darstellung der in Betracht kommenden Widerrufsmöglichkeiten überprüft. Sodann werden unter C. IV. Argumente für die Vereinbarkeit einer Vorsorgevollmacht mit dem Abspaltungsverbot aufgezeigt. Hierauf aufbauend werden bei C. V. Schlussfolgerungen für den Inhalt des Abspaltungsverbots gezogen, die in der These der Arbeit münden. Die dann folgenden Unterpunkte C. V. 1. und 2. dienen zur Untermauerung der aufgestellten These.

Unter Punkt C. VI. soll auf das Zustimmungserfordernis der Mitgesellschafter eingegangen werden. Der Schwerpunkt soll hierbei auf der unter C. VI. 3. behandelten Frage liegen, auf welcher Grundlage das Zustimmungserfordernis beruht, und auf der im Rahmen des Punktes C. VI. 5. behandelten Frage, ob die Gesellschafter verpflichtet sind, die Zustimmung zu erteilen. Anschließend werden in Abschnitt D. Vorschläge zur Ausgestaltung des Innenverhältnisses unterbreitet. Abschnitt E. dient der Zusammenfassung der wesentlichen Ergebnisse der Arbeit in Thesenform.

II. Definition Vorsorgevollmacht

Das Gesetz definiert den Begriff der Vorsorgevollmacht nicht. Eine Definition hat sich deshalb an der Funktion der Vorsorgevollmacht zu orientieren. Diese besteht darin, dem Betroffenen zu ermöglichen in Zeiten geistiger Frische für den Fall der Gebrechlichkeit privat vorzusorgen und durch die Bevollmächtigung einer bestimmten Person nach §§ 164 ff. BGB eine Betreuung im Sinne des §§ 1896 ff. BGB so weit wie möglich überflüssig zu machen.[35] Entsprechend wird eine Vorsorgevollmacht als eine Vollmacht definiert, mit der eine Person dazu bevollmächtigt wird im Namen und mit Wirkung für den Vollmachtgeber Erklärungen abzugeben, zu denen der Vollmachtgeber infolge des Verlustes der Geschäftsfähigkeit nicht mehr in der Lage ist.[36] Diese Definition erscheint jedoch zu eng, da die Vorsorgevollmacht regelmäßig nicht erst im Fall des Eintritts der Geschäftsunfähigkeit greifen soll. Um die Bestellung eines Betreuers effektiv verhindern zu können, ist es vielmehr erforderlich, dass auch solche Situationen erfasst werden, in denen der Vollmachtgeber zwar noch geschäftsfähig, aber schon betreuungsbedürftig ist. Genauer dürfte es somit sein, die Vorsorgevollmacht als eine Vollmacht zu definieren, die zielgerichtet einer bestimmten Vertrauensperson erteilt wird, um für die Zeit künftiger eigener Hilfslosigkeit

---

35 *Müller* DNotZ 1997, 100; *Walter* FamRZ 1999, 685 Fn. 2; *Bühler* FamRZ 2001, 1585, 1586; *Keilbach* FamRZ 2003, 969, 970; *Nedden-Boeger* FamRZ 2015, 554.

36 Palandt/*Götz* BGB, Einf. V. § 1896 Rn. 5.

so vorzusorgen, dass die spätere Anordnung einer Betreuung erheblich eingeschränkt ist oder sich erübrigt.[37]

1. Bedingungsfrei erteilte Vollmacht

Da das Gesetz nicht nur auf eine Definition der Vorsorgevollmacht verzichtet, sondern auch keine speziellen Regelungen für die Vorsorgevollmacht normiert[38], finden die allgemeinen Grundsätze des Vertretungsrechts Anwendung. Danach ist die Vorsorgevollmacht eine gewöhnliche Vollmacht im Sinne der §§ 164 ff. BGB. Damit sie ihrem Zweck, der Vorsorge für den Fall der Betreuungsbedürftigkeit, dienen kann, ist eine entsprechende Ausgestaltung der Vollmacht erforderlich. Diese sollte im Außenverhältnis sofort wirksam, also frei von Bedingungen, sein,[39] da eine aufschiebend bedingte Vollmacht erhebliche praktische Probleme verursacht und zu Durchsetzungs- und Akzeptanzproblemen im Rechtsverkehr führen kann. Oftmals dürfte nämlich unklar sein, ob und wann die fragliche Bedingung eingetreten ist; zumal der Bevollmächtigte für den Bedingungseintritt beweispflichtig ist und der Rechtsverkehr diesen in der Regel nicht überprüfen kann.[40] Dies hätte zur Folge, dass es zu einer Betreuung kommt, obwohl dies gerade verhindert werden sollte. Deshalb sollten dem Vorsorgebevollmächtigten etwaige Beschränkungen nur im Innenverhältnis, also im Verhältnis zwischen ihm und dem Vollmachtgeber, auferlegt werden.[41] Daher ist es ratsam in der Vollmachtsurkunde auf Formulierungen wie „Altersvorsorgevollmacht" oder „Vollmacht für den Fall einer psychischen Erkrankung" zu verzichten. Solche Formulierungen können nämlich eine Bedingung nahelegen und somit zu den aufgezeigten Akzeptanzproblemen führen.[42] Wenn eine

---

37 *Walter* Vorsorgevollmacht S. 2; *Walter* FamRZ 1999, 685 Rn. 2; *Bühler* FamRZ 2001, 1585, 1586.

38 Einen Überblick über Sonderregelungen zur Vorsorgevollmacht gibt: Jurgeleit/*Jurgeleit* BGB, § 1986 Rn. 16.

39 Jurgeleit/*Jurgeleit* BGB, § 1896 Rn. 17; *Milzer* NJW 2003, 1836; Palandt/*Götz* BGB, Einf. v. § 1896 Rn. 5; *Wachter* EWiR 2014, 9, 10; Müller/Renner/*Renner* Teil 2 B. II. 1. Rn. 294.

40 Damrau/*Zimmermann* BGB, § 1896 Rn. 116; Müller/Renner/*Renner* Teil 2 B. I. 1. Rn. 282; Jurgeleit/*Jurgeleit* BGB, § 1896 Rn. 17 f.; *Müller* DNotZ 1997, 100, 106 f.; *Keilbach* FamRZ 2003, 969, 981; Bienwald/Sonnenfeld/Hoffmann/*Bienwald* BGB, § 1896 Rn. 120; MüKoBGB/*Schwab* BGB, § 1896 Rn. 55; Palandt/*Götz* BGB, Einf. v. § 1896 Rn. 5 m.w.N.

41 MüKoBGB/*Schwab* BGB, § 1896 Rn. 55; Palandt/*Götz* BGB, Einf. v. § 1896 Rn. 5.

42 Jurgeleit/*Jurgeleit* BGB, § 1896 Rn. 17 f.; ähnlich Damrau/*Zimmermann* BGB, § 1896 Rn. 116.

Vollmacht gleichwohl als „Vorsorgevollmacht“ bezeichnet wird, sollte jedenfalls klargestellt werden, dass die Vorsorge keine Bedingung und keine ausschließliche Zweckrichtung der Vollmacht ist.[43] Gleiches gilt bei der zeitlichen Geltung der Vollmacht. Obgleich mit §§ 168, 672 S. 1, 675 BGB eine dahin gehende Auslegungsregelung besteht, sollte die Weitergeltung der Vorsorgevollmacht über die Geschäftsunfähigkeit oder den Tod des Vollmachtgebers hinaus ausdrücklich angeordnet werden.[44] Sonst bestünde die Gefahr, dass eine Beschränkung der Vollmacht auf diesen Zeitraum angenommen wird. Außerdem wird durch eine solche Formulierung zugleich die Abstraktheit der Vollmacht von ihrem Grundverhältnis unterstrichen.[45]

Wird eine Vorsorgevollmacht wie vorstehend beschrieben gestaltet, birgt dies die Gefahr, dass der Vorsorgebevollmächtigte von der Vollmacht unabhängig von dem Eintritt der inneren Bedingung, d. h. dem Eintritt der Betreuungsbedürftigkeit, Gebrauch macht.[46] Diese Missbrauchsgefahr dürfte aber hinzunehmen sein und ist im Vergleich zu den gravierenden Nachteilen einer bedingten Vorsorgevollmacht vernachlässigbar. Es ist nämlich zu berücksichtigen, dass es sich bei dem Vorsorgebevollmächtigten fast immer um eine Vertrauensperson des Vollmachtgebers handelt. Außerdem ist der Vorsorgebevollmächtigte dem Vollmachtgeber im Innenverhältnis gegenüber rechenschafts- und ggf. auch schadensersatzpflichtig, was ebenfalls einem Vollmachtmissbrauch vorbeugt. Gleiches gilt für die strafrechtliche Sanktionierung des Vollmachtmissbrauchs durch § 266 StGB.[47] Daneben steht es dem Vollmachtgeber frei, sich anderweitig vor einem Vollmachtmissbrauch zu schützen.[48] Hierzu kann er bspw. mehrere Bevollmächtigte, die sich gegenseitig kontrollieren, ernennen[49] oder einen sog. Überwachungsbevollmächtigten bestellen, dem er das Recht einräumt, den

---

43 *Bühler* FamRZ 2001, 1585, 1586; wobei sich die Frage, ob der Begriff „Vorsorgevollmacht“ eine Bedingung beinhaltet, etwas relativiert haben dürfte; anders als noch *Diederichsen* in der 71. Aufl. 2012 hält *Götz* eine Vorsorgevollmacht seit der 73. Aufl. 2014 (Palandt/Götz BGB, Einf. v. § 1896 Rn. 5) nicht mehr per se für aufschiebend bedingt, sondern beschränkt sich darauf zu empfehlen, diese unbedingt zu erteilen.

44 OLG Hamm NJW-RR 2003, 800; *Zimmermann* BKR 2007, 226 f.; *Bühler* BWNotZ 1990, 1; *Winkler* Vorsorgeverfügungen S. 53; *Litzenburger* NotBZ 2007, 1, 4.

45 *Litzenburger* NotBZ 2007, 1, 6.

46 Jurgeleit/*Jurgeleit* BGB, § 1896 Rn. 18.

47 Müller/Renner/*Renner* Teil 2 B. II. 1. Rn. 296; auf etwaige Schadensersatzansprüche verweist in diesem Zusammenhang *Keilbach* DNotZ 2004, 164.

48 Vgl. etwa *Zimmermann* Vorsorgevollmacht Rn. 274 ff.

49 *Jocher* notar 2014, 3, 8.

Bevollmächtigten zu überwachen.[50] Außerdem könnte der Vollmachtgeber die Originalvollmacht bei sich aufbewahren, anstelle sie dem Vorsorgebevollmächtigten sofort auszuhändigen, und diesen darauf hinweisen, wo er die Vollmacht im Bedarfsfall findet.[51]

Zusammenfassend lässt sich festhalten, dass eine Vorsorgevollmacht im Außenverhältnis unbeschränkt formuliert sein sollte und dem Bevollmächtigten etwaige Beschränkungen nur im Innenverhältnis auferlegt werden sollten.[52]

2. Formfragen

Für die Praxistauglichkeit einer Vorsorgevollmacht ist neben der inhaltlichen Ausgestaltung auch ihre Form entscheidend. Grundsätzlich kann eine Vorsorgevollmacht, wie jede gewöhnliche Vollmacht, formlos, also auch mündlich, erteilt werden.[53] Dies ist bereits aus Beweisgründen nicht sinnvoll; es sollte jedenfalls die Schriftform gewählt werden. Da der Vorsorgebevollmächtigte oftmals auch Grundstücks-, gesellschafts- und handelsrechtliche Geschäfte tätigen muss, ist eine notarielle Beurkundung ratsam.[54] Dies gilt unabhängig von einem möglichen rechtlichen Erfordernis bereits aus allgemeinen Erwägungen. Eine Bevollmächtigung erfährt nämlich durch eine notarielle Beurkundung zumeist eine allgemein anerkannte Legitimation,[55] denn einer notariell beurkundeten Vollmacht wohnt eine gewisse Vermutung inne, dass der Betroffene jedenfalls bei ihrer Errichtung geschäftsfähig war. Eine notariell beurkundete Vollmacht ist somit wesentlich rechtssicherer als eine lediglich privatschriftlich abgefasste

50 Müller/Renner/*Renner* Teil 2 G. II. Rn. 657; *Zimmermann* Vorsorgevollmacht Rn. 293.

51 Jurgeleit/*Jurgeleit* BGB, § 1986 Rn. 18.

52 Müller/Renner/*Renner* Teil 2 B. II. 1. Rn. 294; *Müller* DNotZ 1997, 100, 112; *Keilbach* FamRZ 2003, 969, 981; *Milzer* NJW 2003, 1836; MüKoBGB/*Schwab* BGB, § 1896 Rn. 55; BeckNotar-HdB/*Reetz*, F. X. 1. g) Rn. 172 f.; Palandt/*Götz* BGB, Einf. v. § 1896 Rn. 5 m.w.N.; vgl. vertiefend zu den Gestaltungsmöglichkeiten des Wirksamwerdens der Vollmacht: Würzburger NotarHdB/*Müller* Teil 3 Kap. 3 Rn. 42 ff.

53 *Winkler* Vorsorgeverfügungen S. 15 f.; Damrau/*Zimmermann* BGB, § 1896 Rn. 115, der auf die Ausnahmen in den Fällen der § 1904 Abs. 5, § 1906 Abs. 5 BGB und § 51 Abs. 3 ZPO hinweist.

54 So die wohl einhellige Ansicht, bspw. *Winkler* Vorsorgeverfügungen S. 15 f., 42; Damrau/*Zimmermann* BGB, § 1896 Rn. 115; *Zimmermann* Vorsorgevollmacht Rn. 46 ff.; *Keilbach* DNotZ 2004, 164, 165 f.; Jurgeleit/*Jurgeleit* BGB, § 1896 Rn. 23; *Reymann* ZEV 2005, 514; *Müller* DNotZ 1997, 100, 102.

55 Jurgeleit/*Jurgeleit* BGB, § 1896 Rn. 23; *Reymann* ZEV 2005, 514.

Vollmacht.[56] Der Notar hat nämlich gem. § 17 BeurkG umfassend zu belehren und die für die Beurkundung erforderlichen Feststellungen der Identität und der Geschäftsfähigkeit des Vollmachtgebers nach §§ 10, 11 BeurkG, § 418 Abs. 1 ZPO zu treffen.[57]

Auf die weiteren Voraussetzungen einer wirksamen Vorsorgevollmacht soll hier ebenso wenig eingegangen werden wie auf weitere Formfragen oder die Möglichkeit der Hinterlegung der Vollmacht. Dies würde den Rahmen der vorliegenden Arbeit sprengen.[58]

---

56 *Winkler* Vorsorgeverfügungen S. 16 f.; *Keilbach* FamRZ 2003, 969, 981 f.; *Milzer* NJW 2003, 1836, 1837.

57 Hierauf weisen u.a. hin: *Müller* DNotZ 1997, 100, 102 f.; *Reymann* ZEV 2005, 514, 514; *Keilbach* DNotZ 2004, 164, 165 f.; BeckNotar-HdB/*Reetz*, F. X. 1. d) Rn. 164 f.; *Winkler* Vorsorgeverfügungen S. 15.

58 Hierzu existiert bereits eine umfangreiche Literatur; vgl. exemplarisch *Müller* DNotZ 1997, 100–113; *Reymann* ZEV 2006, 12, 13 ff.; *Zimmermann* Vorsorgevollmacht Rn. 39 ff.

B. Vergleichsfälle: Fremdverwaltung von Gesellschaftsanteilen und Abspaltungsverbot

Im Abschnitt C. soll geprüft werden, ob eine Vorsorgevollmacht und die damit einhergehende Wahrnehmung von Gesellschafterrechten durch einen Vorsorgebevollmächtigten mit dem Abspaltungsverbot vereinbar sind, oder ob dies zu einer mit dem Abspaltungsverbot unvereinbaren Aufteilung des Gesellschaftsanteils des betreuungsbedürftigen Gesellschafters führt. Deshalb soll im Folgenden als Basis hierfür herausgearbeitet werden, welche Vorgaben seitens des Abspaltungsverbots für die Ausübung der Gesellschafterrechte durch Dritte bestehen. Hierzu soll zunächst auf die Grundlagen des Abspaltungsverbots eingegangen werden. Anschließend werden die aus dem Abspaltungsverbot folgenden Beschränkungen für die Ausübung von Gesellschafterrechten durch Dritte herausgearbeitet und Fälle dargestellt, in denen es ebenfalls zu einer Wahrnehmung der Gesellschafterrechte durch Dritte kommt und bei denen deshalb auch die Vereinbarkeit mit dem Abspaltungsverbot infrage steht.

I. Abspaltungsverbot

Das Abspaltungsverbot ist für die Gesellschaft bürgerlichen Rechts in § 717 S. 1 BGB statuiert. Gem. § 105 Abs. 3 bzw. § 161 Abs. 2 HGB gilt es auch für die offene Handelsgesellschaft sowie für die Kommanditgesellschaft. Es ist neben den Grundsätzen der Selbstorganschaft, der Höchstpersönlichkeit und der Verbandssouveränität eines der wesentlichen Prinzipien des Personengesellschaftsrechts.[59] § 717 BGB ist Teil des Regelungssystems der §§ 717 bis 719 BGB. Dieses regelt die Stellung des Gesellschafters als Mitglied der Gesamthand sowie verschiedene Kernfragen der rechtlichen Bindung der einzelnen Gesellschafter innerhalb der Gesellschaft.[60] Auch das Abspaltungsverbot betrifft, indem es den – auf dem besonderen persönlichen Vertrauen der Gesellschafter basierenden – Zusammenhalt der Gesellschaft sichern soll,[61] eine solche Kernfrage. Es bestimmt, dass einzelne Mitgliedschaftsrechte nicht von der Mitgliedschaft

59 Vgl. *Wiedemann* GesR II § 1 III 3, S. 37.
60 BeckOK-BGB/*Schöne* BGB, § 717 Rn. 1; MüKoBGB/*Schäfer* BGB, § 717 Rn. 1 ff.
61 HK-BGB/*Saenger* BGB, § 717 Rn. 1.

getrennt und selbstständig, d. h. ohne die Mitgliedschaft selbst, übertragen werden dürfen.[62]

Das Abspaltungsverbot vertieft somit in Bezug auf die einzelnen Mitgliedschaftsrechte, was der Grundsatz der Unübertragbarkeit der Mitgliedschaft für die Mitgliedschaft einer Personengesellschaft regelt. Diese kann, als Folge des persönlichen Vertrauensverhältnisses unter den Gesellschaftern, nur mit Zustimmung der Mitgesellschafter wirksam, auf Dritte ebenso wie auf Mitgesellschafter, übertragen werden.[63]

§ 717 S. 1 BGB hat folgenden Wortlaut: „Die Ansprüche, die den Gesellschaftern aus dem Gesellschaftsverhältnis gegeneinander zustehen, sind nicht übertragbar". Die Norm knüpft an die Merkmale Anspruch, aus dem Gesellschaftsverhältnis sowie Übertragung an.

Das Merkmal „Anspruch" umfasst entgegen dem Wortlaut des § 717 S. 1 BGB nach herrschender Meinung nicht nur Ansprüche im Sinne des § 194 BGB, sondern alle aus der Mitgliedschaft fließenden Rechte von Gesellschaftern. Hierzu gehören mitgliedschaftliche Individualansprüche gegen die Gesellschaft (wie z. B. Sozialverbindlichkeiten) sowie Verwaltungsrechte der Gesellschafter.[64] Dies sind insbesondere das Geschäftsführungsrecht, die Vertretungsbefugnis, das Stimmrecht, das Informations- und Kontrollrecht sowie das Kündigungsrecht.[65] Die weite Auslegung des Merkmals Anspruch sei sowohl mit dem Wortlaut als auch mit dem Sinn und Zweck des § 717 S. 1 BGB vereinbar. Dem Terminus „die Ansprüche" könne keine Einschränkung entnommen werden und nur eine weite Auslegung gewährleiste einen effektiven Schutz der Gesellschaft vor Einflussnahmen seitens Dritter.[66] Nach anderer Ansicht könnten aufgrund des eindeutigen Wortlauts Ansprüche im Sinne des § 717 S. 1 BGB jedoch nur solche im

---

62 BGH Urt. v. 10.11.1951 – II ZR 111/50, juris Tz. 8, NJW 1952, 178, 179; MüKoHGB/*Enzinger*, § 109, Rn. 12; MüKoBGB/*Schäfer* BGB, § 717 Rn. 16; BeckNotar-HdB/*Hermanns* D. II. 3. II. Rn. 21.

63 Palandt/*Sprau* BGB, § 719 Rn. 6; Baumbach/Hopt/*Hopt* HGB, § 105 Rn. 70; Jauernig/*Stürner* BGB, § 717 Rn. 1; Henssler/Strohn/*Kilian* BGB, § 719 Rn. 13 ff.; *Flume* I/1 § 17 II S. 351; *Stenger* in Sudhoff Unternehmensnachfolge § 27 Rn. 11.

64 MüKoBGB/*Schäfer* BGB, 717 Rn. 5; Henssler/Strohn/*Kilian* BGB, § 717 Rn. 3; Soergel/*Hadding/Kießling* BGB, § 717 Rn. 5; Ensthaler/*Ensthaler* HGB, § 109 Rn. 22; a.A. *Huber* Vermögensanteil S. 351 f., der § 717 S. 1 auf Ansprüche i.e.S. beschränkt.

65 MüKoBGB/*Schäfer* BGB, § 717 Rn. 16.

66 BeckOK-BGB/*Schöne* BGB, § 717 Rn. 2; Erman/*Westermann* BGB, § 717 Rn. 1; MüKoBGB/ *Schäfer* BGB, § 717 Rn. 5; *Beuthien* ZGR 1974, 26, 55; kritisch zu diesem Normzweck: Staudinger/*Habermeier* BGB, § 717 Rn. 1.

Sinne des § 194 BGB sein. § 717 S. 1 BGB sei daher nur analog auf Verwaltungsrechte anzuwenden. Die analoge Anwendung auf Verwaltungsrechte sei jedoch aufgrund des Regelungszwecks des Abspaltungsverbots, wonach Einflussnahmen Dritter und Gewichtsverlagerungen unter den Gesellschaftern möglichst verhindert werden sollen, erst recht erforderlich.[67]

Ausgenommen vom Abspaltungsverbot sind gem. § 717 S. 2 BGB die einem Gesellschafter aus seiner Geschäftsführung zustehenden Ansprüche, soweit deren Befriedigung vor der Auseinandersetzung verlangt werden kann, sowie die Ansprüche auf einen Gewinnanteil oder auf dasjenige, was dem Gesellschafter bei der Auseinandersetzung zukommt. Gleiches gilt für Sozialansprüche. Dies sind aus dem Gesellschaftsvertrag begründete Ansprüche der Gesellschaft gegen einzelne Mitglieder.[68] Als solche stehen sie der Gesellschaft und nicht – wie von § 717 S. 1 BGB vorausgesetzt – den Gesellschaftern zu.[69] Den vorstehenden Ausnahmen ist gemein, dass bei ihnen das Vertrauensverhältnis unter den Gesellschaftern nicht infrage gestellt wird.[70] Nach dem Prinzip der Verbandssouveränität steht nämlich die Disposition über die Verbandsverfassung ausschließlich den Gesellschaftern zu. Dies bezweckt die Sicherung des Selbstbestimmungsrechts der Gesellschafter vor übermäßigem Dritteinfluss.[71] Indem sich die Gesellschafter nicht ihrer durch die Mitgliedschaftsrechte gewährleisteten Selbstbestimmung begeben dürfen, wird zugleich die Selbstbestimmungsfähigkeit des Verbandes abgesichert.[72] Des Weiteren werden vom dispositiven Recht abweichende Ausgestaltungen der Mitgliedschaftsrechte, wie bspw. die Beschränkung der Geschäftsführungs- und Vertretungsbefugnis auf einen Teil der Gesellschafter, nicht vom Abspaltungsverbot erfasst.[73] Dies dürfte jedoch nur so lange gelten, wie ihr Ergebnis wirtschaftlich nicht einer Abspaltung gleicht.

---

67 Soergel/*Hadding/Kießling* BGB, § 717 Rn. 5.

68 Staudinger/*Habermeier* BGB, § 705 Rn. 40.

69 Staudinger/*Habermeier* BGB, § 717 Rn. 2; BeckOK-BGB/*Schöne* BGB, § 717 Rn. 5.

70 HK-BGB/*Saenger* BGB, § 717 Rn. 3.

71 EBJS/*Born* HGB, § 109 Rn. 16; MüKoHGB/*Enzinger* HGB, § 109 Rn. 15 m.w.N.

72 BGH Urt. v. 10.11.1951 – II ZR 111/50, juris Tz. 8, NJW 1952, 178; BGH Urt. v. 14.05.1956 – II ZR 229/54, NJW 1956, 1198–1200; EBJS/*Weipert* HGB, § 163 Rn. 10; *Wiedemann* GesR II § 3 II 2, S. 216; *Erman* FS Nipperdey I S. 277, 287 f.; *Teichmann* Gestaltungsfreiheiten S. 225; Staub/*Schäfer* HGB § 109 Rn. 25; *Schmidt* GesR § 19 III 4 a, S. 560.

73 Staudinger/*Habermeier* BGB, § 717 Rn. 3; BeckOK-BGB/*Schöne* BGB, § 717 Rn. 7; MüKoBGB/ *Schäfer* BGB, § 717 Rn. 17.

Aus dem Merkmal „aus dem Gesellschaftsverhältnis“ folgt, dass es sich um Ansprüche aus dem Gesellschaftsverhältnis handeln muss. Dies sind Ansprüche, die ihre Entstehungsgrundlage im Gesellschaftsverhältnis haben. Hat ein Gesellschafter den Anspruch gegen die Gesellschaft oder einen Mitgesellschafter hingegen aus einem anderen Rechtsverhältnis (sog. Drittgläubigerforderung), wie bspw. Kauf, Miete oder Darlehen, erlangt und somit unabhängig von seiner Mitgliedstellung, ist § 717 BGB nicht anwendbar.[74]

Ziel des Abspaltungsverbots ist die Wahrung der funktionalen Einheit aller mitgliedschaftlichen Verwaltungsrechte in der Person des Gesellschafters.[75] Die Begründungsansätze für das Abspaltungsverbot basieren im Wesentlichen auf folgenden zwei Erwägungen: Zum einem soll der Gleichlauf von Mitgliedschaft (d. h. Haftungsverursachung) und Haftung sichergestellt werden.[76] Zum anderen ist das Abspaltungsverbot Ausdruck des Charakters der Personengesellschaft als eines auf gegenseitigem Vertrauen der Gesellschafter beruhenden Zusammenschlusses.[77] Letzteres kann auch als Interesse der Gesellschafter „unter sich zu bleiben“ bezeichnet werden.

Um die Einheit von Haftungsverursachung und Haftung zu wahren, muss die Möglichkeit Dritter, Einfluss auf die Gesellschaft nehmen zu können, möglichst vermieden werden. Andernfalls droht den Gesellschaftern eine von Dritten begründete und ihrem Einfluss entzogene unbegrenzte Haftung.[78] Gerade dies soll durch das Abspaltungsverbot vermieden werden. Zugleich soll die Selbstbestimmungsfähigkeit der Gesellschaft geschützt werden.[79] Verwaltungsrechte sollen nur denjenigen zustehen, die – als Gesellschafter – auch die Risiken der Geschäftsführung tragen.[80] Hierdurch wird zugleich, indem es Gesellschaftern untersagt ist, sich ihrer Selbstbestimmung zu begeben, das Prinzip der

---

74 Soergel/*Hadding/Kießling* BGB, § 717 Rn. 4; Staudinger/*Habermeier* BGB, § 717 Rn. 2; MüKoBGB/*Schäfer* BGB, § 717 Rn. 6.

75 HK-BGB/*Saenger* BGB, § 717 Rn. 2; Staudinger/*Habermeier* BGB, § 717 Rn. 1; Henssler/Strohn/*Kilian* BGB, § 717 Rn. 1; BeckOK-BGB/*Schöne* BGB, § 717 Rn. 1; Schwerdtfeger/*Lehleiter* HGB, § 109 Rn. 11.

76 BGH Urt. v. 17.03.1966 – II ZR 282/63, juris Tz. 7, NJW 1966, 1309; Hauschild/Kallrath/ Wachter/*Bolkart* § 10 Rn. 14; MünchHdB. GesRII/*Weipert* § 12 Rn. 11; EBJS/*Weipert* HGB, § 163 Rn. 25.

77 Jauernig/*Stürner* BGB, § 717 Rn. 1; Schwerdtfeger/*Lubitz/Lehkeiter/Hoppe* BGB, § 717 Rn. 1.

78 BGH Urt. v. 11.10.1976 – II ZR 119/75, juris Tz. 30.

79 Michalski/*Ebbing* GmbHG, § 14 Rn. 70; *Schmidt* GesR § 19 III 4, S. 560 f.; anders z.T. *Teichmann* Gestaltungsfreiheiten S. 191, 224.

80 BeckOK-BGB/*Schöne* BGB, § 717 Rn. 1.

Selbstorganschaft abgesichert.[81] Danach hat eine Personengesellschaft ihre Leitungsorgane und erhält diese – anders als eine Körperschaft – nicht erst durch einen Organbestellungsakt.[82] Sollen Mitgliedschaftsrechte hingegen auf Mitgesellschafter übertragen werden, soll das Abspaltungsverbot den Gesellschaftern die Möglichkeit nehmen, die Verbandsstruktur (insbesondere durch Stimmrechtsübertragungen) verändern zu können.[83] Hierdurch sollen Gewichtsverlagerungen und Abhängigkeiten unter den Gesellschaftern verhindert werden.[84]

Auch die Rechtsfigur der Personengesellschaft als Gesamthandsgemeinschaft erfordert, dass die Gesellschaft ihre Angelegenheiten selbst besorgen kann. Als Gesamthänder sind die Gesellschafter am Gesellschaftsvermögen als solchem und an den einzelnen dazugehörigen Gegenständen beteiligt, allerdings nur über die GbR, die ihrerseits Trägerin des Gesellschaftsvermögens ist. Somit hat kein Gesellschafter ein selbständiges vom Recht der anderen Gesellschafter unabhängiges Teilrecht, weder am Gesellschaftsvermögen selbst noch an einzelnen Gegenständen.[85] Wenn die Gesellschaft von außenstehenden Kräften gesteuert würde, verlöre die Rechtsfigur der Gesamthand als eigener Träger von Rechten und Pflichten ihre dogmatische Legitimationsgrundlage.[86] Denn ebenso wie das Gesamthandsvermögen den Gesamthändern nur durch ihre Mitgliedschaft zur Gesamthand vermittelt wird, ist auch die Ausübung aller nicht vermögensbezogenen Mitgliedschaftsrechte an die Mitgliedschaft gebunden und den Gesellschaftern vorbehalten.[87] Mit ihrem Wesen als Gesamthand wäre es unvereinbar, wenn einzelne Verwaltungsrechte von dem Gesellschaftsanteil getrennt werden könnten.[88] Für die vermögensrechtliche Seite der Mitgliedschaft ist dies speziell in § 719 Abs. 1 BGB normiert.[89]

81 Henssler/Strohn/*Kilian* BGB, § 717 Rn. 1; *Saenger* GesR Rn. 125; *Wiedemann* GesR II § 3 III 2, S. 216; Schwerdtfeger/*Lehleiter* HGB, § 109 Rn. 16.

82 Hierdurch wird zugleich das Organmonopol der Gesellschafter abgesichert, wonach organschaftliche Vertreter nur persönlich haftende Gesellschafter sein können, vgl. MüKoHGB/*Schmidt* HGB, § 125 Rn. 5 f.

83 Michalski/*Ebbing* GmbHG, § 14 Rn. 70; *Flume* I/1 § 14 IV S. 220 f.; kritisch *Fleck* FS Fischer 1979, S. 120 ff.

84 MüKoHGB/*Enzinger* HGB, § 109 Rn. 12; Soergel/*Hadding/Kießling* BGB, § 717 Rn. 5.

85 Palandt/*Sprau* BGB, § 719 Rn. 1.

86 EBJS/*Weipert* HGB, § 163 Rn. 10; *Schmidt* GesR § 19 III 4 a, S. 560.

87 EBJS/*Weipert* HGB, § 163 Rn. 10.

88 BGH Urt. v. 10.11.1951 – II ZR 111/50, juris Tz. 8 = NJW 1952, 178, 179.

89 EBJS/*Weipert* HGB, § 163 Rn. 9.

Daneben soll eine Aufspaltung der Mitgliedschaftsrechte auf verschiedene Personen auch deshalb verhindert werden, weil die Handlungsbefugnisse eines Gesellschafters, d. h. die Verfügungs- und Verwaltungsbefugnisse sowie die Teilhabe- und Kontrollrechte, sachlich aufeinander abgestimmt sind.[90] Diese Abstimmung – sowie die Funktion der Verwaltungsrechte als Steuerungs- und Legitimationsmedien des Verbandes[91] – bedingt, dass die Mitgliedschaftsrechte in einer der Treuepflicht unterliegenden Person (d. h. dem Gesellschafter) gebündelt sind.[92] Die Wahrung der Einheit der mitgliedschaftlichen Verwaltungsrechte in der Person des Gesellschafters erfolgt hierbei nicht nur im Interesse des betroffenen Gesellschafters und der Mitgesellschafter,[93] sondern auch in dem der Allgemeinheit. Diese hat ein Interesse an einer funktionsfähigen Unternehmensstruktur.[94] Vorstehendes ergibt sich auch aus der Einheitlichkeit der Mitgliedschaft. Ein Gesellschafter kann an einer Personengesellschaft – im Gegensatz zu einer Kapitalgesellschaft – nur eine einheitliche Beteiligung halten und nicht auf unterschiedliche Arten an dieser beteiligt sein.[95]

Ausnahmen vom Abspaltungsverbot können weder im Gesellschaftsvertrag noch durch Einzelvereinbarung getroffen werden. Das Abspaltungsverbot ist nicht dispositiv.[96] Andernfalls könnte nicht verhindert werden, dass Verwaltungsrechte von der Mitgliedschaft getrennt werden – eben dies soll aber verhindert werden.[97] Denn das Abspaltungsverbot dient neben dem Schutz vor

---

90 *Fleck* FS Fischer S. 110 f.

91 *Schmidt* GesR § 19 III 4 a, S. 560; vgl. hierzu auch *Reuter* ZGR 1978, 633, 634 ff.

92 *Wiedemann* GesR II § 3 III 2, S. 216.

93 MüKoHGB/*Enzinger* HGB, § 109 Rn. 12; Schlegelberger/*Martens* HGB, § 109 Rn. 14.

94 *Schön* ZHR 158 (1994), 229, 257.

95 BeckOK-BGB/*Schöne* BGB, 717 Rn. 1; *Schmidt* GesR § 19 III 4 a, S. 560; BeckNotar-HdB/*Hermanns* D. II. 3. I. Rn. 20.

96 BGH Urt. v. 10.11.1951 – II ZR 111/50, juris Tz. 8, NJW 1952, 178–180; BGH Urt. v. 14.05.1956 – II ZR 229/54, juris Tz. 5, NJW 1956, 1198– 1200; BGH Urt. v. 17.11.1986 – II ZR 96/86, juris Tz. 9, NJW 1987, 780–781 (zur AktGeS); *Schmidt* GesR § 19 III 4, S. 560; MüKoBGB/*Schäfer* BGB, § 717 Rn. 7; Staudinger/*Habermeier* BGB, § 717 Rn. 4; HK-BGB/*Saenger* BGB, § 717 Rn. 2; *Saenger* GesR Rn. 125; EBJS/*Weipert* HGB, § 163 Rn. 25; Soergel/*Hadding/ Kießling* BGB, § 717 Rn. 20; Erman/*Westermann* BGB, § 717 Rn. 3; Staub/*Schäfer* HGB, § 109 Rn. 25; *Ulmer* FS Fleck 1988 S. 383, 388; *Bommert* BB 1984, 178, 183; einschränkend nur BGH Urt. v. 11.07.1960 – II ZR 260/59, NJW 1960, 1997–1999 bezüglich der Einsetzung eines Dritten als Geschäftsführer einer OHG für die Dauer des Ausschließungsprozesses gegen den einzigen geschäftsführungs- und vertretungsberechtigten Gesellschafter.

97 BGH Urt. v. 10.11.1951 – II ZR 111/50, juris Tz. 8, NJW 1952, 178, 179; BGH Urt. v. 14.05.1956 – II ZR 229/54, juris Tz. 5, NJW 1956, 1198; BGH Urt. v. 15.12.1969 – II

Fremdeinfluss auch der Rechtssicherheit und ist Ausdruck der unselbstständigen, von der Mitgliedschaft als Stammrecht nicht trennbaren Natur der Mitgliedschaftsrechte. Wegen dieser untrennbaren Einheit von Mitgliedschaft und Mitgliedschaftsrechten ist das Abspaltungsverbot kein relatives Verbot im Sinne des § 135 BGB,[98] sondern ein gesetzliches Verbot im Sinne des § 134 BGB.[99]

Selbst wenn man obiger Ansicht, wonach § 717 S. 1 BGB nur analog auf Verwaltungsrechte angewendet werden kann, folgte, bliebe es dabei, dass die Gesellschafter das Abspaltungsverbot nicht abbedingen könnten. Zwar wäre bei einer analogen Anwendung die zwingende Geltung des § 717 S. 1 BGB in der Tat methodisch zweifelhaft. Dies bliebe jedoch ohne Auswirkung. Denn die Unzulässigkeit einer selbstständigen Übertragung von Mitverwaltungsrechten steht – auch unabhängig von § 717 S. 1 BGB – außer Streit.[100]

II. Ausübung von Gesellschafterrechten durch Dritte

Nachfolgend sollen die Auswirkungen des Abspaltungsverbots für die Ausübung von Gesellschafterrechten durch Dritte dargestellt werden, um Rückschlüsse auf die Wahrnehmung von Gesellschafterrechten durch einen Vorsorgebevollmächtigten ziehen zu können. In der gesellschaftsrechtlichen Gestaltungspraxis gibt es eine Vielzahl an Fällen, in denen Gesellschafterrechte durch einen Dritten (Gesellschafter oder gesellschaftsfremder Dritter) ausgeübt werden und bei denen die Vereinbarkeit mit dem Abspaltungsverbot diskutiert wird. Hierzu zählen insbesondere die Treuhand, der Nießbrauch und die Testamentsvollstreckung an Gesellschaftsanteilen, ebenso Stimmbindungsverträge und die obligatorische Gruppenvertretung.[101]

ZR 69/67, NJW 1970, 468; MüKoHGB/*Enzinger* HGB, § 109 Rn. 12; MüKoBGB/*Schäfer* BGB, § 717 Rn. 16.

98 So noch Soergel/*Schultze-v. Lasaulx* BGB, 1969, § 717 Rn. 1; Erman/*Schultze-Wenck* BGB, 7. Aufl., § 717 Rn. 3.

99 Palandt/*Sprau* BGB, § 717 Rn. 4; MüKoBGB/*Schäfer* BGB, § 717 Rn. 7; *Bommert* BB 1984, 178, 183.

100 Soergel/*Hadding/Kießling* BGB, § 717 Rn. 6.

101 Vgl. z.B. zur Testamentsvollstreckung: BGH Beschl. v. 03.07.1989 – II ZB 1/89, juris Tz. 23, NJW 1989, 3152, 3155; BGH Beschl. v. 10.01.1996 – IV ZB 21/94, juris Tz. 33, 36, NJW 1996, 1284, 1285 f.; BGH Beschl. v. 12.01.1998 – II ZR 23/97, juris Tz. 5, NJW 1998, 1313, 1314; zum Nießbrauch: BGH Urt. v. 09.11.1998 – II ZR 213/97, juris Tz. 12 ff., NJW 1999, 571, 572; *Schön* ZHR 158 (1994), 229, 251 ff.; zur Treuhand: BGH Urt. v. 23.06.2003 – II ZR 46/02, juris Tz. 12, NJW-RR 2003, 1392, 1393; BGH Urt. v. 11.10.2011 – II ZR 242/09, juris Tz. 16, NZG 2011, 1432 f. Rn. 16; BGH

1. Ein Abspaltungsproblem?

Das Abspaltungsverbot ist immer dann relevant, wenn einem Mitgesellschafter oder einem Dritten einzelne Mitgliedschaftsrechte zugewiesen werden, denn das Abspaltungsverbot soll – wie aufgezeigt – die isolierte Übertragung von Gesellschafterrechten verhindern.[102] Ob eine unzulässige Übertragung gegeben ist, wird regelmäßig im Zusammenhang mit den oben genannten Fallgruppen diskutiert.

Dies führt jedoch zu der Frage, warum bei diesen Konstellationen überhaupt in Erwägung gezogen wird, dass es zu einer verbotenen Abspaltung von Mitgliedschaftsrechten kommen könnte. Denn Ausgangspunkt muss zunächst der Wortlaut des § 717 S. 1 BGB sein. Danach sind Ansprüche aus dem Gesellschaftsverhältnis „nicht übertragbar". Von entscheidender Bedeutung ist also das Merkmal Übertragung. Ansprüche, jedenfalls solche im Sinne des § 194 Abs. 1 BGB, können unter Lebenden jedoch nur durch Abtretung gem. §§ 413, 398 BGB übertragen werden.[103] Folge einer Abtretung ist, dass der neue Gläubiger gem. § 398 S. 2 BGB an die Stelle des ursprünglichen Gläubigers tritt. Eine Abtretung führt also unmittelbar zu einem Wechsel der Rechtszuständigkeit, wodurch die Forderung aus dem Vermögen des bisherigen Gläubigers ausscheidet und in das des neuen Gläubigers übergeht.[104]

Bei den oben genannten Konstellationen kommt es hingegen nicht zu einer Abtretung von Mitgliedschaftsrechten. Es liegt lediglich eine davon abzugrenzende Ausübung dieser Rechte durch Dritte vor, die nicht zu einem Wechsel der Rechtsinhaberschaft führt. Dass auch diese über den Wortlaut des § 717 S. 1 BGB hinaus am Abspaltungsverbot gemessen werden, muss folglich einen

---

Urt. v. 05.02.2013 – II ZR 134/11, juris Tz. 15 f., NJW 2013, 2190, 2191; BGH Urt. v. 05.02.2013 – II ZR 136/11, juris Tz. 22 f., MDR 2013, 536 f.; zu allen Fallgruppen: Staudinger/*Habermeier* BGB, § 717 Rn. 6 ff.; Henssler/Strohn/*Kilian* BGB, § 717 Rn. 10 ff., i.Ü. auch BeckOK-BGB/*Schöne* BGB, § 717 Rn. 9 ff.; EBJS/*Born* HGB, § 109 Rn. 12; MüKoBGB/*Schäfer* BGB, § 717 Rn. 11 ff.; *Schmidt* GesR § 19 III 4 b, S. 561; BeckNotar-HdB/*Hermanns* D. II. 3. II. Rn. 21 ff.

102 BeckNotar-HdB/*Hermanns* D. II. 3. II. Rn. 21.

103 Palandt/*Sprau* BGB, § 717 Rn. 2, § 719 Rn. 6 f.; wenn Henssler/Strohn/*Kilian* BGB, § 717 Rn. 8 ausführt, dass bei vermögensrechtlichen Ansprüchen die Übertragung regelmäßig durch Abtretung erfolge, dürfte dies daran liegen, dass auch ein Übergang durch Erbfolge möglich ist. Soweit er aber der Ansicht ist, dass sonstige Individualansprüche und Verwaltungsrechte auf mannigfaltigem Wege übertragbar seien, ist dies nicht nachvollziehbar.

104 Staudinger/*Busche* BGB, § 398 Rn. 27; MüKoBGB/*Roth* BGB, § 398 Rn. 93.

anderen Grund haben. Dieser dürfte im Sinn und Zweck des Abspaltungsverbots liegen und basiert auf dem auf das gegenseitige Vertrauen der Gesellschafter zurückzuführende Interesse, unter sich zu bleiben, sowie auf dem Charakter der Personengesellschaft als Arbeits- und Handlungsgemeinschaft mit der dazugehörigen Einheit von Haftungsverursachung und Haftung. Letzteres kann auch bei einer bloßen Ausübung von Gesellschafterrechten durch Dritte (als Folge einer Ermächtigung) tangiert sein, wenn diese so gestaltet ist, dass die Gesellschaft und somit letztlich die Gesellschafter für Handlungen des Dritten haften. Hierfür spricht auch, dass die Gesellschafter – im Gegensatz zum gegenseitigen Vertrauen – auf die Einheit von Haftungsverursachung und Haftung nicht verzichten können.[105]

Deshalb ist es folgerichtig, dass auch solche Konstellationen am Abspaltungsverbot gemessen werden, bei denen eine ähnliche Gefahrensituation wie bei einer Übertragung des Mitgliedschaftsrechts besteht. Das Abspaltungsverbot steht deshalb über den Wortlaut des § 717 S. 1 BGB hinaus entsprechend seinem Sinn und Zweck auch solchen Gestaltungen entgegen, die einer Übertragung im wirtschaftlichen Ergebnis gleichkommen.[106] Es kommt also in erster Linie nicht auf die formale Ausgestaltung (bspw. einer Vollmacht) an, sondern darauf, ob die wirtschaftliche Zweckbindung und deren praktische Auswirkung darauf gerichtet sind, den Gesellschafter als Vollmachtgeber aus seiner Stellung zu verdrängen.[107]

Eine Differenzierung zwischen einer (unzulässigen) Übertragung und einer (zulässigen) Überlassung von Gesellschafterrechten zur Ausübung hat der BGH bereits in einer Entscheidung aus dem Jahr 1951 vorgenommen. Gegenstand dieser Entscheidung war eine Stimmrechtsvollmacht. So führe die zulässige Vollmachtserteilung, anders als die Abtretung des Stimmrechts, nicht zu einem Wechsel des Rechtsträgers, sodass der bisherige Rechtsträger seine Rechtsstellung beibehalte und lediglich den Bevollmächtigten ermächtige, im Namen des Vollmachtgebers zu handeln.[108]

---

105 Vgl. zur Unabdingbarkeit Fn. 96.

106 BeckNotar-HdB/*Hermanns* D. II. 3. II. Rn. 21; EBJS/*Born* HGB, § 109 Rn. 11 mit Beispielen.

107 BGH Urt. v. 15.12.1969 – II ZR 69/67, juris Tz. 13, NJW 1970, 468.

108 BGH Urt. v. 10.11.1951 – II ZR 111/50, juris Tz. 10, NJW 1952, 178.

2. Gewöhnliche Vollmachten

Gewöhnliche Vollmachten, die die Grundlage für die Ausübung von Gesellschafterrechten unter Zuhilfenahme Dritter bilden,[109] sind in der gesellschaftsrechtlichen Praxis weit verbreitet. Hierzu zählen u. a. Stimmrechtsvollmachten, Vollmachten zur Wahrnehmung von Kontrollrechten sowie Generalvollmachten.[110] Sie kollidieren in der Regel nicht mit dem Abspaltungsverbot.[111] Dies gilt jedoch nur, wenn die Vollmacht des Dritten nicht unwiderruflich ist und – für den Vollmachtgeber – keine verdrängende Wirkung besitzt.[112] Dann nämlich würde die Ausübung des Gesellschaftsrechts durch den Dritten aufgrund der Vollmacht einer Übertragung des betreffenden Mitgliedschaftsrechts gleichkommen. Ebenso wie bei einer Übertragung wäre der Vollmachtgeber durch die Unwiderruflichkeit von der Wahrnehmung seiner Verwaltungsrechte verdrängt und würde die Dispositionsbefugnis über seine Mitgliedschaft verlieren.[113] Die abgeleitete Natur des überlassenen Rechts muss aber außer Frage stehen. Deshalb muss sichergestellt sein, dass die Gesellschafter in Bezug auf das überlassenen Rechts in jeder Hinsicht dispositionsbefugt bleiben; sie müssen dem Dritten das Recht ohne sein Zutun jederzeit wieder entziehen zu können.[114] Daher kann es für die Vereinbarkeit mit dem Abspaltungsverbot ebenso problematisch sein, wenn eine Vollmacht für den Vollmachtgeber oder die Mitgesellschafter lediglich

---

109 *Schmidt* GesR § 19 III 4 c, S. 562.

110 Staudinger/*Habermeier* BGB, § 717 Rn. 5; MüKoBGB/*Schäfer* BGB, § 717 Rn. 9.

111 BeckNotar-HdB/*Hermanns* D. II. 3. II. 2. Rn. 25.

112 BGH Urt. v. 10.11.1951 – II ZR 111/50, juris Tz. 10, NJW 1952, 178; BGH Urt. v. 14.05.1956 – II ZR 229/54, juris Tz. 6, NJW 1956, 1198; BGH Urt. v. 22.01.1962 – II ZR 11/61, juris Tz. 11, NJW 1962, 738; BGH Urt. v. 15.12.1969 – II ZR 69/67, juris Tz. 11, NJW 1970, 468; Staudinger/*Habermeier* BGB, § 717 Rn. 5; BeckOK-BGB/*Schöne* BGB, § 717 Rn. 7; MüKoBGB/*Schäfer* BGB, § 717 Rn. 9, 16; MüKoHGB/*Enzinger* HGB, § 109 Rn. 13; EBJS/*Weipert* HGB, § 163 Rn. 14; *Hueck* ZHR 125 (1963), 1, 8; *Hueck* Das Recht der OHG § 11 II 3, S. 167; Michalski/*Ebbing* GmbHG, § 14 Rn. 71; *Saenger* GesR Rn. 125; Henssler/Strohn/*Kilian* BGB, § 717 Rn. 1; *Schmidt* GesR § 19 III 4 a, S. 560 f.; BeckNotar-HdB/*Hermanns* D. II. 3. II. Rn. 21; *Teichmann* Gestaltungsfreiheiten S. 225; Staub/*Schäfer* HGB, § 109 Rn. 27, § 119 Rn. 68.

113 Henssler/Strohn/*Kilian* BGB, § 717 Rn. 9; BeckOK-BGB/*Schöne* BGB, § 717 Rn. 7; *Michalski* NZG 1998, 346 f.; MüKoHGB/*Enzinger* HGB, § 109 Rn. 13.

114 Staub/*Schäfer* HGB, § 109 Rn. 27; MüKoHGB/*Enzinger* HGB, § 109 Rn. 13; MüKoBGB/*Schäfer* BGB, § 717 Rn. 9; Staudinger/*Habermeier* BGB, § 717 Rn. 5; BeckNotar-HdB/*Hermanns* D. II. 3. II. Rn. 21; Soergel/*Hadding/Kießling* BGB, § 717 Rn. 22; Henssler/Strohn/*Kilian* BGB, § 717 Rn. 9; EBJS/*Born* HGB, § 109 Rn. 11; EBJS/*Weipert* HGB, § 163 Rn. 14; *Teichmann* Gestaltungsfreiheiten S. 225.

faktisch nicht widerrufbar ist oder verdrängende Wirkung besitzt. Denn auch dann würde die organschaftliche Hoheit der Gesellschafter infrage gestellt und es käme bei wirtschaftlicher Betrachtung zu einer Übertragung.[115]

Da die Gesellschafter sich von dem Dritten ohne weiteres trennen können müssen, darf der Bevollmächtigte nicht die Befugnis besitzen, die Vollmacht selbst zu erweitern oder zu verlängern. Dann nämlich würde das Recht des Vollmachtgebers vollends verdrängt werden.[116] Dies ist aber in der Regel nicht der Fall. Eine (gewöhnliche) Vollmacht ermächtigt nur zu Handlungen im Rahmen ihres Wirkungskreises, erlaubt ohne die Zustimmung des Vollmachtgebers keine In-sich-Geschäfte, insbesondere keine Erweiterung oder Verlängerung ihrer selbst, und berührt nicht das Recht des Vollmachtgebers jederzeit selbst zu handeln.[117] Deshalb kann eine Überlassung von Gesellschafterrechten auch im wirtschaftlichen Ergebnis nicht mit einer Übertragung gleichgesetzt werden. Die Grenze der Zulässigkeit ist – wie aufgezeigt – erreicht, wo die Vollmacht unwiderruflich wird und verdrängende Wirkung besitzt.[118]

Neben den dargestellten Zulässigkeitsvoraussetzungen muss die Überlassung von Rechten zur Ausübung an einen Dritten innerhalb der allgemeinen Gestaltungsgrenzen liegen. So dürfen insbesondere die anderen personengesellschaftsrechtlichen Grundsätze, wie der Grundsatz der Verbandssouveränität und der Grundsatz der Selbstorganschaft, nicht verletzt sein.[119] Gleiches gilt für schutzwürdige Interessen des Verbandes. Diese dürfen auch einer nur vorübergehenden Ausübung durch Dritte nicht entgegenstehen.[120] Des Weiteren ist für die Zulässigkeit und insbesondere für die Frage des Umfanges der Wahrnehmung von Gesellschafterrechten durch Dritte entscheidend, ob der Dritte in einer besonderen Rechtsbeziehung (Treuhand, Nießbrauch, Testamentsvollstreckung etc.) zur Gesellschaft steht.[121] In jedem Fall bedarf die Bevollmächtigung der – im

---

115 So in Bezug auf die Vorsorgevollmacht: *Jocher* notar 2014, 3, 6 f.; *Wedemann* ZIP 2013, 1508, 1510 f.

116 MüKoBGB/*Schäfer* BGB, § 717 Rn. 10; EBJS/*Weipert* HGB, § 163 Rn. 14; BeckOK-BGB/*Schöne* BGB, § 717 Rn. 8; *Flume* I/1 § 14 VII S. 238 f.; a.A. insbesondere ältere Literatur: Soergel/*Schultze-v. Lasaulx* BGB, 10. Aufl. 1969, § 709 Rn. 41.

117 EBJS/*Weipert* HGB, § 163 Rn. 14.

118 Vgl. Fn. 112.

119 MüKoHGB/*Enzinger* HGB, § 109 Rn. 12.

120 *Schmidt* GesR § 19 III 4 c, S. 562.

121 MüKoBGB/*Ulmer*/*Schäfer* BGB, § 705 Rn. 133, Rn. 378.

Gesellschaftsvertrag normierten oder ad hoc geäußerten – Zustimmung der Mitgesellschafter.[122]

3. Testamentsvollstreckung

Die Testamentsvollstreckung an Gesellschaftsanteilen ist ein typischer Fall der Fremdverwaltung eines Gesellschaftsanteils. Bedenken gegen die Zulässigkeit einer Dauertestamentsvollstreckung, d. h. gegen die Verwaltung der Gesellschafterstellung durch den Testamentsvollstrecker,[123] gründen darauf, dass die Rechtsinhaberschaft einerseits und die Verwaltungs- sowie Verfügungsbefugnis andererseits auseinanderfallen.[124] Es könnte gegen das Abspaltungsverbot verstoßen, dass der Erbe Gesellschafter ist, die aus dieser Stellung folgenden Rechte jedoch der Testamentsvollstreckung unterliegen. Diesbezüglich ähneln sich die Stellung eines Testamentsvollstreckers und die eines Vorsorgebevollmächtigten. Auch bei Letzterem fallen Rechtsinhaberschaft und Verwaltungs- sowie Verfügungsbefugnis auseinander. Außerdem treffen beide eigenverantwortlich Entscheidungen, deren Konsequenzen die Gesellschafter zu tragen haben.[125] Des Weiteren wird die Fremdverwaltung in beiden Fällen rechtsgeschäftlich – durch den (ehemaligen) Rechtsinhaber – begründet.[126]

Soweit vertreten wird, dass sich die Testamentsvollstreckung aufgrund der fehlenden Einflussnahmemöglichkeit des Gesellschaftererben auf den Testamentsvollstrecker deutlich von der Vorsorgevollmacht unterscheide,[127] kann dem nicht gefolgt werden. Zwar hat der Vollmachtgeber den Vorsorgebevollmächtigten selbst ausgewählt und kann ihm bindende Weisungen erteilen. Jedoch trägt dieses Argument nur bis zum Eintritt seiner Geschäftsunfähigkeit.

---

122 BGH Urt. v. 22.01.1962 – II ZR 11/61, juris Tz. 11, NJW 1962, 738–739; Staudinger/*Habermeier* BGB, § 717 Rn. 5; MüKoBGB/*Schäfer* BGB, § 717 Rn. 9; EBJS/*Weipert* HGB, § 163 Rn. 14; *Wiedemann* GesR II § 2 III 2 e, S. 221 f.

123 Handbuch der Testamentsvollstreckung/*Pauli* 5 II 4 c aa) Rn. 158; abzugrenzen ist die Dauertestamentsvollstreckung von der bloßen Abwicklungsverwaltung im Sinne des § 2203 BGB; vgl. *Lorz/Kirchdörfer* Unternehmensnachfolge 5 II 9 c, Rn. 98 sowie *Hübner/Hammes* BB 2013, 2307, 2309.

124 *Ulmer* NJW 1990, 73, 77.

125 *Raub* Vorsorgevollmachten S. 96.

126 *Schäfer* ZHR 175 (2011), 557, 562.

127 *Raub* Vorsorgevollmachten S. 95; mit ähnlicher Begründung wird teilweise die Vergleichbarkeit der Testamentsvollstreckung mit der obligatorischen Gruppenvertretung infrage gestellt, vgl. *Raddatz* Nachlaßzugehörigkeit vererbter Personengesellschaftsanteile S. 171.

Danach kann der Vollmachtgeber selbst keine Weisungen mehr erteilen, sodass er ähnlich fremdbestimmt ist wie der Gesellschaftererbe. Außerdem dürfte es für die Frage der Vergleichbarkeit keinen wesentlichen Unterschied machen, ob die Auswahl des Dritten durch den Erblasser oder den Vollmachtgeber erfolgt.

a. Gesellschaftsanteil eines persönlich haftenden Gesellschafters

Die Testamentsvollstreckung in den Anteil eines persönlich haftenden Gesellschafters setzt voraus, dass dessen Gesellschaftsanteil in den Machtbereich des Testamentsvollstreckers fällt und die Testamentsvollstreckung mit den Grundsätzen einer Personengesellschaft vereinbar ist.[128]

Nach heute einhelliger Ansicht geht ein Personengesellschaftsanteil an einen oder mehrere Erben im Wege der Sonderrechtsnachfolge über; d. h., der Gesellschaftsanteil wird nicht gemeinschaftliches Vermögen mehrerer Erben im Sinne der § 2032 ff. BGB, sondern gelangt unmittelbar in das Vermögen der Erben.[129] Dies liegt daran, dass eine Erbengemeinschaft nicht Mitglied einer Personengesellschaft sein kann.[130] Denn die sich aus einer Personengesellschaft ergebenden Rechte und Pflichten können in der Regel nur von einer voll verantwortlichen und selbst handlungsfähigen Person sachgerecht wahrgenommen werden.[131]

Obgleich die Gesellschaftsanteile nicht zum gesamthänderisch gebundenen Vermögen der Erbengemeinschaft gehören, fallen sie in den Nachlass.[132] Die Anerkennung einer Sondererbfolge allein führt nämlich nicht dazu, dass dem vom gesamthänderisch gebundenen Nachlass getrennten Gesellschaftsanteil die Qualität als Nachlassgegenstandes abzusprechen ist.[133] Die Zuweisung eines Nachlassgegenstandes ausschließlich an einen oder mehrere Erben besagt

---

128 BGH Beschl. v. 03.07.1989 – II ZB 1/89, juris Tz. 10, NJW 1989, 3152, 3153.

129 BGH Urt. v. 04.05.1983 – IVa ZR 229/81, juris Tz. 19; NJW 1983, 2376; BGH Urt. v. 14.05.1986 – IVa ZR 155/84, juris Tz. 16 ff., NJW 1986, 2431–2434; BGH Beschl. v. 12.01.1998 – II ZR 23/97, juris Tz. 5, NJW 1998, 1313–1314.

130 BGH Urt. v. 22.11.1956 – II ZR 222/55, juris Tz. 16; BGH Urt. v. 10.02.1977 – II ZR 120/75, juris Tz. 26.

131 BGH Urt. v. 04.05.1983 – IVa ZR 229/81, juris Tz. 18, NJW 1983, 2376.

132 BGH Urt. v. 04.05.1983 – IVa ZR 229/81, juris Tz. 16, 19, NJW 1983, 2376; BGH Urt. v. 14.05.1986 – IVa ZR 155/84, juris Tz. 21 ff., NJW 1986, 2431–2434; BGH Beschl. v. 12.01.1998 – II ZR 23/97, juris Tz. 5, NJW 1998, 1313–1314; *Evert* MittBayNot 2003, 427; *Esch* NJW 1984, 339, 341 ff.; Staub/*Schäfer* HGB, § 139 Rn. 58 m.w.N.; a.A. *Ulmer* NJW 1984, 1496, 1498 ff. Infolge der Zuordnung des vererbten Gesellschaftsanteils zum Privatvermögen des Gesellschaftererben scheide dieser aus dem Nachlass aus.

133 BGH Urt. v. 14.05.1986 – IVa ZR 155/84, juris Tz. 24, NJW 1986, 2431–2434.

nämlich allein etwas über seine dingliche Zuordnung, nicht aber etwas über seine Nachlasszugehörigkeit.[134] Für die Zugehörigkeit zum Nachlass spricht außerdem seine Funktion als Haftungsobjekt für Nachlassverbindlichkeiten.[135]

Da der Anteil eines persönlich haftenden Gesellschafters in den Nachlass fällt, kann eine Testamentsvollstreckung nach § 2205 BGB an diesem nicht schlechthin ausgeschlossen sein.[136] Die zulässige Reichweite ist jedoch nicht abschließend geklärt.[137] Dies liegt daran, dass der Erbe gem. § 2206 Abs. 2 BGB die Möglichkeit nach §§ 1975–1988 BGB hat, seine Haftung auf den Nachlass zu beschränken,[138] sodass der Testamentsvollstrecker den Erben ohne sein Einverständnis nicht mit dessen Privatvermögen verpflichten kann.[139] Gem. § 128 HGB müsste dieser aber für Verbindlichkeiten der Gesellschaft unbeschränkt haften.[140] Eine Beschränkung der Haftung auf den Nachlass wäre folglich nicht mit § 128 HGB vereinbar,[141] zumal dies sogar dazu führen könnte, dass keiner der Gesellschafter unbeschränkt haftet.[142] Die Unvereinbarkeit der erbrechtlichen Haftungsbeschränkungen mit § 128 HGB zeigt sich auch bei solchen Verbindlichkeiten, die durch Mitgesellschafter begründet werden. Bei diesen könnte der der Testamentsvollstreckung unterliegende Gesellschaftererbe seine Haftung nicht auf den Nachlass beschränken, sodass er trotz fehlender Einflussnahmemöglichkeit unbegrenzt haften würde.[143]

---

134 BGH Beschl. v. 03.07.1989 – II ZB 1/89, juris Tz. 13, NJW 1989, 3152, 3153.

135 BGH Urt. v. 14.05.1986 – IVa ZR 155/84, juris Tz. 25, NJW 1986, 2431–2434.

136 BGH Beschl. v. 03.07.1989 – II ZB 1/89, juris Tz. 9 f., NJW 1989, 3152, 3153; BGH Beschl. v. 10.01.1996 – IV ZB 21/94, juris Tz. 32, NJW 1996, 1284–1286; BGH Beschl. v. 12.01.1998 – II ZR 23/97, juris Tz. 5, NJW 1998, 1313–1314; a.A. *Ulmer* NJW 1984, 1496 ff.

137 *Evert* MittBayNot 2003, 427, 437.

138 *Evert* MittBayNot 2003, 427; *Raub* Vorsorgevollmachten S. 98.

139 Staub/*Schäfer* HGB, § 139 Rn. 60.

140 BGH Beschl. v. 03.07.1989 – II ZB 1/89, juris Tz. 16, NJW 1989, 3152, 3153.

141 *Evert* MittBayNot 2003, 427, 428; *Faust* DB 2002, 189, 191; *Einmahl* AcP 160 (1961), 29, 36; *Emmerich* ZHR 132 (1969), 297, 309 f.; *Wiedemann* GesR II § 5 III 3 b aa, S. 495; zurückhaltender: Staub/*Schäfer* HGB, § 139 Rn. 60, überzeugende Gründe dafür, dass die erbrechtliche Haftungsbeschränkung ohne weiteres mit § 128 HGB vereinbar ist, fehlen; a.A. (d.h. für den Vorrang von § 2206 BGB vor § 128 HGB) *Ulmer/Schäfer* ZHR 160 (1996), 413, 439; MüKoBGB/*Zimmermann* BGB, § 2205 Rn. 35 f.; *Muscheler* Haftungsordnung S. 545 f.

142 *Evert* MittBayNot 2003, 427; *Faust* DB 2002, 189, 191.

143 Staub/*Schäfer* HGB, § 139 Rn. 60.

Trotz der genannten Bedenken soll die Testamentsvollstreckung nicht gänzlich unzulässig sein,[144] denn Grenzen könnten ihr nur aufgrund der Besonderheiten der Personengesellschaft als Arbeits- und Haftungsgemeinschaft gesetzt werden.[145] Es müsse aber sichergestellt sein, dass der Erbe auch nicht mittelbar für Gesellschaftsverbindlichkeiten verpflichtet werden kann.[146] Nach herrschender Meinung sind die Geschäftsführung und andere potenziell haftungsbegründende Befugnisse der Testamentsvollstreckung somit nicht zugänglich. Andernfalls würde sich die Verwaltungsbefugnis des Testamentsvollstreckers auch auf das Privatvermögen der Erben sowie auf das der übrigen Mitgesellschafter erstrecken.[147] Die Testamentsvollstreckung ist somit im Wesentlichen auf die Wahrnehmung und den Erhalt der mit dem Anteil verbundenen Vermögensrechte beschränkt.[148] Hierfür spricht auch, dass eine uneingeschränkte Fremdbestimmung durch den Testamentsvollstrecker nicht mit dem Wesen der Mitgliedschaft eines persönlich haftenden Gesellschafters vereinbar ist.[149] Gegen diese nur teilweise Zulässigkeit der Testamentsvollstreckung wird eingewandt, dass sie zu Abgrenzungsproblemen führe, da oftmals unklar sei, was von der Geschäftsführungsbefugnis umfasst sei und was nicht.[150] Unstreitig dürfte jedenfalls sein, dass die Kollision von persönlicher Haftung und beschränkter Nachlasshaftung nicht dadurch gelöst werden kann, dass man den durch den Testamentsvollstrecker begründeten Verbindlichkeiten einfach den Charakter als Nachlassverbindlichkeiten abspricht.[151]

---

144 BGH Beschl. v. 10.01.1996 – IV ZB 21/94, juris Tz. 33, NJW 1996, 1284, 1285; BGH Beschl. v. 12.01.1998 – II ZR 23/97, juris Tz. 5, NJW 1313, 1314; BeckOK-BGB/*Schöne* BGB, § 717 Rn. 12. anders noch BGH Urt. v. 24.11.1980 – II ZR 194/79, juris Tz. 10.

145 BGH Beschl. v. 03.07.1989 – II ZB 1/89, juris Tz. 14, NJW 1989, 3152.

146 Staub/*Schäfer* HGB, § 139 Rn. 60, m.w.N.

147 *Wiedemann* GesR II § 5 III 3 b aa, S. 495; *Weidlich* Testamentsvollstreckung S. 65.

148 BGH Beschl. v. 10.01.1996 – IV ZB 21/94, juris Tz. 33, NJW 1996, 1284, 1285; Staub/*Schäfer* HGB, § 139 Rn. 60; *Schäfer* ZHR 175 (2011), 557, 564; *Wiedemann* GesR II § 5 III 3 b aa, S. 495; BeckOK-BGB/*Schöne* BGB, § 717 Rn. 12.

149 BGH Beschl. v. 10.01.1996 – IV ZB 21/94, juris Tz. 36, NJW 1996, 1284, 1286.

150 Staub/*Schäfer* HGB, § 139 Rn. 60; MüKoBGB/*Zimmermann* BGB, § 2205 Rn. 36, der von der gleichen Annahme ausgeht, aber den gegenteiligen Schluss zieht, nämlich den, dass die Testamentsvollstreckung insgesamt zuzulassen sei; a.A. *Bommert* BB 1984, 178, 182: Rechtssicherheit sei nicht unerträglicher beeinträchtigt.

151 So aber *Marotzke* JZ 1986, 457, 461 f. und *Kick* Haftungsordnung S. 154 f.; Staub/*Schäfer* HGB, § 139 Rn. 60 m.w.N.

Andererseits wird gefordert, der BGH möge die Testamentsvollstreckung insgesamt zulassen.[152] Der Übergang auch der Verwaltungsrechte auf den Testamentsvollstrecker sei nämlich – vorbehaltlich der Haftungsproblematik – grundsätzlich unbedenklich.[153] Der Charakter der Personengesellschaft als persönlichkeitsbezogener Arbeits- und Haftungsverband erfordere jedoch die Zulassung im Gesellschaftsvertrag oder die Zustimmung aller Gesellschafter.[154] Dies gelte erst recht, da der Testamentsvollstrecker als Nichtgesellschafter ohne eigenes Haftungsrisiko sämtliche Gesellschafter durch sein Handeln persönlich verpflichten könnte.[155] Durch das Zustimmungserfordernis sei der Schutz der Mitgesellschafter aber hinreichend gesichert.[156] Es sei ausreichend, wenn dem Testamentsvollstrecker eine Mitwirkungshandlung allein für den Einzelfall verwehrt bliebe.[157] Außerdem sei es fraglich, ob es der unbeschränkten Gesellschafterhaftung nach § 105 Abs. 1 HGB überhaupt widerspreche, wenn der Testamentsvollstrecker den Erben nur mit dem Nachlass verpflichten könnte. Denn das Merkmal der unbeschränkten Gesellschafterhaftung richte sich nur gegen eine gesellschaftsvertragliche Beschränkung der Haftung, schließe aber nicht aus, dass die Haftung aus außerhalb des Gesellschaftsvertrags liegenden Gründen gegenständlich auf ein rechtlich verselbstständigtes Sondervermögen beschränkt sei.[158] Außerdem sei dann die unscharfe Trennung zwischen „Innen-“ und „Außenseite“ des Gesellschaftsanteils nicht mehr erforderlich.[159] Zugleich könne sich der Erbe gegen eine unbeschränkte Haftung nach § 139

---

152 *Muscheler* Haftungsordnung S. 549 ff.; MüKoBGB/*Zimmermann* BGB, § 2205 Rn. 36; MüKoHGB/*Schmidt* HGB, § 139 Rn. 47; *Einmahl* AcP 160 (1961), 29, 36 ff.; *Emmerich* ZHR 132 (1969), 297, 310.

153 MüKoBGB/*Ulmer/Schäfer* BGB, § 705 Rn. 117 f.

154 BGH Urt. v. 25.02.1985 – II ZR 130/84, juris Tz. 18, NJW 1985, 1953, 1954; MüKo BGB/*Ulmer/Schäfer* BGB, § 705 Rn. 115; MüKoHGB/*Schmidt* HGB, § 139 Rn. 48; MüKo BGB/*Zimmermann* BGB, § 2205 Rn. 34; EBJS/*Lorz* HGB, § 139 Rn. 68; *Faust* DB 2002, 189, 190; hinsichtlich eines Kommanditanteils: BGH Beschl. v. 03.07.1989 – II ZB 1/89, juris Tz. 8, NJW 1989, 3152, 3153; *Everts* MittBayNot 2003, 427, 432; *Kick* Haftungsordnung S. 156; *Ulmer/Schäfer* ZHR 160 (1996), 413, 439 m.w.N.

155 *Kick* Haftungsordnung S. 156.

156 *Evert* MittBayNot 2003, 427, 428; so schon *Weidlich* Testamentsvollstreckung S. 61; MüKoHGB/*Schmidt* HGB, § 139 Rn. 47.

157 *Evert* MittBayNot 2003, 427, 429.

158 *Muscheler* Haftungsordnung S. 549 ff.; MüKoBGB/*Zimmermann* BGB, § 2205 Rn. 36.

159 MüKoBGB/*Zimmermann* BGB, § 2205 Rn. 36.

HGB schützen. Allein die zeitliche Begrenzung des Schutzes aus § 139 HGB sei kein hinreichender Grund die Testamentsvollstreckung nicht zuzulassen.[160]

Unabhängig von der Haftungsproblematik ist es allgemeine Ansicht, dass das Abspaltungsverbot einer Dauertestamentsvollstreckung nicht entgegensteht.[161] Denn der Testamentsvollstrecker ist kein Fremdorgan, sondern ein im Verhältnis zum Erben gebundener Berechtigter an dem Gesellschaftsanteil. Da er aber keine eigenen gesellschaftsrechtlichen Befugnisse hat, kommt es nicht zu einer Abspaltung wesentlicher Gesellschafterrechte.[162] Vielmehr rückt der Erbe mit Zustimmung der Mitgesellschafter in eine durch die Testamentsvollstreckung von Anfang an belastete Mitgliedschaft ein.[163] Des Weiteren wird die Vereinbarkeit mit dem Abspaltungsverbot damit begründet, dass es zwar zu einer Aufteilung von Rechtsinhaberschaft (Erbe) und Mitspracherechten (Testamentsvollstrecker) komme, dies aber keine Abspaltung von einzelnen Rechten sei. Vielmehr würden die Mitgliedschaftsrechte insgesamt von einem Dritten ausgeübt.[164] Außerdem gehe die Testamentsvollstreckung in Bezug auf die Mitwirkungsbefugnisse Dritter an Gesellschafterbeschlüssen nicht weiter als eine im Gesellschaftsvertrag enthaltene Vertreterklausel, welche ebenfalls zulässig sei.[165] Gleiches gelte hinsichtlich der weitreichenden Befugnisse im Falle einer – für zulässig erachteten – gesetzlichen Vertretung.[166] Die Situation

160 MüKoHGB/*Schmidt* HGB, § 139 Rn. 47.

161 BGH Beschl. v. 03.07.1989 – II ZB 1/89, juris Tz. 23, NJW 1989, 3152, 3155; MüKoBGB/*Ulmer/Schäfer* BGB, § 705 Rn. 111, 117; MüKoBGB/*Schäfer* BGB, § 717 Rn. 13; MüKoBGB/*Zimmermann* BGB, § 2205 Rn. 36, 45; BeckOK-BGB/*Schöne* BGB, § 717 Rn. 12; Staub/*Schäfer* BGB, § 139 Rn. 59; *Hehemann* BB 1995, 1301, 1306 ff.; *Ulmer* NJW 1990, 73, 78; Baumbach/Hopt/*Roth* HGB, § 139 Rn. 27; *Wiedemann* GesR II 5 III 3 b aa, S. 494; Staudinger/*Habermeier* BGB, § 717 Rn. 8; Henssler/Strohn/*Kilian* BGB, § 717 Rn. 14; Oetker/*Weitemeyer* HGB, Soergel/*Hadding/Kießling* BGB, § 727 Rn. 51; *Dörrie* Testamentsvollstreckung S. 44 ff.; *Muscheler* Haftungsordnung S. 462; *Raddatz* Nachlaßzugehörigkeit vererbter Personengesellschaftsanteile S. 170 ff.; *Weidlich* Testamentsvollstreckung S. 59 ff.

162 Soergel/*Hadding/Kießling* BGB, § 727 Rn. 51; MüKoHGB/*Schmidt* HGB, § 139 Rn. 47; *Ulmer* NJW 1990, 73, 78; MüKoBGB/*Zimmermann* BGB, § 2205 Rn. 37; Staub/*Schäfer* HGB, § 139 Rn. 59, 63 m.w.N.

163 Soergel/*Hadding/Kießling* BGB, § 727 Rn. 51 m.w.N.

164 BGH Beschl. v. 03.07.1989 – II ZB 1/89, juris Tz. 23, NJW 1989, 3152, 3155; *Muscheler* Haftungsordnung S. 462; *Weidlich* Testamentsvollstreckung S. 61 f.

165 BGH Beschl. v. 03.07.1989 – II ZB 1/89, juris Tz. 23, NJW 1989, 3152, 3153; vgl. zur Zulässigkeit einer Vertreterklausel: BGH Urt. v. 12.12.1966 – II ZR 41/65, NJW 1967, 826–829.

166 *Bommert* BB 1984, 178, 182.

sei auch mit derjenigen in den Fällen des Nießbrauchs oder der offenen Treuhand vergleichbar, bei der ebenfalls ein Dritter in unmittelbare Beziehung zu den Mitgesellschaftern trete und die Mitgliedschaftsrechte ausübe, ohne dass das Abspaltungsverbot hiervon berührt sei.[167] Außerdem sei die Fremdherrschaft gerade das charakterbildende Merkmal der Testamentsvollstreckung und müsse hingenommen werden.[168]

Das Abspaltungsverbot sei auch deshalb nicht berührt, weil der Testamentsvollstrecker, ähnlich wie in den Fällen des Nießbrauchs, neben den Erben in den Gesellschaftsverband eintrete[169] und deshalb – sowie dadurch, dass die Verwaltungsrechte einheitlich bei dem Testamentsvollstrecker lägen – durch die Treuepflicht gebunden sei.[170] Eine eigene Treuebindung des Testamentsvollstreckers sei notwendig, da eine lediglich mittelbare Treuebindung über den Gesellschaftererben nicht ausreiche. Dann bliebe es nämlich bei einem Auseinanderfallen von Treuepflichtbindung und Rechtsausübung und bei Verstößen des Testamentsvollstreckers könnten die Mitgesellschafter nicht gegen diesen vorgehen, sondern wären an den Erben zu verweisen. Dies sei jedoch unpraktisch und biete weniger Schutz, da ein etwaiger Urteilsspruch in diesem Verhältnis den Testamentsvollstrecker nicht binde.[171]

Unklar bleibt jedoch, wie die Treuebindung des Testamentsvollstreckers dogmatisch genau zu begründen ist. Ein spezieller Übertragungsakt ist nicht ersichtlich. Auf den in der Anordnung der Testamentsvollstreckung liegenden Verwaltungsauftrag des Erblassers kann kaum zurückgegriffen werden. Denn damit die Mitgesellschafter daraus Rechte ableiten können, müsste die Anordnung der Testamentsvollstreckung ein Vertrag mit Schutzwirkung zugunsten Dritter sein; was jedoch fraglich ist.[172] Die Treuebindung kann deshalb nur an die Zulassung der Testamentsvollstreckung im Gesellschaftsvertrag, an die Zustimmung der Gesellschafter oder an die verdrängende Wirkung der Testamentsvollstreckung geknüpft werden. Letztere entsteht dadurch, dass der

---

167 *Ulmer* NJW 1990, 73, 78; *Muscheler* Haftungsordnung S. 462.

168 *Evert* MittBayNot 2003, 427, 430; ebenso *Faust* DB 2002, 189, 194.

169 *Ulmer* NJW 1990, 73, 78.

170 *Ulmer/Schäfer* ZHR 160 (1996), 413, 439; *Ulmer* NJW 1990, 73, 81; *Schäfer* ZHR 175 (2011), 557, 564; *Dörrie* Testamentsvollstreckung S. 103 ff.; *Raddatz* Nachlaßzugehörigkeit vererbter Personengesellschaftsanteile S. 172; ähnlich *Lorz* Testamentsvollstreckung und Unternehmensrecht S. 138; a.A. *Muscheler* Haftungsordnung S. 527 ff. m.w.N.

171 *Ulmer* NJW 1990, 73, 81.

172 *Dörrie* Testamentsvollstreckung S. 104.

Testamentsvollstrecker hinsichtlich der mitgliedschaftlichen Befugnisse an die Stelle des Gesellschaftererben tritt und für die Dauer des Amtes eine gesellschafterähnliche Stellung hat. Dies ist nach einer Ansicht ausreichend, um eine eigene Treuepflicht zu begründen.[173]

Nach anderer Ansicht unterliegt der Testamentsvollstrecker keiner eigenen, sondern nur einer mittelbaren, von den Erben als Adressaten der gesellschaftsrechtlichen Treuepflicht abgeleiteten Treuebindung.[174] Hierfür spreche, dass der Testamentsvollstrecker gem. § 2216 BGB im Verhältnis zum Erben angehalten sei, die aus der Treuepflicht folgenden Handlungs- und Unterlassungspflichten zu beachten. Außerdem seien die gegen eine mittelbare Treuebindung sprechenden Schwierigkeiten auf erbrechtliche Weise lösbar. So seien nach dem Erbfall fällig werdende Treuepflichten nicht persönliche Eigenpflichten des Erben, sondern Nachlassverbindlichkeiten. Daraus folge, dass sie nur vom Testamentsvollstrecker erfüllbar seien. Nach der herrschenden Auslegung des § 2213 Abs. 1 BGB ergäbe sich aber die absurde Situation, dass Erfüllungs- und Gestaltungsklagen der §§ 117, 133, 140 HGB allein gegen den Erben erhoben werden können. Eine zusätzliche Duldungsklage gegen den Testamentsvollstrecker sei gem. §§ 2213 Abs. 3 BGB, 748 Abs. 2 ZPO nicht möglich. Dies hätte zur Folge, dass ein gegen den Erben erwirkter Titel auf Vornahme einer unvertretbaren Handlung nicht vollstreckt werden könnte, da diese Handlung nicht ausschließlich vom Willen des Schuldners im Sinne des § 888 Abs. 1 S. 1 ZPO abhängig sei. Zwar sei der Erbe Schuldner des Anspruchs, aber nur der Testamentsvollstrecker könne die Handlung vornehmen. Gleiches gelte für eine Verurteilung auf Abgabe einer Willenserklärung und ein gegen den Erben ergangenes Ausschlussurteil. Beide würden den Testamentsvollstrecker nicht binden.[175] § 2213 Abs. 1 S. 2 BGB sei deshalb – sowie aufgrund der Entstehungsgeschichte der Norm – dahin gehend auszulegen, dass ein Teilverwaltungsvollstrecker prozessführungsbefugt in Ansehung solcher Nachlassverbindlichkeiten ist, die sich auf die von ihm verwalteten Nachlassgegenstände beziehen. Einer solchen Harmonisierung der Befugnisse des Testamentsvollstreckers, Nachlassverbindlichkeiten einzugehen mit der passiven Prozessführungsbefugnis, stehe auch der Wortlaut des § 748

---

173 *Ulmer* NJW 1990, 73, 81, der die Treuebindung auf Zustimmung und Rechtsmacht stützt; lediglich auf Letzteres hingegen: *Dörrie* Testamentsvollstreckung S. 105; Baumbach/Hopt/*Roth* HGB, § 139 Rn. 27; *Lorz* Testamentsvollstreckung und Unternehmensrecht S. 138; Staub/*Schäfer* HGB, § 139 Rn. 63; *Raddatz* Nachlasszugehörigkeit vererbter Personengesellschaftsanteile S. 172.

174 *Muscheler* Haftungsordnung S. 527 m.w.N.

175 *Muscheler* Haftungsordnung S. 529 f.

Abs. ZPO nicht entgegen. Dieser setze nämlich voraus, dass es sich um eine Nachlassverbindlichkeit handelt, die nichts mit dem vom Testamentsvollstrecker verwalteten Teilnachlass zu tun habe. Da aufgrund einer solchen Auslegung alle im Zusammenhang mit dem Kommanditanteil stehenden Nachlassverbindlichkeiten (Geld, Unterlassungs- oder Handlungsansprüche) gegen den Testamentsvollstrecker im Wege der Leistungsklage geltend gemacht werden könnten und ein entsprechendes Urteil gem. § 327 Abs. 2 ZPO auch gegen den Erben Rechtskraft besäße, bedürfe es keiner eigenen Treuebindung des Testamentsvollstreckers.[176]

b. Kommanditanteil

Seitdem das Reichsgericht im Jahr 1944[177] die Zulässigkeit der Dauertestamentsvollstreckung an einem ererbten Kommanditanteil verneint hat, gab es eine umfangreiche und kontroverse Diskussion.[178] Seit der Grundsatzentscheidung des BGH aus dem Jahr 1989[179] steht die Zulässigkeit der Testamentsvollstreckung an Kommanditanteilen grundsätzlich außer Zweifel.[180] Denn anders als bei einem unbeschränkt haftenden Gesellschafter ist die Haftung eines Kommanditisten in der Regel ohnehin gem. § 171 Abs. 1 HGB auf seine Einlage beschränkt. Es macht deshalb keinen Unterschied, ob die Haftung des Erben dadurch beschränkt ist, dass der Testamentsvollstrecker den Erben ohne dessen Einverständnis nur im Rahmen des Nachlassvermögens verpflichten kann oder aber, ob dieser ohnehin nur beschränkt auf seine Einlage haften würde.[181] Damit es nicht zu einer Veränderung des Haftungsumfangs kommt, ist aber erforderlich, dass die Testamentsvollstreckung nicht zu einer persönlichen Verpflichtung des Kommanditisten führen kann. Dies wäre bspw. dann der

---

176 *Muscheler* Haftungsordnung S. 531.

177 RG Urt. v. 10.01.1944, II 103/43, RGZ 172, 199.

178 *Quack* BB 1989, 2271; *Wiedemann* GesR II § 5 III 3 b aa, S. 494 spricht gar von ganzen Generationen, die mit Dissertationsthemen versorgt worden seien.

179 BGH Beschl. v. 03.07.1989 – II ZB 1/89, juris Tz. 9, NJW 1989, 3152–3155.

180 Palandt/*Weidlich* BGB, § 2205 Rn. 15; MüKoHGB/*Schmidt* HGB, § 139 Rn. 48; MüKoBGB/*Zimmermann* BGB, § 2205 Rn. 16; Staub/*Schäfer* HGB, § 139 Rn. 57; Baumbach/Hopt/*Hopt* HGB, § 139 Rn. 24; EBJS/*Lorz* HGB, § 139 Rn. 81 ff.; *Kreppel* DStR 1996, 430 ff.; *Ulmer* NJW 1990, 73 ff.

181 BGH Beschl. v. 03.07.1989 – II ZB 1/89, juris Tz. 16, NJW 1989, 3152, 3153.

Fall, wenn ein Kommanditist entgegen dem gesetzlichen Leitbild geschäftsführungsbefugt ist.[182]

Die Befugnisse des Testamentsvollstreckers erstrecken sich auch auf die mit dem Kommanditanteil verbundenen Verwaltungsrechte; jedoch nur wenn die Mitgesellschafter der Testamentsvollstreckung zugestimmt haben.[183] Ist dies nicht der Fall, gleicht die Stellung des Testamentsvollstreckers der eines Testamentsvollstreckers am Anteil eines persönlich haftenden Gesellschafters. Offengelassen hat der BGH aber, ob eine einfache, d. h. nicht auf eine bestimmte Person gerichtete Nachfolgeklausel als konkludente Zustimmung gewertet werden kann. Dagegen spricht, dass die Testamentsvollstreckung ein „Mehr" an Fremdeinfluss gegenüber der Nachfolge darstellt. Denn der aufgrund einer einfachen Nachfolgeklausel in die Gesellschaft aufgenommene Dritte ist Gesellschafter, wohingegen es bei der Testamentsvollstreckung zu einer Ausübung von Mitgliedschaftsrechten durch einen gesellschaftsfremden Dritten kommt.[184] Verbreitet wird eine einfache Nachfolgeklausel aber als ein Indiz für die Zustimmung der Gesellschafter gewertet.[185] Denn wenn die Mitgesellschafter jeden Dritten als Anteilserwerber akzeptieren, sei davon auszugehen, dass sie auch mit der durch die Testamentsvollstreckung verursachten Kompetenzaufteilung einverstanden sind. Gleiches gelte bei freier Übertragbarkeit der Gesellschaftsanteile unter Lebenden. Der darin liegende Verzicht, die Gesellschaft als höchstpersönlichen Zusammenschluss zu behandeln, spreche tendenziell dafür, dass die Gesellschafter auch mit der Testamentsvollstreckung einverstanden seien. Dem stünde auch die Möglichkeit der Haftungsbeschränkung des Erben auf den Nachlass nicht zwingend entgegen, da dadurch die bisherigen Haftungsverhältnisse aus Sicht der Gesellschafter der Sache nach unverändert blieben.[186]

---

182 BGH Beschl. v. 03.07.1989 – II ZB 1/89, juris Tz. 16, NJW 1989, 3152, 3153; kritisch hierzu *Ulmer* NJW 1990, 73, 76.

183 Vgl. nur BGH Beschl. v. 03.07.1989 – II ZB 1/89, juris Tz. 8; NJW 1989, 3152, 3153; *Kreppel* DStR 1996, 430; *Schäfer* ZHR 175 (2011), 557, 563 m.w.N.

184 OLG Hamburg ZIP 1984, 1226, 1228; *Ulmer* NJW 1990, 73, 76; *Faust* DB 2002, 189, 194; *Stimpel* FS Brandner S. 781.

185 MüKoBGB/*Ulmer/Schäfer* BGB, § 705 Rn. 115; Staub/*Schäfer* HGB, § 139 Rn. 61; Erman/ *Westermann* BGB, § 727 Rn. 10; *Mayer* ZIP 1990, 976, 977; tendenziell auch Soergel/*Damrau* BGB, § 2205 Rn. 30; zögerlich: Soergel/*Hadding/Kießling* BGB, § 727 Rn. 53.

186 MüKoBGB/*Ulmer/Schäfer* BGB, § 705 Rn. 115.

4. Nießbrauch

Auch bei einem Nießbrauch an Gesellschaftsanteilen kommt es zu einer Fremdverwaltung von Gesellschafterrechten. Oftmals wird ein Nießbrauch im Sinne des § 1068 Abs. 1 BGB eingeräumt, um einen gesellschaftsfremden Dritten an den Früchten einer Gesellschafterstellung zu beteiligen, ohne dass der bisherige Gesellschafter diese aufgeben muss.[187]

a. Zulässigkeit

Die frühere Ansicht, dass ein Verstoß gegen das Abspaltungsverbot nur vermieden werden könne, indem dem Nießbraucher die Gesellschaftsanteile als Treuhänder übertragen werden,[188] ist überholt; zumal eine solche Vollrechtsübertragung rechtstechnisch ein Aliud zu einem Nießbrauch wäre.[189] Nach heutiger Ansicht ist die Einräumung eines Nießbrauchs am Anteil einer Personengesellschaft trotz Zweifeln, die auf den durch das Zusammentreffen des sachenrechtlichen Instituts des Nießbrauchs mit den personengesellschaftsrechtlichen Prinzipien hervorgerufenen Konflikten beruhen, zulässig.[190] Die Einräumung eines Nießbrauchs verstoße insbesondere nicht gegen das Abspaltungsverbot,

---

187 *Wiedemann* GesR II § 5 II 2 a, S. 440; der Nießbrauch ermöglicht bspw. einem Unternehmensinhaber im Rahmen der vorweggenommenen Erbfolge, Gesellschaftsbeteiligungen auf seine Erben zu übertragen, sich aber die Nutzungen vorzubehalten, vgl. Esch/*Baumann/Schulze zur Wiesche* Handbuch S. 464 f., Rn. 1747.

188 So die früher herrschende Meinung, vgl. hierzu Staudinger/*Frank* BGB, Anhang zu 1068, 1069 Rn. 54, 57.

189 MünchHdB. GesRI/*Hohaus* § 66 Rn. 13; Praxishandbuch Handels- und Gesellschaftsrecht/ *Eickhoff* § 7 D I 2. a) Rn. 288.

190 BGH, Urt. v. 20.04.1972 – II ZR 143/69, NJW 1972, 1755–57; BGH Urt. v. 12.12.1974 – II ZR 166/72, BB 1975, 295–296; BGB Urt. v. 09.11.1998 – II ZR 213/97, NJW 1999, 571–572; MünchHdB. GesRI/*Hohaus* § 66 Rn. 11; MüKoBGB/*Ulmer/Schäfer* BGB, § 705 Rn. 96; MüKoBGB/*Pohlmann* BGB, § 1068 Rn. 25; MüKoHGB/*Schmidt* HGB, Vor § 230 Rn. 14; *Flume* I/1 § 17 VI S. 359 ff.; *Rohleff* NJW 1971, 1337, 1339 ff.; Staub/*Schäfer* HGB, § 105 Rn. 119; Koller/Roth/Kindler/Morck/*Kindler* HGB, § 105 Rn. 23; EBJS/*Wertenbruch* HGB, § 105 Rn. 228; *Ulmer* FS Fleck S. 383, 385 ff.; *Wiedemann* GesR II § 5 II 2 a aa), S. 441; *Wegerhoff/Wolterhoff*, in: Wachter, Praxis des Handels- und Gesellschaftsrechts, Teil 2, 1. Kap. § 2 Rn. 482; *Schön* ZHR 158 (1994), 229, 236 ff.; Staudinger/*Frank* BGB, Anh. §§ 1068, 1069 Rn. 57; Palandt/*Herrler* BGB, § 1068 Rn. 4; Baumbach/Hopt/*Roth* HGB, § 105 Rn. 44; *Teichmann* ZGR 1972, 1, 10 f.; Hauschild/Kallrath/Wachter/*Bolkart* § 10 Rn. 14; Erman/*Bayer* BGB, § 1069 Rn. 9.

denn die Mitgliedschaft werde, selbst im Falle einer Stimmrechtsübertragung auf den Nießbraucher, nicht in unzulässiger Weise aufgeteilt.[191] Die Gesellschafterrechte blieben in ihrer Substanz nämlich mit der Mitgliedschaft verbunden und würden nur für eine gewisse Dauer einer anderen Person zugewiesen.[192] Außerdem basiere die Stimmrechtsübertragung auf dem Nießbrauchrecht, welches selbst im Wege einer Rechtsübertragung entstehe.[193] Letztlich führe der Nießbrauch, als dingliche Belastung am gesamten Gesellschaftsanteil, zu einer Vergemeinschaftung der Gesellschafterrechte zwischen dem Nießbraucher und dem Rechtsinhaber, sodass der Nießbraucher einen vom Rechtsinhaber unabhängigen und gegenüber der Gesellschaft unmittelbar berechtigenden Status erlange.[194] Infolge der gemeinschaftlichen Berechtigung von Besteller und Nießbraucher wird Letzterer mit quasi-dinglicher Wirkung zusätzlich zu dem Besteller in den Gesellschaftsverband einbezogen.[195] Gegen das Argument der gemeinschaftlichen Berechtigung wird vorgebracht, dass nicht berücksichtigt werde, dass das Abspaltungsverbot nicht nur im Verhältnis zwischen Besteller und Nießbraucher, sondern auch im Verhältnis zwischen Nießbraucher und den übrigen Gesellschaftern maßgeblich sei.[196]

---

191 *Wedemann* NZG 2013, 1281, 1282; *Frank* MittBayNot 2010, 96, 99; MüKoBGB/*Pohlmann* BGB, § 1068 Rn. 25; *Schön* ZHR 158 (1994), 229, 252 ff.; BeckOK-BGB/*Wegmann* BGB, § 1069 Rn. 15; Staudinger/*Frank* BGB, Anhang zu §§ 1068, 1069 Rn. 60; *Schmidt* ZGR 1999, 601, 605 f.; *Schmidt* GesR § 19 III 4 b; vgl. i.Ü. Fn. 190; a.A. zu einem Nießbrauch an einem GmbH-Anteil: *OLG Koblenz*, Urt. v. 16.01.1992 – 6 U 963/91, juris Tz. 21, NJW 1992, 2163, 2164 m.w.N.

192 Hauschild/Kallrath/Wachter/*Bolkart* § 10 Rn. 14.

193 *Flume* I/1 § 14 IV S. 221.

194 *Wiedemann* GesR II § 5 II 2 a aa), S. 441; *Schön* ZHR 158 (1994), S. 229, 252 ff.; Staudinger/*Frank* BGB, Anhang zu §§ 1068, 1069 Rn. 60; *Wedemann*, NZG 2013, 1281, 1282.

195 OLG Stuttgart Beschl. v. 28.01.2013 – 8 W 25/13, NZG 2013, 432–433; MüKoBGB/*Ulmer/Schäfer* BGB, § 705 Rn. 96; *Ulmer* FS Fleck S. 383, 385 ff.; MüKoBGB/*Pohlmann* BGB, § 1068 Rn. 25; *Schmidt* GesR § 19 III 4 b, S. 561; Bengel/*Reimann* Hdb. Testamentsvollstreckung Rn. 387; Staudinger/*Habermeier* BGB, § 717 Rn. 7; *Wedemann* NZG 2013, 1281, 1282; *Wiedemann* GesR II § 5 II 2 a aa, S. 441; *Schön* ZHR 158 (1994), 229, 251 ff.; Staudinger/*Frank* BGB, Anh. zu §§ 1068, 1069 Rn. 60; a.A. *Hepp-Schwab* Die Mitgliedschaft des Personengesellschafters und der Nießbrauch an seinem Gesellschaftsanteil S. 157 f.; Gesellschafter wird der Nießbraucher durch die Nießbrauchbestellung aber nicht, vgl. BGH Urt. v. 09.11.1998 – II ZR 213/97, juris Tz. 12, NJW 1999, 571–572.

196 *Sudhoff* NJW 1974, 2205, 2208.

Heute wird das Abspaltungsverbot nicht mehr bei der Frage der Zulässigkeit des Nießbrauchs als solchem, sondern allenfalls bei der Frage nach den vom Nießbrauch umfassten Gesellschafterrechten relevant. So kann es aufgrund des Abspaltungsverbots erforderlich sein, dem Nießbraucher bestimmte Mitgliedschaftsrechte zu belassen.[197] Wichtig ist auch, dass Gegenstand des Nießbrauchs nur die Mitgliedschaft als solche ist und nicht das (isolierte) Gewinnstammrecht.[198] Dies ist nämlich ein unselbstständiger Teil der Mitgliedschaft,[199] sodass es zu einer Zergliederung der Mitgliedschaft in einzelne Segmente käme, was nicht mit dem Abspaltungsverbot vereinbar wäre.[200]

Damit die Interessen der Mitgesellschafter bei der Bestellung eines Nießbrauchs gewahrt bleiben, besteht ein Zustimmungserfordernis.[201] Die freie Übertragbarkeit der Gesellschaftsanteile reicht nach überwiegender Ansicht zur Annahme der Zustimmungserteilung nicht aus.[202] Gleiches gilt für eine einfache Nachfolgeklausel.[203] Ausnahmsweise soll eine Zustimmung entbehrlich sein, wenn die Ausübung der Mitgliedschaftsrechte beim Besteller verbleibt. Denn dadurch seien die Interessen der Mitgesellschafter nicht tangiert.[204] Gleiches gelte wegen § 717 S. 2 BGB auch für einen Nießbrauch an ausschließlich vermögensrechtlichen Bezügen aus der Gesellschaftsbeteiligung.[205]

---

197 Staudinger/*Frank* BGB, Anh. zu §§ 1068, 1069 Rn. 61.

198 *Wiedemann* GesR II § 5 II 2 a bb), S. 442; *Flume* I/1 § 17 VI S. 360; *Ulmer* FS Fleck S. 383, 399; MüKoBGB/*Pohlmann* BGB, § 1068 Rn. 29; Staudinger/*Frank* BGB, Anh. zu §§ 1068, 1069 Rn. 60 m.w.N.; a.A. *Siebert* BB 1956, 1126; *Sudhoff* NJW 1971, 481, 482 f.

199 MüKoHGB/*Priester* HGB, § 121 HGB Rn. 9.

200 *Wiedemann* GesR II § 5 II 2 a bb), S. 442; *Schön* ZHR 158 (1994), 229, 266.

201 Entweder im Gesellschaftsvertrag oder durch Zustimmung der Mitgesellschafter; *Wiedemann* GesR II § 5 II 2 a aa), S. 441; *Frank* MittBayNot 2010, 96, 99; Soergel/*Stürner* BGB, § 1068 Rn. 7 c; MüKoBGB/*Ulmer/Schäfer* BGB, § 705 Rn. 97; Esch/*Baumann/Schulze zur Wiesche* Handbuch S. 466, Rn. 1751.

202 MüKoBGB/*Pohlmann* BGB, § 1068 Rn. 32; Baumbach/Hopt/*Roth* HGB, § 105 Rn. 44; *Wiedemann* GesR II, § 5 II 2 a bb), S. 442; Staub/*Schäfer* HGB, § 105 Rn. 119; MüKoBGB/*Ulmer/Schäfer* BGB, § 705, Rn. 97 m.w.N.; a.A. *Sudhoff* NJW 1971, 481; Staudinger/*Frank* BGB, Anh. zu §§ 1068, 1069 Rn. 63, der der Ansicht ist, dass eine im Vergleich zur Vollrechtsübertragung weitergehende – und somit der Zustimmung bedürfende – Beschwer nicht gegeben ist, da die Ausübung der Mitgliedschaftsrechte grundsätzlich beim Nießbrauchbesteller verbleibe.

203 Esch/*Baumann/Schulze zur Wiesche* Handbuch S. 446 f., Rn. 1753.

204 *Frank* MittBayNot 2010, 96, 97; *Wedemann* NZG 2013, 1281, 1289.

205 Esch/*Baumann/Schulze zur Wiesche* Handbuch S. 467, Rn. 1754.

b. Mitwirkungsrechte des Nießbrauchers

Die Verteilung der Mitwirkungsrechte, insbesondere des Stimmrechts, zwischen dem Rechtsinhaber und dem Nießbraucher ist umstritten. Für die vorliegende Arbeit ist diese Frage interessant, da sie Rückschlüsse für die Frage der Reichweite der Befugnisse des Vorsorgebevollmächtigten zulässt. Der BGH hat die Frage bisher offengelassen. Einziger Anhaltspunkt ist eine Entscheidung aus dem Jahr 1998, die dem Besteller das Stimmrecht für Grundlagenbeschlüsse in einer Eigentümerversammlung zuspricht.[206]

Nach einer Ansicht verbleibt das Stimmrecht beim Besteller,[207] denn sein Interesse sei im Vergleich zu demjenigen des Nießbrauchers in der Regel umfassender.[208] Außerdem sei die Wahrnehmung von Gesellschafterrechten durch die Rücksichts- und Treuepflicht geprägt. Verlässliche Maßstäbe bestünden aber nur für die Person des Gesellschafters, nicht für die des Nießbrauchers.[209] Der Ansicht wird entgegengehalten, dass sie der quasi-dinglichen Wirkung des Nießbrauchs nicht gerecht werde.[210]

Die entgegengesetzte Ansicht verortet das Stimmrecht beim Nießbraucher,[211] da die Verteilung der Rechte nach Effizienz- und Gerechtigkeitsgesichtspunkten zu erfolgen habe. Zumeist geschehe die Nießbrauchbestellung zur Versorgung des Übergebers im Rahmen einer vorweggenommenen Erbfolge oder zur Verlagerung von Einkünften aus steuerlichen Gründen. Deshalb sei das Interesse des Nießbrauchers am Wohl der Gesellschaft typischerweise stärker als das des Anteilsinhabers.[212] Zugleich sei der Anteilsinhaber ausreichend dadurch geschützt, dass der Nießbraucher aufgrund des Nießbrauchverhältnisses die Interessen des Anteilsinhabers angemessen zu berücksichtigen habe.[213]

---

206 BGH Urt. v. 09.11.1998 – II ZR 213/97, juris Tz. 12, NJW 199, 571–572; vgl. auch *Wiedemann* GesR II § 5 II a dd), S. 444.

207 OLG Koblenz Urt. v. 16.01.1992 – 6 U 963/91, juris Tz. 20, NJW 1992, 2163, 2164; MüKoBGB/*Pohlmann* BGB, § 1068 Rn. 81; *Wiedemann* GesR II § 5 II 2 a dd), S. 446; *Teichmann* ZGR 1972, 1, 9 ff.; Bengel/*Reimann*, Hdb. Testamentsvollstreckung Rn. 387; MüKo GmbHG/*Reichert/Weller* GmbHG, § 15 Rn. 337; *Schmidt* ZGR 1999, 601, 609 f.; MüKoHGB/*Schmidt* HGB, Vor § 230 Rn. 21 m.w.N.

208 *Wiedemann* GesR II § 5 II 2 a dd), S. 446; *Frank* MittBayNot 2010, 96, 99.

209 *Wiedemann* GesR II § 5 II 2 a dd), S. 446.

210 MüKoBGB/*Ulmer/Schäfer* BGB, § 705 Rn. 99.

211 *Wedemann* NZG 2013, 1281, 1285; Jauernig/*Berger* BGB, § 1068 Rn. 4; Ulmer/ *Hüffer/ Schürnbrand* GmbHG, § 47 Rn. 53.

212 *Wedemann* NZG 2013, 1281, 1284 f.; *Frank* MittBayNot 2010, 96.

213 *Wedemann* NZG 2013, 1281, 1285.

Außerdem könne das Stimmrecht des Nießbrauchers ebenso mit dinglicher Wirkung übertragen werden, wie der Nießbrauch selbst mit dinglicher Wirkung bestellt werden könne.[214]

Nach der sog. Aufspaltungslösung soll das Stimmrecht bei besonders bedeutsamen Angelegenheiten bei dem Anteilsinhaber verbleiben und im Übrigen dem Nießbraucher zustehen.[215] Dies entspreche der Wertung der §§ 1036 Abs. 1, 1066 Abs. 1 BGB, wonach dem Besteller die Kompetenz für außergewöhnliche Maßnahmen und Grundlagenentscheidungen zustehe; im Zweifel stünde das Stimmrecht dem Nießbraucher zu.[216] Hiergegen wird eingewandt, dass es zwar sinnvoll sei, das Stimmrecht demjenigen zuzugestehen, dessen Rechtsstellung von dem jeweiligen Beschluss primär betroffen ist, dass es aber an klaren und eindeutigen Abgrenzungskriterien mangele. Derartige Rechtsunsicherheiten würden den Interessen aller Beteiligten nicht gerecht.[217]

Die sog. Vergemeinschaftungslösung sieht vor, dass der Nießbraucher und der Besteller nur ein gemeinsames Stimmrecht haben. Dieses soll leerlaufen, wenn sie sich nicht auf ein gemeinsames Abstimmungsverhalten einigen können.[218] Es dürfte jedoch fraglich sein, ob ein entsprechender Einigungsdruck zwischen dem Nießbraucher und dem Besteller besteht, denn eine fehlende Stimmabgabe ist oft nur für eine der beiden Parteien nachteilig.[219] Der fehlende Einigungsdruck dürfte auch darauf basieren, dass ein Nießbraucher eher gewinnorientiert

---

214 *Wedemann* NZG 2013, 1281, 1287 ff.; *Frank* MittBayNot 2010, 96, 99 f.

215 OLG Stuttgart Beschl. v. 28.01.2013 – 8 W 25/13, juris Tz. 12, NZG 2013, 432–433; MüKoBGB/*Ulmer/Schäfer* BGB, § 705 Rn. 99; Heidel/Schall/*Psaroudakis* HGB, § 109 Rn. 16; Staudinger/*Habermeier* BGB, § 717 Rn. 7; *Bechtold* Nießbrauch S. 163 f.; *Flume* I/1 § 17 VI S. 366 f.; *Wedemann* NZG 2013, 1281, 1282; *Ulmer* FS Fleck S. 383, 394 f.; MünchHdB. GesRI/*Gummert* § 16 Rn. 29; *Wegerhoff/Wolterhoff*, in: Wachter, Praxis des Handels- und Gesellschaftsrechts, Teil 2, 1. Kap. § 2 Rn. 483; Staub/*Schäfer* BGB, § 105 Rn. 124; Baumbach/Hopt/ *Roth* HGB, § 105 Rn. 46.

216 MüKoBGB/*Ulmer/Schäfer* BGB, § 705 Rn. 99; Staub/*Schäfer* HGB, § 105 Rn. 126.

217 *Wedemann* NZG 2013, 1281, 1283; *Frank* MittBayNot 2010, 96, 99; Staudinger/*Frank* BGB, Anh. §§ 1068, 1069 Rn. 72; MüKoHGB/*Schmidt* HGB, vor § 230 Rn. 21; MüKoBGB/*Ulmer/Schäfer* BGB, § 705 Rn. 101; *Sudhoff* NJW 1974, 2205, 2208; *Wiedemann* GesR II § 5 II 2 a dd), S. 446; *Schön* ZHR 158 (1994), 229, 261.

218 *Schön* ZHR 158 (1994), 229, 261 ff.; KölnKommAktG/*Zöllner* AktG, 1985, § 134 Rn. 15.

219 *Wedemann* NZG 2013, 1281, 1284; *Frank* MittBayNot 2010, 96, 99; Ulmer/*Löbbe* GmbHG, § 15 Rn. 188; *Schmidt* ZGR 1999, 601, 608 f.; Staudinger/*Frank* BGB, § Anh. §§ 1068, 1069 Rn. 72; MüKoHGB/*Schmidt* HGB, vor § 230 Rn. 21; i.E. so auch MüKoBGB/*Ulmer/Schäfer* BGB, § 705 Rn. 96.

und weniger an der langfristigen Substanz- und Ertragskraft interessiert ist als ein Gesellschafter. Zugleich dürfte die Vergemeinschaftungslösung insbesondere bei eiligen Entscheidungen schwerfällig sein.[220]

Ähnlich umstritten wie die Verteilung des Stimmrechts ist auch die Frage der Zuständigkeit für die Geschäftsführung.[221] Nach herrschender Meinung soll das Geschäftsführungsrecht jedoch – bei Zustimmung der Mitgesellschafter – dem Nießbraucher übertragen werden können. Schließlich sei der Nießbraucher dinglich am Gesellschaftsanteil beteiligt, sodass das Prinzip der Selbstorganschaft dem nicht entgegenstehe.[222] Dem Besteller müsse aber der nach § 716 Abs. 2 BGB unverzichtbare Mindestbestand verbleiben.[223]

5. Treuhand

Es wird zwischen zwei Arten von Treuhandverhältnissen unterschieden. Zum einen gibt es die sog. unechte Treuhand. Bei dieser ist bzw. bleibt der Treugeber Gesellschafter. Der Treuhänder wird jedoch ermächtigt, die Rechte des Treugebers stellvertretend im eigenen Namen wahrzunehmen. Der Treugeber kann als Rechtsinhaber aber ebenso über das Treugut verfügen wie der Treuhänder.[224] Zum anderen gibt es die sog. echte Treuhand. Hierbei hat der Treugeber keine direkte Gesellschaftsbeteiligung, sondern ist nur schuldrechtlich durch den Treuhandvertrag mit dem unmittelbar an der Gesellschaft beteiligten Treuhänder mit der Gesellschaft verbunden.[225] Daneben ist die offene von der verdeckten Treuhand zu unterscheiden. Abzugrenzen ist hierbei danach, ob die Treuhänderstellung – gegenüber den Mitgesellschaftern – offengelegt wurde oder nicht.[226] Die Motive für die Begründung eines Treuhandverhältnisses sind oftmals vielgestaltig. Sie reichen von Geheimhaltung, Bündelung von Gesellschaftermacht bis hin

---

220 *Wiedemann* GesR II § 5 II 2 a dd), S. 444 ff.

221 Der BGH hat dies ausdrücklich offengelassen, vgl. BGH Urt. v. 09.11.1998 – II ZR 213/97, juris Tz. 12, NJW 1999, 571–572.

222 *Frank* MittBayNot 2010, 96, 99; i.E. so auch MüKoBGB/*Ulmer/Schäfer* BGB, § 705 Rn. 100; *Schön* ZHR 158 (1994), 229, 263; Staudinger/*Frank* BGB, Anh. §§ 1068, 1069 Rn. 75; a.A. *Teichmann* ZGR 1972, 1, 12.

223 MüKoBGB/*Ulmer/Schäfer* BGB, § 705 Rn. 100.

224 *Beuthien* ZGR 1974, 26, 29; Beck PersGes-HB/*Watemeyer* § 16 Rn. 24; *Klöckner* BB 2009, 1313, 1314.

225 Beck PersGes-HB/*Watemeyer* § 16 Rn. 25; *Schlitt* in Sudhoff GmbH & Co. KG § 39 Rn. 30; *Klöckner* BB 2009, 1313, 1314.

226 *Beuthien* ZGR 1974, 26, 31; EBJS/*Weipert* BGB, § 163 Rn. 21.

zur Kreditsicherung. Auch im Rahmen der vorweggenommenen Erbfolge ist die Treuhand ein gebräuchliches Konstrukt.[227]

Ein echtes Treuhandverhältnis kann auf drei Weisen begründet werden: Der Gesellschafter geht eine schuldrechtliche Treuhandbindung mit dem Treugeber ein; er überträgt seinen Gesellschaftsanteil auf einen Treuhänder oder der Treuhänder erwirbt im Auftrag des Treugebers einen Gesellschaftsanteil.[228] In allen Fällen ist der Treuhänder formal Gesellschafter, der aber im Innenverhältnis durch den Treuhandvertrag[229] gegenüber dem Treugeber gebunden ist und die ihm formal zustehenden Gesellschafterrechte nur im Interesse und nach Weisung des Treugebers ausüben darf.[230] Der Treuhänder handelt somit rechtlich im eigenen Namen, wirtschaftlich aber für die Rechnung des Treugebers.[231]

Wird das Treuhandverhältnis durch die Übertragung eines Gesellschaftsanteils auf den Treuhänder oder durch den Erwerb eines Gesellschaftsanteils seitens des Treuhänders im Auftrag des Treugebers begründet, erfordert dies die Zustimmung aller Gesellschafter. Dies ist nur dann nicht der Fall, wenn die Mitgliedschaft in der betroffenen Gesellschaft frei übertragbar ist.[232] Wird die Treuhand hingegen durch eine schuldrechtliche Treuhandbindung begründet, ist zu differenzieren: Wenn der Treuhänder nur solche Rechte ausüben soll, die den Sonderinteressen des Gesellschafters dienen, ist eine Zustimmung entbehrlich; unabhängig davon, ob die Treuhand offen oder verdeckt ist. Wenn der Treuhänder auch solche Gesellschafterrechte ausüben soll, die dem Gesellschaftsinteresse verpflichtet sind, ist eine Zustimmung (wohl) nur entbehrlich, wenn der Treuhänder eigenverantwortlich und unabhängig vom Treugeber agieren

---

227 Praxishandbuch Handels- und Gesellschaftsrecht/*Eickhoff* § 7 C. I. 2. b) Rn. 240; *Schlitt* in Sudhoff GmbH & Co. KG § 39 Rn. 34 m.w.N.

228 *Beuthien* ZGR 1974, 26, 38; vgl. zu ersteren beiden Konstellationen auch EBJS/*Weipert* BGB, § 163 Rn. 21; zu der mittleren: BGH Urt. v. 11.10.1976 – II ZR 119/75, juris Tz. 10.

229 Dies ist in der Regel eine Geschäftsbesorgung im Sinne des § 675 BGB; BeckOK-BGB/*Schöne* BGB, § 717 Rn. 11.

230 BGH Urt. v. 11.10.1976 – II ZR 119/75, juris Tz. 10; *Eberl*, in: Wachter, Praxis des Handels- und Gesellschaftsrechts, Teil 2, 3. Kap. § 3 Rn. 376.

231 *Schmidt* GesR § 61 III 1. c), S. 1827; Beck PersGes-HB/*Watemeyer* § 16 Rn. 25; *Beuthien* ZGR 1974, 26, 29 ist der Ansicht, dass es für die Treuhänderstellung einer Person unerheblich sei, ob diese das Treugut vom Treugeber oder von einem Dritten erwirbt oder einen ihm selbst gehörenden Gegenstand zum Treugut macht.

232 *Beuthien* ZGR 1974, 26, 39; *Schulte* in Sudhoff Personengesellschaften § 12 Rn. 24.

kann.[233] Wenn darüber hinaus eine Stimmbindung zwischen Treuhänder und Treugeber vereinbart wird, erfordert dies die Zustimmung der Mitgesellschafter. Dies folgt u. a. aus der Höchstpersönlichkeit der Verwaltungsrechte und daraus, dass eine erhöhte Gefahr von missbräuchlichen Weisungen besteht, da der Treugeber nicht der gesellschaftsrechtlichen Treuepflicht unterliegt. Die Zustimmung dürfte jedoch entbehrlich sein, wenn die Stimmbindung gegenüber einem Mitgesellschafter eingegangen wird.[234] Unabhängig von der Frage eines Zustimmungserfordernisses ist eine Treuhand, die eine Stimmbindung enthält, nur zulässig, wenn der Treuhänder nicht verpflichtet ist, auch entgegen der gesellschaftlichen Treuepflicht oder unter Verstoß gegen andere zwingende gesellschaftsrechtliche Regelungen abzustimmen. Ein darauf gerichteter Treuhandvertrag verstößt gegen § 138 BGB.[235] Die gesellschaftsvertragliche Bindung hat derjenigen aus dem Treuhandvertrag vorzugehen.[236]

Bei einer verdeckten echten Treuhand kann nur der Treuhänder die Gesellschafterrechte ausüben. Der Treugeber steht der Gesellschaft hingegen wie ein beliebiger Dritter gegenüber und ist nur mittelbar durch das Treuhandverhältnis mit ihr verbunden.[237] Ist die Treuhand hingegen den Mitgesellschaftern offengelegt, ist der Treugeber selbst – unterstellt, die Mitgesellschafter haben ihre Zustimmung erteilt – unmittelbar mit der Gesellschaft verbunden. Dann werden ihm oftmals auch eigene gesellschaftliche Rechte und Ansprüche eingeräumt.[238]

---

233 *Beuthien* ZGR 1974, 26, 43; a.A. NK-BGB/*Heidel/Hanke* BGB, § 705 Rn. 127: Wenn die Treuhand nicht mit einer Anteilsübertragung verbunden ist, bedarf sie grundsätzlich auch keiner Zustimmung.

234 *Beuthien* ZGR 1974, 26, 45.

235 Dies ist konsequent, denn wäre der Treugeber nicht nur wirtschaftlich, sondern auch rechtlich an der Gesellschaft beteiligt, so müsste er wie die anderen Gesellschafter auch den Gesellschafterpflichten nachkommen, vgl. *Beuthien* ZGR 1974, 26, 44 f.; *Klöckner* BB 2009, 1313, 1316 ff.; *Eberl*, in: Wachter, Praxis des Handels- und Gesellschaftsrechts, Teil 2, 3. Kap. § 3 Rn. 404.

236 Gleiches soll für die Haftung des Treuhänders gelten: Wenn dieser sich gesellschaftstreu verhalte, soll er haftungsfrei bleiben, auch wenn er eine Weisung des Treugebers missachte, vgl. EBJS/*Weipert* HGB, § 163 Rn. 22.

237 Staudinger/*Habermeier* BGB, § 717 Rn. 6; diese Variante wird auch als „einfache" Treuhand bezeichnet; eine den Mitgesellschaftern offengelegte und mit deren Zustimmung eingegangene Treuhand bezeichnet man hingegen als „qualifizierte" Treuhand.

238 BGH Urt. v. 23.06.2003 – II ZR 46/02; juris Tz. 12, NJW-RR 2003, 1392–1393; HK-BGB/*Saenger* BGB, § 717 Rn. 2; BeckOK-BGB/*Schöne* BGB, § 717 Rn. 11; *Eberl* in: Wachter, Praxis des Handels- und Gesellschaftsrechts, Teil 2, 3. Kap. § 3 Rn. 440; Praxishandbuch Handels- und Gesellschaftsrecht/*Eickhoff* § 7 C. IV. 1. Rn. 263; *Hermanns* ZIP 26 (2005) 2284 ff.; die Zustimmung der Mitgesellschafter allein führt

Nach herrschender Meinung verstößt eine treuhänderische Übertragung von Gesellschaftsanteilen nicht gegen das Abspaltungsverbot, da die Zustimmung der Mitgesellschafter dazu führe, dass der betreffende Gesellschaftsanteil gesellschaftsintern zwischen Treuhänder und Treugeber aufgeteilt werde.[239] Es solle sich bereits nicht um ein Abspaltungsproblem handeln, sondern um ein Rechtszuordnungsproblem, das aus der mit Zustimmung aller Gesellschafter erfolgten zulässigen Teilung der Mitgliedschaft resultiere. Infolge der Aufteilung würde nämlich die materielle Mitgliedsstellung nicht voll mit der formellen übereinstimmen. Zu einer Abspaltung von Einzelbefugnissen komme es aber nicht, vielmehr werde die Mitgliedschaft zur Gänze mit dem Recht eines Dritten belastet.[240] Außerdem werde der Treugeber durch die Zustimmung der Gesellschafter in das Rechtsverhältnis der Gesellschafter einbezogen.[241] Die Stellung des Treugebers gleicht somit der des Nießbrauchers und des Testamentsvollstreckers.

Gegen die herrschende Meinung wird eingewendet, dass sie aus rechtsdogmatischer Sicht nicht überzeuge, denn es werde die bereits ihrerseits schon zweifelhafte Rechtsprechung in Fällen dinglicher Mitberechtigung eines Dritten an einem Gesellschaftsanteil[242] auf den Fall der lediglich schuldrechtlichen Mitberechtigung übertragen, obwohl keine Vergleichbarkeit bestehe.[243] Dies würde im Ergebnis zu einer Aufgabe des Abspaltungsverbots führen, da jeder Transfer von Mitgliedschaftsrechten auf einer schuldrechtlichen Vereinbarung basiere.[244] Des

---

jedoch nicht dazu, dass dem Treugeber Gesellschafterrechte eingeräumt werden, vgl. NK-BGB/*Heidel/Hanke* BGB, § 705 Rn. 129.

239 BGH Urt. v. 13.05.1953 – II ZR 157/52, juris Tz. 13 ff., NJW 1953, 1548–1550; BGH Urt. v. 11.10.1976 – II ZR 119/75, Juris Tz. 10; BGH Urt. v. 30.03.1987 – II ZR 163/86, NJW 1987, 2677–26678; BGH Urt. v. 23.06.2003 – II ZR 46/02; juris Tz. 12, NJW-RR 2003, 1392–1393; Staudinger/*Habermeier* BGB, § 717 Rn. 6; EBJS/*Weipert* HGB, § 163 Rn. 24 f.; Erman/*Westermann* BGB, § 705 Rn. 27; Hessler/Strohn/*Kilian* BGB, § 717 Rn. 10; Soergel/Hadding/*Kießling* BGB, § 705 Rn. 29; BeckOK-BGB/*Schöne* BGB, § 717 Rn. 11; HK-BGB/*Saenger* BGB, § 717 Rn. 2; Koller/Roth/Kindler/Morck/*Kindler* HGB, § 105 Rn. 21; MüKoBGB/*Schäfer* BGB, § 717 Rn. 11; MüKoBGB/*Ulmer/Schäfer* BGB, § 705 Rn. 93; *Schmidt* GesR § 19 III 4 b, S. 561.

240 *Schmidt* GesR § 19 III 4 b, S. 561; so auch Staub/*Schäfer* HGB, § 109 Rn. 28.

241 Dies führt dazu, dass auch der Treugeber der Treuepflicht unterliegt, vgl. Hessler/Strohn/*Kilian* BGB, § 717 Rn. 10; Erman/*Westermann* BGB, § 705 Rn. 27; MüKoBGB/*Ulmer/Schäfer* BGB, § 705 Rn. 93 m.w.N.

242 Beispiele hierfür sind der Nießbrauch und das Pfandrecht an einem Gesellschaftsanteil.

243 BeckNotar-HdB/*Hermanns* D. II. 3. II. 2. Rn. 26; *Hermanns* ZIP 26 (2005) 2284, 2289 f.

244 *Hermanns* ZIP 26 (2005) 2284, 2290; dieser Ansicht ist letzt auch *Beuthien* ZGR 1974, 26, 54 der vertritt, dass eine Stimmrechtsabtretung an den Treugeber mit Zustimmung der Mitgesellschafter nicht gegen § 717 S. 1 BGB verstößt.

Weiteren wird kritisiert, dass die Möglichkeit, Mitgliedschaftsrechte zwischen Treuhänder und Treugeber aufzuteilen, einer Einschränkung bedürfe, denn das Abspaltungsverbot bezwecke auch eine eindeutige Zuordnung von Mitgliedschaft und Haftung. Diese könne nicht durch die Zustimmung der Gesellschafter aufgelöst werden. Deshalb solle sich die Treuhand, solange der Treuhänder einziges Zuordnungsobjekt für die Gesellschafterhaftung sei und er die Treuhand nicht einseitig beenden kann, nur auf Informations- und Schutzrechte beziehen, nicht aber das Stimmrecht umfassen.[245] Dies widerspreche auch nicht der Rechtsprechung des BGH. Denn diese – die bei einer offenen Treuhand mit Zustimmung der Gesellschafter die Aufteilung der Gesellschafterstellung zwischen Treuhänder und Treugeber zulasse[246] – betreffe eine Publikumsgesellschaft und sei deshalb nicht verallgemeinerbar.[247]

Eine verdeckte Treuhand hingegen verstößt wohl gegen § 717 S. 1 BGB, da der Treugeber der Gesellschaft wie ein beliebiger Dritter gegenübersteht.[248] Dies soll jedenfalls dann gelten, wenn sie sich nicht auf die übertragbaren Gesellschafterrechte (§ 717 S. 2 BGB) beschränkt.[249]

6. Zwischenfazit

Die vorstehenden Ausführungen zeigen, dass es Konstellationen gibt, in denen die Rechtsinhaberschaft und die Verwaltungs- und Verfügungsbefugnis auseinanderfallen können, ohne dass dies gegen das Abspaltungsverbot verstößt. Die Treuhand an einem Gesellschaftsanteil ist mit dem Abspaltungsverbot vereinbar, da die Gesellschafterrechte mit Zustimmung der Mitgesellschafter gesellschaftsintern zwischen Treuhänder und Treugeber aufgeteilt werden. Auch bei der

---

245 EBJS/*Weipert* HGB, § 163 Rn. 25 f.

246 BGH Urt. v. 30.03.1987 – II ZR 163/86, juris Tz. 7, NJW 1987, 2677–2678.

247 EBJS/*Weipert* HGB, § 163 Rn. 25; es ist jedoch fraglich, ob diese Aussage zutreffend ist. Denn auch in einer anderen Entscheidung (BGH Urt. v. 23.06.2003 – II ZR 46/02, juris Tz. 12, NJW-RR 2003, 1392–1393) vertritt der BGH – unter Verweis auf BGH Urt. v. 13.05.1953 – II ZR 157/52, NJW 1953, 1548–1550 – die Ansicht, dass einem Treugeber durch Vereinbarung mit den Gesellschaftern gesellschaftliche Rechte und Ansprüche eingeräumt werden können, obgleich es sich in diesem Fall ebenfalls nicht um eine Publikumsgesellschaft handelte.

248 Henssler/Strohn/*Kilian* BGB, § 717 Rn. 11; so wohl auch Staudinger/*Habermeier* BGB, § 717 Rn. 6; MüKoBGB/*Schäfer* BGB, § 717 Rn. 11; BeckOK-BGB/*Schöne* BGB, § 717 Rn. 12.

249 MüKoBGB/*Ulmer/Schäfer* BGB, § 705 Rn. 86; *Beuthien* ZGR 1974, 26, 47; a.A. (wohl) Staub/*Schäfer* HGB, § 105 Rn. 104 f.

Testamentsvollstreckung an einem Kommanditanteil kommt es nicht zu einer Abtrennung von einzelnen Mitgliedschaftsrechten. Diese werden insgesamt durch den Testamentsvollstrecker ausgeübt. Soweit nach überwiegender Ansicht die Testamentsvollstreckung am Anteil eines persönlich haftenden Gesellschafters nur die Vermögensrechte im Sinne des § 717 S. 2 BGB umfassen kann, liegt dies daran, dass der Testamentsvollstrecker den Erben ohne dessen Einverständnis nur im Rahmen des Nachlassvermögens verpflichten kann, ein persönlich haftender Gesellschafter aber notwendigerweise unbeschränkt haften muss. Außerdem spricht der Charakter der Personengesellschaft als Arbeits- und Haftungsgemeinschaft dagegen, dem Testamentsvollstrecker solche Befugnisse einzuräumen, die die Mitgliedschaftsrechte der Erben unmittelbar berühren. Auch bei einem Nießbrauch kommt es wegen der dinglichen Beteiligung des Nießbrauchers an der Gesellschaft nicht zu einer Abspaltung von Gesellschafterrechten.

Gemein ist den vorstehenden Fallgruppen, dass der Dritte als Treugeber im Rahmen einer qualifizierten Treuhand, als Testamentsvollstrecker oder als Nießbraucher der Gesellschaft nicht wie ein beliebiger Dritter gegenübersteht, sondern Rechte an dem betroffenen Gesellschaftsanteil besitzt.[250] Begründet wird dieses Verhältnis durch die Zustimmung der Mitgesellschafter. Diese ist konstituierend für den Nießbrauch und die qualifizierte Treuhand. Auch die Testamentsvollstreckung bedarf der Zustimmung der Mitgesellschafter, jedenfalls dann, wenn sie sich auch auf die Verwaltungsrechte erstrecken soll. Somit ist die Zustimmung bei der Testamentsvollstreckung, aber auch bei der Treuhand entscheidend für den Umfang der Befugnisse des Dritten. Nach herrschender Meinung können bei der Testamentsvollstreckung und einem Nießbrauch die freie Übertragbarkeit der Gesellschaftsanteile sowie eine einfache Nachfolgeklausel allenfalls ein Indiz für eine Zustimmung sein.[251]

Aus den Parallelbetrachtungen lassen sich aufgrund der Vergleichbarkeit mit der Vorsorgevollmacht Rückschlüsse auf diese ziehen und erste „Leitplanken“ für deren Zulässigkeit aufstellen. Ähnlich wie in den vorstehenden Fällen wird wohl auch für die Vorsorgevollmacht ein Zustimmungserfordernis bestehen. Die obigen Ausführungen haben nämlich gezeigt, dass die Zustimmung der Mitgesellschafter immer dann erforderlich ist, wenn dem Dritten eine weitreichende Einflussnahmemöglichkeit eingeräumt wird; also insbesondere dann, wenn der Dritte die Mitgesellschafter persönlich verpflichten kann oder deren persönliche

250 EBJS/*Born* HGB, § 109 Rn. 12 m.w.N.
251 Vgl. etwa Fn. 202.

Rechtsstellung anderweitig betroffen ist. Denn das Auseinanderfallen von Treuepflichtbindung und Rechtsausübung birgt für die Gesellschafter Risiken. Ob eine fehlende Zustimmung der Tätigkeit eines Vorsorgebevollmächtigten insgesamt entgegensteht oder ob sie, ähnlich wie bei der Testamentsvollstreckung und der Treuhand, nur maßgeblich für den Umfang der Verwaltungsbefugnisse des Vorsorgebevollmächtigten ist, bedarf weiterer Erörterungen.

Nach den bisherigen Ausführungen erscheint es möglich, dass auch der Vorsorgebevollmächtigte – ob durch Zustimmung der Mitgesellschafter oder anderweitig – in den Gesellschafterverband einbezogen wird und somit ggf. der Treuepflicht unterliegt. Ob es bei der Vorsorgevollmacht zu einem das zulässige Maß überschreitenden Auseinanderfallen von Rechtsinhaberschaft und Verwaltungsbefugnis kommt, kann noch nicht beurteilt werden. Denn anders als die Testamentsvollstreckung kann die Vorsorgevollmacht auch den Anteil eines persönlich haftenden Gesellschafters betreffen.

III. Ausübung von Gesellschafterrechten durch gesetzliche Vertreter

Neben der rechtsgeschäftlich begründeten Ausübung von Gesellschafterrechten durch Dritte kommt es auch in Fällen der gesetzlichen Vertretung zu einer Ausübung von Gesellschafterrechten durch einen Dritten. In diesen Fällen wird jedoch zumeist von der Zulässigkeit des Auseinanderfallens von Rechtsinhaberschaft und Rechtsausübung ausgegangen, ohne dass dies besonders erörtert wird.

1. Minderjährige Gesellschafter

Grundsätzlich kann jede natürliche Person Gesellschafter einer Personengesellschaft sein. Maßgeblich ist nicht die Geschäftsfähigkeit, sondern die Rechtsfähigkeit im Sinne des § 1 BGB.[252] Damit ein Minderjähriger wirksam eine Personengesellschaft gründen oder einer bestehenden Gesellschaft beitreten kann, bedarf es einer wirksamen Vertretung und der familiengerichtlichen Genehmigung.

Ein Minderjähriger wird grundsätzlich durch seine Eltern als seine gesetzlichen Vertreter gem. §§ 1626, 1629 Abs. 1 BGB oder durch einen Vormund nach

---

252 Henssler/Strohn/*Röthel* HGB, § 105 Rn. 36 f.; Staub/*Schäfer* HGB, § 105 Rn. 85; EBJS/*Wertenbruch* HGB, § 105 Rn. 135 f.; Baumbach/Hopt/*Roth* HGB, § 105 Rn. 26; einen guten Überblick zum Thema Minderjährige im Gesellschaftsrecht bietet Hauschild/Kallrath/Wachter/*Heinemann* § 28 Rn. 1 ff.

§ 1773 BGB vertreten. Ist der gesetzliche Vertreter zugleich (zukünftiger) Mitgesellschafter, scheidet eine Vertretung durch ihn jedoch gem. §§ 1629 Abs. 2 S. 1, 1795 Abs. 1 Nr. 1, Abs. 2, 181 BGB aus[253] und es bedarf eines Ergänzungspflegers gem. § 1909 Abs. 1 S. 1 BGB.[254] In jedem Fall ist zusätzlich gem. §§ 1643 Abs. 1, 1822 Nr. 3 BGB die Genehmigung des Familiengerichts erforderlich und zwar unabhängig davon, ob die Verfügung entgeltlich oder unentgeltlich erfolgt.[255] Genehmigungsbedürftig ist über den Wortlaut hinaus nicht nur der Abschluss eines Gesellschaftsvertrags, sondern auch der Beitritt in eine bestehende Gesellschaft.[256] Nicht genehmigungsbedürftig sind Beitritte, die nicht auf einer rechtsgeschäftlichen Verfügung beruhen, wie z. B. im Erbfall[257] sowie die Aufnahme und das Ausscheiden anderer Gesellschafter.[258] Veränderungen des

253 Vertiefend EBJS/*Wertenbruch* HGB, § 105 Rn. 136; Staub/*Schäfer* HGB, § 105 Rn. 86; Baumbach/Hopt/*Roth* HGB, § 105 Rn. 26; Henssler/Strohn/*Röthel* HGB, § 105 Rn. 37.

254 Henssler/Strohn/*Röthel* HGB, § 105 Rn. 37; EBJS/*Wertenbruch* HGB, § 105 Rn. 136; OLG Zweibrücken Beschl. v. 14.01.1999 - 3 W 253/98; juris Tz. 11, NZG 1999, 717 f.; bei mehreren Minderjährigen, die durch den gleichen gesetzlichen Vertreter vertreten werden, muss für jeden gesondert ein Ergänzungspfleger bestellt werden, vgl. *Stenger* in Sudhoff Unternehmensnachfolge § 23 Rn. 3.

255 OLG Frankfurt a.M. Beschl. v. 27.05.2008 - 20 W 123/08, juris Tz. 7, NJW-RR 2008, 1568; LG Aachen Beschl. v. 21.06.1993 - 3 T 128/93, juris Tz. 63 f., NJW-RR 1994, 1319, 1320; BayOblG Beschl. v. 04.07.1989 - BReg 1 a Z 7/89, juris Tz. 9, FamRZ 1990, 208–209; *Stenger* in Sudhoff Unternehmensnachfolge § 23 Rn. 7, § 30 Rn. 4; Baumbach/Hopt/*Roth* HGB, § 105 Rn. 26; (wohl auch) Palandt/*Götz* BGB, § 1822 Rn. 9; a.A. Soergel/*Zimmermann* BGB, § 1822 Rn. 14; hinsichtlich eines voll eingezahlten Kommanditanteils: OLG Bremen Beschl. v. 16.06.2008 - 2 W 38/08, juris Tz. 13, NZG 2008, 750.

256 LG Aachen Beschl. v. 21.06.1993 - 3 T 128/93, juris Tz. 63 f., NJW-RR 1994, 1319, 1320; BayOblG Beschl. v. 04.07.1989 - BReg 1 a Z 7/89, juris Tz. 9, FamRZ 1990, 208–209; Palandt/*Götz* BGB, § 1822 Rn. 9; *Stenger* in Sudhoff Unternehmensnachfolge § 23 Rn. 7.

257 BGH Urt. v. 25.09.1972 - II ZR 5/71, BB 1972, 1474–1475; Henssler/Strohn/*Röthel* HGB, § 105 Rn. 38; Baumbach/Hopt/*Roth* HGB, § 105 Rn. 26; Palandt/*Götz* BGB, § 1822 Rn. 10.

258 BGH Urt. v. 20.09.1962 - II ZR 209/61, WM 1962, 1260–1263; OLG Hamm Urt. v. 30.05.1988 - 8 U 259/87; MüKoBGB/*Wagenitz* BGB, § 1822 Rn. 28; Henssler/Strohn/*Röthel* HGB, § 105 Rn. 39; *Stenger* in Sudhoff Unternehmensnachfolge § 30 Rn. 4; Palandt/*Götz* BGB, § 1922 Rn. 10.

Gesellschaftsvertrags bedürfen nur dann einer Genehmigung, wenn sie zu einer Erweiterung der Haftung des Minderjährigen führen.[259]

Als gesetzlichen Vertretern des minderjährigen Gesellschafters obliegt den Eltern grundsätzlich auch die Ausübung der Mitgliedschaftsrechte.[260] So haben sie aufgrund der Vertretungsmacht nach § 1629 Abs. 1 S. 2 Halbs. 1 BGB z. B. das Stimmrecht für den Minderjährigen gemeinschaftlich auszuüben.[261] Hierzu können sie an der Gesellschafterversammlung teilnehmen und die mit dem Teilnahmerecht einhergehenden Einzelrechte wie z. B. Präsenz-, Rede- und Antragsrecht – jeweils auch einzeln – wahrnehmen. Wenn sie hingegen in die Stimmabgabe gem. § 107 BGB eingewilligt haben, steht das Teilnahme- und Stimmrecht nur dem Minderjährigen zu.[262] Gleiches gilt, wenn das Familiengericht den Minderjährigen gem. § 112 BGB[263] zum selbständigen Betrieb eines Erwerbsgeschäfts ermächtigt. Dann ist er nämlich für alle Rechtsgeschäfte unbeschränkt geschäftsfähig, die der Gesellschaftsbetrieb mit sich bringt.[264]

Die Geschäftsführungsbefugnis darf ein gesetzlicher Vertreter nach einer Ansicht jedoch nur ausüben, wenn alle Gesellschafter dem zugestimmt haben. Der gesetzliche Vertreter sei nämlich nicht mit der gleichen Intensität wie sein Mündel in die gesellschaftsrechtliche Bindung der Gesellschaft einbezogen. Jedoch bestehe ein Anspruch auf Zustimmung, wenn gegen die persönliche und fachliche Eigenschaft des Vertreters keine Bedenken bestünden und dieser sich den mit der Geschäftsführung verbundenen (Treue-)Pflichten ausdrücklich

---

259 BGH 20.09.1962 – II ZR 209/61, NJW 1962, 2344, 2345 f.; Henssler/Strohn/*Röthel* HGB, § 105 Rn. 39;

260 BGH Beschl. v. 18.09.1975 – II ZB 6/74, juris Tz. 7 ff., NJW 1976, 49–51; Henssler/Strohn/*Schäfer* GmbHG, § 2 Rn. 32; Baumbach/Hopt/*Roth* HGB, § 105 Rn. 27; Henssler/Strohn/*Röthel* HGB, § 105 Rn. 41; *Hübner/Hammes* BB 2013, 2307; Soergel/*Zimmermann* BGB, § 1822 Rn. 11; *Hueck* Das Recht der OHG § 20 V 1 a, S. 307 ff.; kritisch: Schlegelberger/*Martens* HGB, § 114 Rn. 13.

261 *Flume* NZG 2014, 17, 18 m.w.N. zur Frage, ob sich die Wirksamkeit der vom Minderjährigen abgegebenen Stimme nach § 108 BGB oder nach §§ 111 BGB richtet.

262 *Flume* NZG 2014, 17, 21; Baumbach/Hueck/*Zöllner* GmbHG, § 48 Rn. 9.

263 § 112 Abs. 1 S. 1 BGB umfasst nicht nur die Tätigkeit als Einzelunternehmer, sondern greift auch, wenn der Minderjährige in einer Personengesellschaft tätig wird; als Folge der Genehmigung sind aber das Sonderkündigungsrecht des Minderjährigen (§ 723 Abs. 1 Nr. 2 BGB) sowie die Einrede der Haftungsbeschränkung (§ 1629 a BGB) gem. § 723 Abs. 1 S. 5 BGB bzw. § 1929 a Abs. 2 BGB ausgeschlossen; vgl. vertiefend *Flume* NZG 2014, 17, 21; *Behnke* NZG 1999, 244 f.

264 Baumbach/Hopt/*Roth* HGB, § 105 Rn. 27; ausgenommen hiervon bleiben aber die in §§ 1643 I, 1821 f. BGB genannten Rechte.

unterwerfe.[265] Deshalb kommt diese Ansicht oftmals auch zu demselben Ergebnis wie die überwiegende Ansicht. Diese lehnt ein Zustimmungserfordernis der Mitgesellschafter ab, da der gesetzliche Vertreter auch zur Wahrnehmung der übrigen Gesellschafterrechte wie Stimm-, Informations- und Vermögensrechte befugt sei, ohne dass dafür eine Zustimmung erforderlich sei.[266] Außerdem hätten die Gesellschafter, wenn sie sich kautelarjuristisch, bspw. indem sie die Geschäftsführungsbefugnis von dem Erreichen eines gewissen Alters abhängig machen, nicht vor dem Eindringen von minderjährigen Gesellschaftern geschützt haben, zu akzeptieren, dass ein gesetzlicher Vertreter die Geschäftsführung ausübe.[267] Gegen ein Zustimmungserfordernis spricht auch, dass der minderjährige Gesellschafter bei verweigerter Zustimmung – jedenfalls bis zu einer anderslautenden gerichtlichen Entscheidung über eine Zustimmungspflicht – in Bezug auf die Geschäftsführungsbefugnis handlungsunfähig wäre.

Wird der gesetzliche Vertreter ohne Zustimmung der Mitgesellschafter tätig, können diese, wenn ihnen die Tätigkeit des gesetzlichen Vertreters aufgrund der Person des Vertreters unzumutbar ist, gem. § 117 HGB auf die Entziehung der Geschäftsführungsbefugnis des Mündels klagen. Der minderjährige Gesellschafter kann sich dagegen wehren, indem er etwa dem Ruhen seiner Geschäftsführungsbefugnis bis zum Eintritt der Volljährigkeit oder einer Auswechselung seines Vertreters zustimmt.[268]

Die gegen die gesellschaftsrechtliche Zulässigkeit der Wahrnehmung der Gesellschafterrechte, insbesondere der Geschäftsführung, durch den gesetzlichen Vertreter erhobenen Einwände überzeugen nicht.[269] Dies gilt sowohl für den Einwand, dass der gesetzliche Vertreter oftmals nicht bereit sein dürfte, in die mit der Geschäftsführung verbundenen Tätigkeitspflichten einzutreten,[270]

---

265 MüKoHGB/*Rawert* HGB, § 114 Rn. 36; MüKoBGB/*Ulmer/Schäfer* BGB, § 709 Rn. 27; Schlegelberger/*Martens* HGB, § 114 Rn. 13; Röhricht/v. Westphalen/*Haas* HGB, § 114 Rn. 17.

266 Staub/*Schäfer* HGB, § 114 Rn. 27, 32; MüKoHGB/*Rawert* HGB, § 114 Rn. 36; MünchHdB. GesRI/*v. Ditfurth* § 53 Rn. 15; Baumbach/Hopt/*Roth* HGB, § 114 Rn. 4; (wohl auch) Heymann/*Emmerich* HGB, § 114 Rn. 6; *Hueck* Das Recht der OHG § 20 V 1 a, S. 307.

267 MüKoHGB/*Rawert* HGB, § 114 Rn. 36; *Hueck* Das Recht der OHG § 20 V 1 a, S. 307; Staub/*Schäfer* HGB, § 114 Rn. 27; MünchHdB. GesRI/*v. Ditfurth* § 53 Rn. 15; *Gogos* Geschäftsführung S. 71; vgl. zur Möglichkeit, die Geschäftsführungsbefugnis an die Volljährigkeit zu knüpfen, MüKoHGB/*Rawert* HGB, § 125 Rn. 19.

268 Staub/*Schäfer* HGB, § 114 Rn. 32 unter Verweis auf § 117 Rn. 42 f.

269 So auch Staub/*Schäfer* HGB, § 114 Rn. 27.

270 *Hueck* Das Recht der OHG § 20 V 1 a, S. 307 f.

als auch hinsichtlich des Einwandes, dass zentrale Leistungsfunktionen durch einen Nichtgesellschafter wahrgenommen werden, der weder für Gesellschaftsverbindlichkeiten persönlich hafte noch einer Treuepflichtbindung unterliege.[271] Letzterem Einwand kann bereits entgegengehalten werden, dass nach einer Ansicht auch der gesetzliche Vertreter einer Treuebindung unterliegt.[272] Außerdem dürfte sich die generelle Zulässigkeit der Ausübung von Gesellschafterrechten durch gesetzliche Vertreter bei juristischen Personen oder Personenhandelsgesellschaften als geschäftsführungsbefugte Gesellschafter zeigen. Bei diesen wird ganz unproblematisch davon ausgegangen, dass alle Gesellschafter durch die Aufnahme dieser Gesellschafter zugleich der Ausübung der Geschäftsführungsbefugnis durch die jeweiligen organschaftlichen Vertreter zugestimmt haben und diese zulässig ist.[273] Gleiches hat auch bei einem gesetzlichen Vertreter zu gelten.

2. Betreuungsbedürftige Gesellschafter

Der Betreuer ist gesetzlicher Vertreter des Betreuten.[274] Als solcher vertritt er den Betreuten gem. § 1902 BGB innerhalb seines Aufgabenkreises im Sinne des § 1897 Abs. 1 BGB gerichtlich und außergerichtlich.[275] Den Umfang des Aufgabenkreises – der den Rahmen der Vertretungsmacht nach § 1902 BGB bestimmt[276] – legt das Betreuungsgericht gem. § 286 Abs. 1 Nr. 1 FamFG im Beschluss zur Betreuerbestellung ausdrücklich fest. Dieser reicht so weit, wie das Krankheitsbild es erforderlich macht.[277] Obwohl keine typisierten Aufgabenkreise existieren,[278] werden die Vermögens- und die Gesundheitssorge als

271 Schlegelberger/*Marten* HGB, § 114 Rn. 13; *Gogos* Geschäftsführung S. 70 ff. stellt darauf ab, dass mit dem gesetzlichen Vertreter eine Person die „Zügel der Gesellschaft" in der Hand habe, welche ggf. nicht die nötige Erfahrung besitze oder eine ordnungsgemäße Geschäftsführung und Vertretung nicht gewährleisten könne.

272 MüKoBGB/*Schäfer* BGB, § 709 Rn. 27; so wohl auch *Hueck* Das Recht der OHG § 20 V 1 a, S. 307 ff.

273 Staub/*Schäfer* HGB, § 114 Rn. 31; Baumbach/Hopt/*Roth* HGB, § 114 Rn. 4.

274 Palandt/*Götz* BGB, § 1902 Rn. 2; Damrau/*Zimmermann* BGB, § 1896 Rn. 18; Baumbach/Hueck/*Zöllner* GmbHG, § 47 Rn. 43; *Jäger* DStR 1996, 108, 109; vgl. auch *Schwab* FamFG 1992, 493, 503 unter Verweis auf BT-Drs. 11/4528, S. 135.

275 Beachte: § 1822 Nr. 3 BGB findet gem. § 1908 i Abs. 1 auch im Rahmen der Betreuung Anwendung.

276 Jürgens/*Jürgens* BGB, § 1896 Rn. 23.

277 Jurgeleit/*Jurgeleit* BGB, § 1896 Rn. 135 f.

278 Damrau/*Zimmermann* BGB, § 1896 Rn. 52.

häufige Aufgabenkreise benannt.[279] Der Aufgabenkreis Vermögenssorge kann sich sowohl umfassend auf alle Vermögensangelegenheiten beziehen als auch auf einzelne Vermögensmassen oder bestimmte Vermögensgegenstände beschränkt sein.[280] In beiden Fällen ist das Vermögen des Betreuten ordnungsgemäß zu verwalten sowie bestmöglich zu sichern und, wenn möglich, zu vermehren.[281] Hierzu kann der Betreuer auch die Gesellschafterrechte des Betreuten wahrnehmen.[282] Dies ist auch zwingend, denn die Vermögensbetreuung wird von dem Gedanken bestimmt, dass der Betreuer so handeln soll wie der Betreute, könnte dieser selbst handeln.[283] Da eine Einschränkung des Aufgabenkreises auf bestimmte Vermögensgegenstände zulässig ist, kann eine Betreuung auch speziell für die Wahrnehmung von Gesellschafterrechten angeordnet werden.[284]

Auf die Vereinbarkeit der Betreuung mit dem Abspaltungsverbot wird kaum explizit eingegangen.[285] Es wird jedoch allgemein davon ausgegangen, dass es mit dem Abspaltungsverbot vereinbar ist, wenn ein Betreuer die Gesellschafterrechte für den betreuungsbedürftigen Gesellschafter ausübt.[286]

---

279 Damrau/*Zimmermann* BGB, § 1896 Rn. 52 ff. und Jurgeleit/*Jurgeleit*, § 1896 Rn. 154 f.

280 MüKoBGB/*Schwab* BGB, § 1896 Rn. 111; Jürgens/*Jürgens* BGB, § 1896 Rn. 23.

281 OLG München Beschl. v. 04.08.2005, juris Tz. 14, Rpfleger 2006, 14, 15; Jürgens/*Jürgens* BGB, § 1896 Rn. 23; MüKoBGB/*Schwab* BGB, § 1896 Rn. 111.

282 BGH Urt. v. 21.06.1965 – II ZR 68/63, juris Tz. 15 ff., NJW 1965, 1961 f.; *Schäfer* ZHR 175 (2011), 557, 560; MüKoBGB/*Schäfer* BGB, § 705 Rn. 69 ff.; Staub/*Schäfer* HGB, § 105 Rn. 85 f.; Staub/*Habersack* HGB, § 125 Rn. 29; MüKoHGB/*Schmidt* HGB, § 125 Rn. 18; Röhricht/Graf von Westphalen/Haas/*Hass* HGB, § 125 Rn. 18; EBJS/*Hillmann* BGB, § 125 Rn. 48; Oetker/*Boesche* HGB, § 125 Rn. 55; *Westermann* FS Blaurock S. 540; *Werner* StBW 2010, 523; *Wedemann* ZIP 2013, 1508, 1511; *Raub* Vorsorgevollmachten S. 55; *Hübner/Hammes* BB 2013, 2307; *Wilde* GmbHR 2010, 123, 124.

283 MüKoBGB/*Schwab* BGB, § 1896 Rn. 111.

284 MüKoBGB/*Schwab* BGB, § 1896 Rn. 114; *Werner* StBW 2010, 523; vgl. auch BGH Urt. v. 21.06.1965 – II ZR 68/63, NJW 1965, 1961–1962 zum Gebrechlichkeitspfleger.

285 So *Wedemann* ZIP 2013, 1508, 1511.

286 BGH Urt. v. 21.06.1965 – II ZR 68/63, NJW 1965, 1961–1962; MüKoHGB/*Enzinger* HGB, § 119 Rn. 19; *Schäfer* ZHR 175 (2011), 557, 560; Heymann/*Emmerich* HGB, § 119 Rn. 14; Schlegelberger/*Martens* HGB, § 119 Rn. 34; für die GmbH: Baumbach/Hueck/*Zöllner* GmbHG, § 47 Rn. 43; MüKoGmbHG/*Reichert/Weller* GmbHG, § 14 Rn. 127; Michalski/*Ebbing* GmbHG, § 14 Rn. 73; *Werner* GmbHR 2013, 963; allgemein zur Mitwirkung eines gesetzlichen Vertreters vgl. Ulmer/*Raiser* GmbHG, § 14 Rn. 49; *Hueck* Das Recht der OHG, § 11 II 3; BeckFormB ErbR/*Mutter* Form G. III. 11. Anm. 1.

Zur Begründung wird darauf verwiesen, dass das Interesse des vertretenen Gesellschafters vorrangig sei vor den Interessen der Mitgesellschafter.[287] So habe aufgrund des sozialen Schutzzwecks der Betreuung[288] das Interesse der Mitgesellschafter, ihnen nicht genehme Personen von der Wahrnehmung gesellschaftlicher Angelegenheiten auszuschließen, hinter dem Interesse des Gesellschafters, nicht rechtlos gestellt zu werden, zurückzutreten.[289] Den Gesellschaftern stehe es nicht frei, durch einen privatrechtlichen Gesellschaftsvertrag die Regelungen der §§ 104 ff. i.V.m. §§ 1626, 1793, 1897 BGB für einen bestimmten Kreis von Angelegenheiten außer Kraft zu setzen. Denn dadurch würde letztlich der soziale Schutz als Ziel des Gesetzgebers vereitelt, was angesichts der grundlegenden Bedeutung dieser Regeln nicht tragbar sei.[290] Zugleich ergibt sich die Zulässigkeit der Wahrnehmung organisatorischer Mitgliedschaftsrechte durch den Betreuer auch aus allgemeinen Erwägungen. Wäre diese unzulässig, so wären Gesellschafter, die ihre Angelegenheiten nicht mehr selbst besorgen können, rechtlos gestellt und auf den guten Willen ihrer Mitgesellschafter angewiesen.[291] Außerdem ist die Betreuung keine Bevollmächtigung, sodass die für die Bevollmächtigung Dritter geltenden Anforderungen keine Anwendung finden.[292]

3. Zwischenfazit

Die Gesellschafterrechte eines minderjährigen Gesellschafters werden grundsätzlich durch dessen gesetzliche Vertreter, zumeist also durch die Eltern, wahrgenommen. Dies verstößt selbst dann nicht gegen das Abspaltungsverbot, wenn davon die Geschäftsführungsbefugnis umfasst ist. Einer Zustimmung der anderen Gesellschafter bedarf es nach überwiegender Ansicht nicht, da es den Gesellschaftern frei gestanden hätte sich durch eine entsprechende gesellschaftsvertragliche Regelung vor der Mitwirkung eines gesetzlichen Vertreters zu schützen. Ähnlich wird in Bezug auf einen Betreuer argumentiert. Auch dieser darf, ohne dass es zu einer Abspaltung kommt, die Gesellschafterrechte des Betreuten ausüben. Dies wird insbesondere damit begründet, dass der

---

287 MünchHdB. GesRII/*Keul* § 89 Rn. 3; MüKoBGB/*Schäfer* BGB, § 716 Rn. 14.

288 Hierzu gehören das allgemeine Wohl, der Schutz Hilfsbedürftiger und die Sicherheit des Rechtsverkehrs.

289 BGH Urt. v. 21.06.1965 – II ZR 68/63, juris Tz. 14, NJW 1965, 1961–1962.

290 BGH Urt. v. 21.06.1965 – II ZR 68/63, juris Tz. 15, NJW 1965, 1961–1962.

291 *Wedemann* ZIP 2013, 1508, 1511.

292 MüKoBGB/*Enzinger* BGB HGB, § 119 Rn. 19.

betreuungsbedürftige Gesellschafter andernfalls rechtlos gestellt wäre, was aber nicht mit dem sozialen Schutzzweck der Betreuung vereinbar wäre.

IV. Ausübung von Gesellschafterrechten durch Mitgesellschafter

Wenn Gesellschafterrechte auf Mitgesellschafter übertragen werden, ist fraglich, ob auch dies eine Frage des Abspaltungsverbots ist, oder ob es sich lediglich um eine zulässige, vom dispositiven Recht abweichende Ausgestaltung der Mitgliedschaftsrechte handelt.

Dafür, dass das Abspaltungsverbot eine isolierte Übertragung einzelner oder aller Verwaltungsrechte unter Trennung vom Gesellschaftsanteil ausschließt, unabhängig davon, ob sie zugunsten von Mitgesellschaftern oder Dritten erfolgen soll, spricht der Sinn und Zweck des Abspaltungsverbots. Denn jedenfalls dann, wenn man diesen auch in der Wahrung der funktionalen Einheit der Mitgliedschaft und nicht nur in dem Schutz vor Fremdeinfluss sieht, muss auch die Übertragung von Mitgliedschaftsrechten innerhalb des Gesellschafterkreises am Abspaltungsverbot gemessen werden.[293] Denn die Einheit der Mitgliedschaft wird durch die Bevollmächtigung von Mitgesellschaftern ebenso infrage gestellt wie bei der Bevollmächtigung Dritter. Außerdem sind auch im Verhältnis der Gesellschafter untereinander Abhängigkeiten zu vermeiden.[294] Dass eine vom gesetzlichen Leitbild abweichende Ausgestaltung der Mitgliedschaft nach einer Ansicht das Abspaltungsverbot nicht berührt,[295] spricht nicht gegen die Geltung des Abspaltungsverbots unter Mitgesellschaftern. So können bspw. die Geschäftsführungsbefugnis und das Stimmrecht durch Vereinbarung ausgeschlossen oder eingeschränkt werden, solange dem betroffenen Gesellschafter ein Kernbereich der Mitgliedschaft verbleibt.[296] Dieser Kernbereich wird zwar

293 MüKoHGB/*Enzinger* HGB, § 109 Rn. 12; MünchHdB. GesRI/*Gummert* § 16 Rn. 1; *Saenger* GesR Rn. 125; Schlegelberger/*Martens* HGB, § 109 Rn. 13; so wohl auch Oetker/*Weitemeyer* HGB, § 109 Rn. 13; Staub/*Schäfer* HGB, § 109 Rn. 27 m.w.N.; auch die Rechtsprechung misst insbesondere Stimmrechtsvereinbarungen unter Mitgesellschaftern am Abspaltungsverbot, vgl. BGH Urt. v. 14.05.1956 – II ZR 229/54, juris Tz. 5, 6, NJW 1956, 1198 unter Verweis auf BGH Urt. v. 10.11.1951 – II ZR 111/50; vgl. auch BGH Urt. v. 17.11.1986 – II ZR 96/86, juris Tz. 9, NJW 1987 780, bezüglich einer Stimmrechtsvollmacht unter Aktionären; a.A. wohl Henssler/Strohn/*Kilian* BGB, § 717 Rn. 15; MüKoBGB/*Schäfer* BGB, § 717 Rn. 17.

294 MüKoHGB/*Enzinger* HGB, § 109 Rn. 12; Soergel/*Hadding/Kießling* BGB, § 717 Rn. 5.

295 Henssler/Strohn/*Kilian* BGB, § 717 Rn. 15.

296 MüKoBGB/*Schäfer* BGB, § 717 Rn. 17 und § 709 Rn. 98; MüKoBGB/*Ulmer/Schäfer* BGB, § 705 Rn. 133; Henssler/Strohn/*Kilian* BGB § 717 Rn. 15; BeckOK-BGB/*Schöne*,

nicht durch § 717 S. 1 BGB, aber durch § 138 BGB garantiert.[297] Selbst wenn man davon ausginge,[298] dass das Abspaltungsverbot zwischen den Gesellschaftern keine Wirkung entfaltet, dürften die praktischen Auswirkungen gering sein. Denn auch dann müssten die allgemeinen Gestaltungsgrenzen beachtet werden und müsste der Kernbereich der Mitgliedschaft gewahrt bleiben.

1. Stimmbindungsverträge

Stimmbindungsverträge sind schuldrechtliche Verträge darüber, in welcher Weise der gebundene Gesellschafter von seinem Stimmrecht Gebrauch zu machen hat.[299] Auch sie sind am Abspaltungsverbot zu messen, wobei zwischen Stimmbindungen zwischen Mitgesellschaftern und solchen zwischen Gesellschaftern und Dritten zu unterscheiden ist.[300]

Erstere sind stets zulässig.[301] Dies gilt selbst dann, wenn sie umfassend ausgestaltet sind und alle Arten von Abstimmungen erfassen.[302] Einer Zulassung im Gesellschaftsvertrag oder einer ad hoc geäußerten Zustimmung der Mitgesellschafter, insbesondere derer, die nicht Adressat der Stimmbindung und somit nur mittelbar betroffen sind, bedarf es nicht.[303]

---

§ 717 Rn. 7; Erman/*Westermann* BGB, vor § 705 Rn. 23 f.; Staudinger/*Habermeier* BGB, § 717 Rn. 3.

297 MüKoBGB/*Schäfer* BGB, § 717 Rn. 17; Staudinger/*Habermeier* BGB, § 717 Rn. 3.

298 So wie wohl Henssler/Strohn/*Kilian* BGB, § 717 Rn. 15.

299 MAH PersGesR/*Plückelmann* § 8 Rn. 53; *Köhler* JA 1983, 168, 170.

300 So die einhellige Ansicht, vgl. Michalski/*Römermann* GmbHG, § 47 Rn. 494–506; MAH PersGesR/*Plückelmann* § 8 Rn. 54 f.; MüKoBGB/*Schäfer* BGB, § 717 Rn. 20 ff.; BeckOK-BGB/*Schöne* BGB, § 717 Rn. 15.

301 BGH Urt. v. 29.05.1967 – II ZR 105/66, NJW 1967, 1963–1966; BGH Urt. v. 20.01.1983 – II ZR 243/81, juris Tz. 11, NJW 1983, 1910–1911; BGH Urt. v. 27.10.1986 – II ZR 240/85, NJW 1987, 1890–1892; OLG Köln Urt. v. 16.03.1988 – 6 U 38/87, NJW-RR 1989, 352–353; OLG Koblenz Urt. v. 27.02.1986 – 6 U 261/86, NJW 1986, 1692; *Schmidt* GesR § 21 II 4 a, S. 617; BeckOK-BGB/*Schöne* BGB, § 717 Rn. 15 m.w.N.

302 MüKoBGB/*Schäfer* BGB, § 717 Rn. 23; MAH PersGesR/*Plückelmann* § 8 Rn. 54.

303 MüKoBGB/*Schäfer* BGB, § 717 Rn. 23; MüKoHGB/*Enzinger* HGB, § 119 Rn. 36; *Saenger* GesR Rn. 126; ohne besondere Hervorhebung – z.B.: EBJS/*Weipert* HGB, § 163 Rn. 13; Soergel/*Hadding/Kießling* BGB, § 709 Rn. 35; *Wiedemann* GesR II § 4 I 4 d, S. 314; *Schmidt* GesR § 21 II a bb), S. 619, der die Zustimmung für erforderlich hält, wenn auch die Anteilsübertragung der Zustimmung bedarf; a.A. *Flume* I/1 § 14 VI S. 232.

Ob auch Stimmbindungen gegenüber gesellschaftsfremden Dritten wirksam sind, ist hingegen umstritten. Denn wenn sich Gesellschafter verpflichten, entsprechend der Weisung eines Dritten abzustimmen, könnte dies eine mit einer Stimmrechtsabspaltung vergleichbare Wirkung haben.[304] Deshalb hält eine Ansicht eine solche Stimmbindung für einen Verstoß gegen das Abspaltungsverbot.[305] Einem Dritten, der vermögensmäßig nicht an der Gesellschaft beteiligt sei, dürfte nicht eine derartige Einflussnahme ermöglicht werden, denn dies höhle den Gleichlauf von Gesellschafts- und Gesellschafterinteressen aus[306] und stelle die Unselbstständigkeit des Stimmrechts als Teil der Mitgliedschaft infrage.[307] Außerdem widerspreche eine Stimmbindung dem Sinn und Zweck des Abspaltungsverbots, Fremdeinfluss von der Gesellschaft fernzuhalten.[308] Dies habe erst recht zu gelten, seit die Durchsetzbarkeit einer Stimmrechtsbindung im Wege der Zwangsvollstreckung anerkannt sei.[309] Zulässig sei eine Stimmbindung nur dann, wenn der Dritte wirtschaftlich die Stellung eines Gesellschafters innehabe; wie z. B. im Rahmen einer qualifizierten Treuhand oder des Nießbrauchs.[310] Dann nämlich sei der Dritte selbst durch die gesellschaftliche Treuepflicht gebunden und die Stimmbindung zulässig.[311]

---

304 MAH PersGesR/*Plückelmann* § 8 Rn. 54; Ulmer/*Hüffer/Schürnbrand* GmbHG, § 47 Rn. 82; *Kesseler* in: Wachter, Praxis des Handels- und Gesellschaftsrechts, Teil 2, 1. Kap. § 1 Rn. 235.

305 MüKoBGB/*Schäfer* BGB, § 717 Rn. 25; MüKoHGB/*Enzinger* HGB, § 119 Rn. 37; BeckOK-BGB/*Schöne* BGB, § 717 Rn. 15; *Saenger* GesR Rn. 126; Ulmer/*Hüffer/Schürnbrand* GmbHG, § 47 Rn. 82; *Wiedemann* GesR II § 4 I 4 d, S. 313; Staub/*Schäfer* HGB, § 119 Rn. 72; mit Einschränkung hinsichtlich unbeschränkter Stimmbindungen: *Flume* I/1 § 14 VI S. 230; Soergel/Hadding/*Kießling* BGB, § 709 Rn. 36; *Schmidt* GesR § 21 II 4 a cc, S. 619 f.: Stimmbindung jedenfalls dann unwirksam, wenn sie mit der Unübertragbarkeit oder der Vinkulierung des Anteils im Widerspruch steht.

306 *Wiedemann* GesR II § 4 I 4 d, S. 313.

307 MüKoBGB/*Schäfer* BGB, § 717 Rn. 25.

308 BeckOK-BGB/*Schöne* BGB, § 717 Rn. 15.

309 Staub/*Schäfer* HGB, § 119 Rn. 72; vgl. zur Vollstreckbarkeit: BGH Urt. v. 29.05.1967 – II ZR 105/66, juris Tz. 28 ff., NJW 1967, 1963–1966.

310 MüKoBGB/*Schäfer* BGB, § 717 Rn. 26; BeckOK-BGB/*Schöne* BGB, § 717 Rn. 15; Baumbach/Hopt/*Roth* HGB, § 119 Rn. 18; Soergel/Hadding/*Kießling* BGB, § 709 Rn. 36; Ulmer/*Hüffer/Schürnbrand* GmbHG, § 47 Rn. 82; Scholz/*Schmidt* GmbHG, § 47 Rn. 42; *Flume* I/1 § 14 VI S. 232; *Beuthien* ZGR 1974, 26, 44 f.

311 Baumbach/Hopt/*Roth* HGB, § 119 Rn. 18; MüKoBGB/*Schäfer* BGB, § 717 Rn. 20; BeckOK-BGB/*Schöne* BGB, § 717 Rn. 15.

Die überwiegende Ansicht hält Stimmbindungsvereinbarungen auch gegenüber Dritten für zulässig.[312] Denn auch der nach außen gebundene Gesellschafter sei im Innenverhältnis frei und bleibe für die Stimmabgabe verantwortlich.[313] Außerdem sei die Weisungsbefugnis des Dritten durch die Treuepflicht begrenzt. Weisungen seien also nur in den Grenzen zulässig, welche die Treuepflicht auch dem Gesellschafter selbst setze.[314] Eine Stimmbindung führe zudem auch formal nicht zu einer Trennung des Stimmrechts von der Mitgliedschaft. Dass Dritten Einfluss auf die Gesellschaft gewährt werde, entspreche gerade dem Sinn einer Stimmbindung und könne nicht als Argument gegen ihre Zulässigkeit verwendet werden.[315] Eine dauerhafte und uneingeschränkte Stimmbindung mit umfassendem Weisungsrecht des Dritten verstoße hingegen gegen das Abspaltungsverbot.[316]

Ungeachtet der Frage der Zulässigkeit unterliegen alle Stimmbindungen inhaltlichen Schranken. Diese ergeben sich aus § 138 BGB, der Kernbereichslehre, der Treuepflicht sowie aus Stimmverboten und Stimmpflichten gegenüber Mitgesellschaftern.[317]

2. Vertreterklauseln bei obligatorischer Gruppenvertretung

Vertreterklauseln sind Regelungen in einem Gesellschaftsvertrag, wonach mehrere Gesellschafter, zumeist Kommanditisten, ihre Rechte gemeinschaftlich durch einen von ihnen bestellten Vertreter auszuüben haben.[318] Dieser Vertreter

---

312 BGH Urt. v. 29.05.1967 – II ZR 105/66, NJW 1967, 1963; OLG Koblenz Urt. v. 27.02.1986 – 6 U 261/86, NJW 1986, 1692–1693; *Zöllner* ZHR 155 (1991), 168, 180 f.; *Hueck* Das Recht der OHG § 11 II 3, S. 167; *Hueck* FS Nipperdey I S. 401, 416 f.; Schlegelberger/*Martens* HGB, § 119 Rn. 49 f.; *Wiedemann* FS Schilling S. 105, 115 f.; Baumbach/Hueck/*Zöllner*, § 47 Rn. 113; *Teichmann* Gestaltungsfreiheiten S. 226 f.; Staub/*Casper* HGB, § 163 Rn. 15; Koller/Roth/Kindler/Morck/*Kindler* HGB, § 119 Rn. 5; wohl auch *Köhler* JA 1983, 168, 174; Erman/*Westermann* BGB, § 709 Rn. 22; Lutter/Hommelhoff/*Bayer* GmbHG, § 47 Rn. 4.

313 *Zöllner* ZHR 155 (1991), 168, 176 f.; EBJS/*Weipert* HGB, § 163 Rn. 13.

314 EBJS/*Weipert* HGB, § 163 Rn. 13; Michalski/*Römermann* GmbHG, § 47 Rn. 503; Baumbach/Hueck/*Zöllner* GmbHG, § 47 Rn. 113.

315 Michalski/*Römermann* GmbHG, § 47 Rn. 503.

316 BeckOK-BGB/*Schöne* BGB, § 717 Rn. 15; Staudinger/*Habermeier* BGB, § 717 Rn. 11; *Flume* I/1 § 14 VI S. 230; *Schmidt* GesR § 21 II 4a cc, S. 619; *Habersack* ZHR 164 (2000), 1, 12; vgl. vertiefend zu den weiteren Differenzierungsansätzen innerhalb der herrschenden Meinung: Soergel/Hadding/*Kießling* BGB, § 709 Rn. 36.

317 MAH PersGesR/*Plückelmann* § 8 Rn. 56 ff.

318 Baumbach/Hopt/*Roth* HGB, § 163 Rn. 10; BeckOK-BGB/*Schöne* BGB, § 709 Rn. 53 a, § 717 Rn. 17a; *Schmidt* ZHR 146 (1982) 525, 526; MünchHdB. GesRI/*Weipert* § 34

kann ein Mitgesellschafter oder ein externer Dritter sein. Die Vertretung hat zur Folge, dass die von der Gruppenvertretung betroffenen Gesellschafter ihren Einfluss nur noch in der „Untergemeinschaft“, nicht aber in der Gesellschafterversammlung ausüben können.[319] Durch die Bündelung der Gesellschafterrechte in der Person des Vertreters soll bei zersplittertem Anteilsbesitz[320] ein unsachlicher Gebrauch von Gesellschafterrechten – insbesondere des Stimmrechts – verhindert werden.[321] Aber auch die Kriterien der Entscheidungseffektivität, der Sachkunde und der Unternehmensnähe sprechen häufig für eine obligatorische Gruppenvertretung.[322] Auf diese Weise lassen sich bspw. die negativen Auswirkungen der Vergrößerung der Gesellschafterzahl bei gleichzeitiger Verringerung ihrer Beteiligung eingrenzen[323] und es lässt sich verhindern, dass die Verbandsorganisation schwerfällig wird.[324]

a. Persönlich haftende Gesellschafter

Die Zulässigkeit obligatorischer Vertreterklauseln für persönlich haftende Gesellschafter ist umstritten.[325]

Rn. 68; vgl. zur Binnenverfassung der Gesellschaftergruppe: MünchHdB. GesRI/*Weipert* § 34 Rn. 73 ff.; MünchHdB. GesRII/*Weipert* § 12 Rn. 23 ff.; *Schmidt* ZHR 146 (1982), 525, 538 ff.

319 *Wiedemann* GesR I § 7 II 1 b, S. 371.

320 Bspw. in einer Publikums-KG, vgl. Heymann/*Horn* HGB, § 164 Rn. 16; in Familiengesellschaften soll zumeist verhindert werden, dass die Gesellschaftsorgane im Erbfall mit neuen Gesellschaftern mit oftmals divergierenden Interessen konfrontiert werden, vgl. *Klumpp* ZEV 1999, 305.

321 MüKoHGB/*Grunewald* HGB, § 161 Rn. 170; *Immenga* ZGR 1974, 385, 391; BeckOK-BGB/*Schöne* BGB, § 709 Rn. 53 a; *Schmidt* GesR § 21 II 5 a, S. 622; Baumbach/Hopt/*Roth* HGB, § 163 Rn. 10.

322 *Schmidt* ZHR 146 (1982) 525, 526.

323 *Immenga* ZGR 1974, 385, 392.

324 *Schmidt* GesR § 21 II 5 a, S. 622; *Schörnig* ZEV 2002, 343.

325 Für die GbR bejahend: MüKoBGB/*Schäfer* BGB, § 709 Rn. 80; *Schörnig* ZEV 2002, 343, 346; verneinend: MünchHdB. GesRI/*Weipert* § 34 Rn. 68; für OHG-Gesellschafter und Komplementäre bejahend: MüKoHGB/*Enzinger* HGB, § 119 Rn. 52; Baumbach/Hopt/*Roth* HGB, § 114 Rn. 26; Staub/*Casper* HGB, § 163 Rn. 13; *Hurst* DNotZ 1967, 6, 8; *Schörnig* ZEV 2002, 343, 348; verneinend: MünchHdB. GesRI/*Weipert* § 34 Rn. 68; *Hueck* ZHR 125 (1963), 1, 4; *Wiedemann* GesR I § 7 II 1 b, S. 372; zweifelnd: *Schmidt* GesR § 21 II 5 a, S. 622; offenlassend: BGH Urt. v. 12.12.1966 – II ZR 41/65, juris Tz. 17, NJW 1967, 826–828; für alle Gesellschaftsformen bejahend: *Klumpp* ZEV 1999, 305.

Gegen die Zulässigkeit wird eingewandt, dass Vertreterklauseln mit den geltenden Herrschafts- und Haftungsverhältnissen nicht vereinbar seien.[326] So sei es mit der Stellung eines persönlich haftenden Gesellschafters, die gewöhnlich mit Geschäftsführungsbefugnis und Vertretungsmacht einhergeht, nicht vereinbar, wenn die Betroffenen ihre Gesellschafterrechte nicht selbst ausüben könnten.[327] Außerdem könne auch das Stimmrecht eines persönlich haftenden Gesellschafters nicht ausgeschlossen werden, sodass eine Zwangsrepräsentation ebenfalls ausscheiden müsse.[328] Außerdem spreche die kautelarjuristische Praxis gegen die Zulässigkeit; diese sehe nämlich zumeist von obligatorischen Gruppenvertretungsklauseln für persönlich haftende Gesellschafter ab.[329]

Die überwiegende Ansicht hält obligatorische Vertreterklauseln hingegen für zulässig.[330] Den betroffenen Gesellschaftern verblieben nämlich noch ausreichende Einwirkungsmöglichkeiten.[331] Auch die Grundprinzipien der unbeschränkten persönlichen Haftung und des unbeschränkten alleinigen Geschäftsführungs- und Vertretungsrechts eines jeden Gesellschafters seien nicht in unzulässiger Weise beeinträchtigt, denn gem. §§ 114 Abs. 2, 125 Abs. 1 HGB könne ein Gesellschafter sogar nahezu vollständig von der Geschäftsführung und Vertretung und somit von der unmittelbaren Einwirkungsmöglichkeit auf die Geschicke der Gesellschaft ausgeschlossen werden. Deshalb sei eine obligatorische Gruppenvertretung als minder schwerer Eingriff ebenfalls zulässig. Es sei ausreichend, dass die betroffenen Gesellschafter mittelbar Einfluss auf die Geschäftsführung nehmen könnten.[332] Für die GbR gelte Vorstehendes erst recht, da bei der GbR die Einheit von Herrschaft und Haftung im Vergleich zur OHG weniger prägend sei.[333]

326 MünchHdB. GesRI/*Weipert* § 34 Rn. 68.
327 *Hueck* ZHR 125 (1963), 1, 4.
328 *Wiedemann* GesR I § 7 II 1 b, S. 372.
329 *Schmidt* ZHR 146 (1982), 525, 527.
330 MüKoBGB/*Schäfer* BGB, § 709 Rn. 80; MüKoHGB/*Enzinger* HGB, § 119 Rn. 52; *Kesseler*, in: Wachter, Praxis des Handels- und Gesellschaftsrechts, Teil 2, 1. Kap. § 1 Rn. 232; *Hurst* DNotZ 1967, 6, 8; *Schörnig* ZEV 2002, 343, 346 ff. mit der Einschränkung, dass nur die die „ordnungsgemäße Verwaltung" des Gesellschaftsanteils betreffenden Gesellschafterrechte beschränkt werden dürften; a.A. Baumbach/Hopt/*Roth* HGB, § 114 Rn. 26.
331 *Hurst* DNotZ 1967, 5, 17.
332 *Schörnig*, ZEV 2002, 343, 345 f.; *Hurst* DNotZ 1967, 15 ff.
333 *Schörnig*, ZEV 2002, 343, 348.

b. Kommanditisten

Obligatorische Vertreterklauseln für Kommanditisten verstoßen nicht gegen das Abspaltungsverbot.[334] Soweit das Abspaltungsverbot die Mitgesellschafter vor Dritteinfluss schützen soll, sei dem durch die Aufnahme der Vertreterklausel in den Gesellschaftsvertrag hinreichend Rechnung getragen, da die Einschränkung der Ausübungsmöglichkeit der Gesellschafterrechte somit auf dem Willen aller Gesellschafter beruhe.[335] Außerdem sei die Einschränkung der Ausübungsmöglichkeit als „Minus" zu einem vollständigen Stimmrechtsausschluss[336] zulässig.[337] Als weitere Begründung wird angeführt, dass der Gruppenvertreter ein besonderes Gesellschaftsorgan sei, das abberufen werden könne.[338] Letztlich bedarf es der Figur eines besonderen Gesellschaftsorgans aber nicht, denn der Gruppenvertreter hat kein eigenes Stimmrecht, sondern übt das Stimmrecht der Gesellschafter weisungsgebunden als Bevollmächtigter aus.[339] Außerdem würden die unbeschränkt haftenden Gesellschafter durch eine die Kommanditisten betreffende Vertreterklausel nicht in ihrer Stellung verletzt, denn Letztere seien grundsätzlich gem. § 164 S. 1 HGB von der Geschäftsführung ausgeschlossen und würden gem. § 171 Abs. 1 HGB auch nur beschränkt haften.[340]

---

334 BGH Urt. v. 12.12.1966 – II ZR 41/65, juris Tz. 9, NJW 1967, 826–828; BGH Urt. v. 06.10.1992 – KVR 24/91, juris Tz. 26, NJW 1993, 1265–1268; BGH Beschl. v. 03.07.1989 – II ZB 1/89, juris Tz. 23, NJW 1989, 3152–3155; OLG Hamm Urt. v. 20.01.1997 – 8 U 118 – 96, NJW-RR 1998, 1045 – 47; BGH Urt. v. 04.10.2004 – II ZR 365/03, NZG 2005, 33, 34; *Schmidt* GesR § 21 II 5 a, S. 622; *Schmidt* ZHR 146 (1982), 525, 531; MüKoHGB/*Grunewald* HGB, § 161 Rn. 173 ff.; *Flume* I/1 § 14 V S. 222; *Wiedemann* GesR I § 7 II 1 b, S. 371; *Hurst* DNotZ 1967, 6, 18; Baumbach/Hopt/*Roth* HGB, § 163 Rn. 10; EBJS/*Weipert* HGB, § 163 Rn. 19; MünchHdB. GesRI/*Weipert* § 34 Rn. 68; BeckOK-BGB/*Schöne* BGB, § 709 Rn. 53 a; MAH PersGesR/*Plückelmann* § 8 Rn. 47; *Klumpp* ZEV 1999, 305; eine GmbH betreffend: BGH Urt. v. 17.10.1988 – II ZR 18/88, ZIP 1989, 634, 635; offengelassen noch von BGH Urt. v. 14.05.1956 – II ZR 229/54, juris Tz. 7, NJW 1956, 1198–1200.

335 BGH Urt. v. 12.12.1966 – II ZR 41/65, juris Tz. 10, NJW 1967, 826–828; MüKoHGB/*Grunewald* HGB, § 161 Rn. 173; *Hueck* ZHR 125 (1963), 1, 11.

336 Dieser ist ebenfalls zulässig, vgl. BGH Urt. v. 14.05.1956 – II ZR 229/54.

337 EBJS/*Weipert* HGB, § 163 Rn. 19.

338 *Wiedemann* Übertragung § 16 I 2 b, S. 389.

339 *Schmidt* ZHR 146 (1982), 525, 531; *Flume* I/1 § 14 V S. 222; die Weisungsgebundenheit basiert auf § 665 BGB, da zwischen den Gesellschaftern und dem Vertreter in der Regel ein Auftrag oder eine Geschäftsbesorgung besteht; vgl. MüKoHGB/*Grunewald* HGB, § 161 Rn. 178 f.; BGH Urt. v. 12.12.1966 – II ZR 41/65, juris Tz. 13, NJW 1967, 826–828.

340 *Schörnig* ZEV 2002, 343, 347.

Die Grenze der Zulässigkeit sei aber erreicht, wenn dem Vertreter die Stimmrechtsvollmacht unwiderruflich[341] und bei gleichzeitigem Ausschluss des Stimmrechts für die Vertretenen erteilt werde.[342] Des Weiteren müssen die Vertretenen wählen können, ob sie ihre Rechte gar nicht oder durch einen Vertreter ausüben wollen.[343] Sie müssen den Vertreter ihrer Wahl[344] jederzeit abberufen können[345] und ihm bindende Weisungen für die Ausübung der übertragenen Verwaltungsrechte erteilen können.[346] Unzulässig ist eine obligatorische Gruppenvertretung auch im unverzichtbaren Kernbereich der Gesellschafterrechte,[347] bei höchstpersönlichen Rechten[348] und solchen Gesellschafterbeschlüssen, die in die Stellung des Kommanditisten eingreifen.[349]

---

341 MüKoHGB/*Grunewald* HGB, § 161 Rn. 184; Oetker/*Oetker* HGB, § 164 Rn. 27; *Schmidt* ZHR 146 (1982) 525, 550 f.; vgl. zur Frage der Erforderlichkeit eines wichtigen Grundes: *Flume* I/1 § 14 V S. 225 f.; vgl. zur Frage der Einstimmigkeit hinsichtlich des Widerrufs: MünchHdB. GesRII/*Weipert* § 12 Rn. 23 ff.; *Klumpp* ZEV 1999, 305, 306; bejahend: BGH Urt. v. 04.10.2004 – II ZR 356/02, juris Tz. 20, NZG 2005, 33, 34; *Flume* I/1 § 14 V S. 225; BeckOK-BGB/*Schöne* BGB, § 709 Rn. 53a; für Stimmenmehrheit: *Schmidt* GesR § 21 II 5 c, S. 624; *Schmidt* ZHR 146 (1982) 525, 545 f.; Baumbach/Hopt/*Roth* HGB, § 163 Rn. 10; *Hueck* ZHR 125 (1963), 1, 22; Oetker/*Oetker* HGB, § 164 Rn. 33.

342 BGH Urt. v. 10.11.1951 – II ZR 111/50, NJW 1952, 178–180; BGH Urt. v. 14.05.1956 – II ZR 229/54, NJW 1956, 1198–1200; *Schmidt* ZHR 146 (1982), 525, 531; Baumbach/Hopt/*Roth* HGB, § 163 Rn. 11, § 119 Rn. 19; BeckOK-BGB/*Schöne* BGB, § 717 Rn. 17a.

343 EBJS/*Weipert* HGB, § 163 Rn. 19; *Klumpp* ZEV 1999, 305, 306.

344 *Hueck* ZHR 125 (1963), 1, 17; MüKoHGB/*Grunewald* HGB, § 161 Rn. 181; *Schmidt* ZHR 146 (1982), 525, 547 f.; *Klumpp* ZEV 1999, 305, 306.

345 Baumbach/Hopt/*Roth* HGB, § 163 Rn. 11; *Schmidt* ZHR 146 (1982) 525, 550.

346 *Schmidt* ZHR 146 (1982), 525, 531 f., 548 ff.; Heymann/*Horn* HGB, § 164 Rn. 16; *Wiedemann* Übertragung § 16 II 2 b, S. 393; *Flume* I/1 § 14 V S. 225; *Immenga* ZGR 1974, 385, 400 f.; MünchHdB. GesRI/*Weipert* § 34 Rn. 73 ff.; EBJS/*Weipert* HGB, § 163 Rn. 19; Oetker/*Oetker* HGB, § 164 Rn. 27, a.A. MüKoHGB/*Grunewald* HGB, § 161 Rn. 179.

347 BGH Urt. v. 06.10.1992 – KVR 24/91, juris Tz. 26, NJW 1993, 1265–1268; MüKoHGB/*Grunewald* HGB, § 161 Rn. 175; MüKoHGB/*Enzinger* HGB, § 119 Rn. 52; Heymann/*Horn* HGB, § 164 Rn. 17; Oetker/*Oetker* HGB, § 164 Rn. 28; *Schmidt* GesR § 21 II 5 a, S. 622; BeckOK-BGB/*Schöne* BGB, § 709 Rn. 53a; was jedoch genau zum Kernbereich gehört, ist umstritten, vgl. *Schmidt* ZHR 146 (1982), 525, 534 f.

348 Wie bspw. dem Kündigungsrecht und den unentziehbaren Informationsrechten; vgl. Oetker/*Oetker* HGB, § 164 Rn. 28; Baumbach/Hopt/*Roth* HGB, § 163 Rn. 11; offengelassen von BGH Urt. v. 12.12.1966 – II ZR 41/65, juris Tz. 10, NJW 1967, 826–828.

349 *Hueck* ZEV 125 (1963), 1, 10.

Wenn ein gesellschaftsfremder Dritter als Gruppenvertreter fungieren soll, ist dies zulässig, wenn der Gesellschaftsvertrag dies explizit zulässt.[350]

3. Zwischenfazit

Das Abspaltungsverbot ist grundsätzlich auch bei der Ausübung von Gesellschafterrechten durch andere Gesellschafter zu beachten. Stimmbindungsverträge zwischen Gesellschaftern sind stets, auch ohne Zustimmung der nicht an der Stimmbindung beteiligten Gesellschafter, zulässig. Gegen die Zulässigkeit von Stimmbindungen gegenüber Dritten wird teilweise eingewandt, dass sie dem Zweck des Abspaltungsverbots, nämlich Fremdeinfluss von der Gesellschaft fernzuhalten, widersprechen. Nach überwiegender Ansicht sind jedoch auch Stimmbindungen gegenüber Dritten zulässig, weil der nach außen gebundene Gesellschafter im Innenverhältnis frei bleibe und die Weisungsgebundenheit ohnehin durch die Treubindung begrenzt sei. Auch obligatorische Gruppenvertretungsklauseln sind, selbst wenn sie persönlich haftende Gesellschafter betreffen, nach überwiegender Ansicht zulässig. Zum einen seien die verbleibenden mittelbaren Einflussnahmemöglichkeiten ausreichend und zum anderen sei der Zwang, sich durch einen Vertreter bei der Stimmabgabe vertreten zu lassen, als Minus zu einem gänzlichen Stimmrechtsausschluss nach §§ 114 Abs. 2, 125 Abs. 1 BGB zulässig.

V. Zusammenfassung

Das Abspaltungsverbot besagt, dass einzelne Mitgliedschaftsrechte nicht von der Mitgliedschaft getrennt werden dürfen. Es fußt auf dem Wesen der Personengesellschaft als Arbeits- und Haftungsgemeinschaft und gilt nach überwiegender Ansicht auch zwischen den Gesellschaftern. Für die Frage der Vereinbarkeit mit dem Abspaltungsverbot ist nicht auf die formelle Ausgestaltung der infrage stehenden gesellschaftsrechtlichen Konstruktion, sondern auf deren tatsächliche Auswirkung abzustellen. Wird der Gesellschafter wirtschaftlich betrachtet aus seiner Gesellschafterstellung verdrängt, ist dies eine Abspaltung. Entsprechend den bisherigen Ausführungen steht es aber einer Ermächtigung zur Ausübung von Gesellschafterrechten nicht entgegen, solange die Bevollmächtigung widerruflich ist und keinen verdrängenden Charakter besitzt. Über das Abspaltungsverbot können die Gesellschafter nicht disponieren.

---

350 BGH Urt. v. 12.12.1966 – II ZR 41/65, NJW 1967, 826–828; MüKoHGB/*Enzinger* HGB, § 119 Rn. 54; MAH PersGesR/*Plückelmann* § 8 Rn. 47; a.A. (wohl) MüKoBGB/*Schäfer* BGB, § 709 Rn. 80.

C. Folgerungen für die Vorsorgevollmacht; Vereinbarkeit mit dem Abspaltungsverbot

Im Folgenden soll untersucht werden, welche Rückschlüsse aus den vorstehenden Ausführungen für die Wahrnehmung der Gesellschafterrechte durch einen Vorsorgebevollmächtigten gezogen werden können. Hierzu wird zunächst die Vergleichbarkeit der beschriebenen Fallgruppen der Fremdverwaltung und der Tätigkeit eines Vorsorgebevollmächtigten dargestellt. Daran anschließend wird der gegenwärtige Meinungsstand zur Frage der Vereinbarkeit einer Vorsorgevollmacht mit dem Abspaltungsverbot herausgearbeitet und hierzu, nach einem Exkurs zur Frage der Widerruflichkeit der Vorsorgevollmacht, Stellung genommen. Anschließend wird aufgrund dessen ein Vorschlag für ein großzügigeres Verständnis des Abspaltungsverbots unterbreitet und auf die Rolle der Zustimmung der anderen Gesellschafter im Zusammenhang mit der Vorsorgevollmacht und dem Abspaltungsverbot eingegangen.

I. Vergleichbarkeit

Den vorstehend besprochenen Fällen der Fremdverwaltung ist gemein, dass Gesellschafterrechte durch einen gesellschaftsfremden Dritten ausgeübt werden. Auch der Vorsorgebevollmächtigte ist oftmals ein gesellschaftsfremder Dritter, der die Gesellschafterrechte weitestgehend eigenverantwortlich ausübt. Die Situationen ähneln sich also insoweit, als die formale Rechtsinhaberschaft und die Ausübung der sich daraus ergebenden Befugnisse auseinanderfallen und die weitreichende Einflussnahmemöglichkeit eines Dritten die Selbstbestimmungsfähigkeit der Gesellschafter potenziell gefährdet. Insoweit ermöglichen die Fallgruppen Vergleiche untereinander und Rückschlüsse auf die Rechtslage bei einer Vorsorgevollmacht. Dies gilt auch für die Ausübung von Gesellschafterrechten durch einen Vorsorgebevollmächtigten.

Die größten Gemeinsamkeiten bestehen sicherlich zwischen der Tätigkeit eines Betreuers und der eines Vorsorgebevollmächtigten. Denn Letzterer lässt gem. § 1896 Abs. 2 S. 2 BGB die Erforderlichkeit für eine Betreuung entfallen und steht, was die Vergleichbarkeit weiter hervorhebt, einem gesetzlichen Vertreter im Sinne des § 51 Abs. 3 ZPO gleich.[351]

351 Palandt/*Götz* BGB, § 1902 Rn. 3.

Da sich die aufgezeigten Fälle der Fremdverwaltung ähneln, wird deren Zulässigkeit oftmals mit Verweisen untereinander begründet. So wird bspw. die Zulässigkeit einer obligatorischen Gruppenvertretung – ergänzend zu den oben aufgezeigten Argumenten – mit einem Vergleich zur Testamentsvollstreckung begründet.[352] Auch die Zulässigkeit der Testamentsvollstreckung wird u. a. mit einem Verweis begründet; die Mitwirkungsbefugnisse eines Testamentsvollstreckers würden nicht wesentlich weiter reichen als die für zulässig erachteten Mitwirkungsbefugnisse eines gesellschaftsfremden obligatorischen Gruppenvertreters.[353] Der Vergleich mit der Testamentsvollstreckung wird auch als Argument für die Zulässigkeit der Ausübung von Gesellschafterrechten durch einen Vorsorgebevollmächtigten angeführt. Ein solcher Rückschluss sei zulässig, da die Wahrnehmung von Gesellschafterrechten durch einen Testamentsvollstrecker mit der durch einen Vorsorgebevollmächtigten vergleichbar sei.[354] Deshalb gilt die Losung des BGH, dass der Charakter einer Personengesellschaft als Arbeits- und Haftungsgemeinschaft maßgeblich für die Beurteilung der Zulässigkeit einer Testamentsvollstreckung sei,[355] auch für Vorsorgevollmachten. Dass ein Vergleich mit der Testamentsvollstreckung als Argument für die Vereinbarkeit mit dem Abspaltungsverbot sowohl bei obligatorischen Gruppenvertretungen als auch bei der Vorsorgevollmacht bemüht wird, zeigt, dass auch die Situation der Gruppenvertretung mit der der Vorsorgevollmacht vergleichbar ist. Des Weiteren wird ein Vergleich zwischen der Testamentsvollstreckung und dem Nießbrauch gezogen, wenn angenommen wird, dass der Testamentsvollstrecker, ähnlich wie der Nießbraucher, neben den Erben in den Gesellschaftsverband eintrete.[356]

Das wesentliche Vergleichsmerkmal zwischen der Testamentsvollstreckung und der Vorsorgevollmacht ist, dass ein Dritter eigenverantwortlich Entscheidungen trifft, deren Konsequenzen den Gesellschafter treffen.[357] Dieses Argument kann verallgemeinert werden und trifft auch auf die Treuhand, den Nießbrauch, die Betreuung und auf Stimmbindungsverträge zwischen Gesellschaftern und Dritten zu. Ebenfalls dürfte diesen Situationen gemein sein,

---

352 *Hurst* DNotZ 1967, 6, 8.

353 BGH Beschl. v. 03.07.1989 – II ZB 1/89, juris Tz. 23, NJW 1989, 3152, 3153; vgl. zur Zulässigkeit einer Vertreterklausel: BGH Urt. v. 12.12.1966 – II ZR 41/65, juris Tz. 9 ff., NJW 1967, 826–829.

354 MüKoBGB/*Ulmer*/*Schäfer* BGB, § 705 Rn. 124 b; *Raub* Vorsorgevollmachten S. 96 ff.

355 BGH Beschl. v. 03.07.1989 – II ZB 1/89, juris Tz. 14, NJW 1989, 3152.

356 *Ulmer* NJW 1990, 73, 78.

357 *Raub* Vorsorgevollmachten S. 96.

dass die eigenverantwortliche Entscheidungskompetenz des Dritten gewissen Schranken unterliegt.

II. Meinungsstand

Auch bei der Ausübung von Gesellschafterrechten durch einen Vorsorgebevollmächtigten stellt sich die Frage der Vereinbarkeit mit dem Abspaltungsverbot. Nach ganz überwiegender Ansicht führt die Ausübung der Gesellschafterrechte durch einen Vorsorgebevollmächtigten nicht zu einer verbotenen Abspaltung, denn eine Vorsorgevollmacht sei in der Regel widerruflich ausgestaltet und besitze keinen verdrängenden Charakter.[358] Die betreuungsrechtliche Literatur beschäftigt sich mit dieser Frage jedoch zumeist nicht.[359] Selbst diejenigen, die auf die Frage eingehen, beschränken sich zumeist auf einen bloßen Verweis auf die Widerruflichkeit und den fehlenden verdrängenden Charakter der Vollmacht.[360]

Die größten Bedenken gegen die Zulässigkeit von Vorsorgevollmachten hat wohl *Reymann*. Er belässt es jedoch bei dem Hinweis, dass bei der Ausgestaltung von Vorsorgevollmachten für Gesellschafter von Personengesellschaften wegen des Abspaltungsverbots kaum Raum bestünde und Organbefugnisse nur in Ausnahmefällen auf den Vorsorgebevollmächtigten übertragen werden könnten. Er begründet dies damit, dass es nur teilweise für zulässig erachtet werde, einem gesellschaftsfremden Dritten die Stellung eines fakultativen Organs einzuräumen und ihm Geschäftsführungsbefugnisse zuzusprechen.[361] Trotz der damit verbundenen Kosten schlägt er vor, auf Hilfskonstruktionen zurückzugreifen.[362]

---

358 *Schäfer* ZHR 175 (2011), 557, 567; *Raub* Vorsorgevollmachten S. 90 ff.; MüKoBGB/*Ulmer/Schäfer* BGB, § 705 Rn. 124b; *Jocher* notar 2014, 3, 7; so wohl auch *Heckschen* NZG 2012, 10, 15; *Reymann* ZEV 2005, 514, 517; a.A. Müller/Renner/*Müller* Teil 3 B. V. 2. f) Rn. 1040, die ihre Bedenken gegen die Ausübung von Organbefugnissen durch einen Vorsorgebevollmächtigten aber – ebenso wie *Reymann* ZEV 2005, 457, 463 – auf den Grundsatz der Höchstpersönlichkeit stützt.

359 So auch Müller/Renner/*Müller* Teil 3 B. I. Rn. 993.; *Heckschen* NZG 2012, 10, 13; *Heckschen/Kreußlein* NotBZ 2012, 321; *Wedemann* ZIP 2013, 1508, 1509.

360 Vgl. etwa *Jocher* notar 2014, 3, 6 f.; *Reymann* ZEV 2005, 514, 517; *Heckschen* NZG 2012, 10, 15; *Schäfer* ZHR 175 (2011), 557, 567.

361 *Reymann* ZEV 2005, 457, 463, wobei er dies mit dem Verbot der Selbstorganschaft begründet, ohne speziell auf das Abspaltungsverbot einzugehen.

362 So könnte bspw. eine zur Alleinvertretung und Geschäftsführung befugte GmbH als geschäftsführende Gesellschafterin in die Gesellschaft aufgenommen werden, *Reymann* ZEV 2005, 457, 462 f.; so auch *Werner* StBW 2010, 523, 526.

Ähnlicher Ansicht ist *Scherer*. Er empfiehlt Vorsorgevollmachten als Generalvollmachten zu erteilen; zugleich stellt er jedoch klar, dass diese im gesellschaftsrechtlichen Bereich, insbesondere bei der Übertragung von organschaftlichen Kernbefugnissen, weitgehend unzulässig seien.[363]

Auch *Schäfer*[364] und ihm folgend *Raub*[365] begründen die Vereinbarkeit mit dem Abspaltungsverbot damit, dass die Vorsorgevollmacht widerruflich sei und keinen verdrängenden Charakter besitze. Der Vollmachtgeber bleibe deshalb für die dem Vorsorgebevollmächtigten überlassenen Verwaltungsrechte, welche dieser nur im Namen des Vollmachtgebers ausübe, voll verantwortlich.[366] Außerdem nehme das Abspaltungsverbot einem Gesellschafter nicht die Möglichkeit, etwa mit Rücksicht auf seine persönlichen Verhältnisse, einen Dritten mit Geschäftsführungsaufgaben zu betrauen.[367] So stehe es der Zulässigkeit einer Vollmacht nicht entgegen, dass der Vollmachtgeber an einer persönlichen Rechtsausübung aus sonstigen nicht in der Vollmacht selbst liegenden Gründen, wie bspw. Krankheit, gehindert sei die Gesellschafterrechte wahrzunehmen. Weder nach ihrem Zweck noch nach ihrer Wirkung sei eine Vorsorgevollmacht mit einer Abspaltung gleichzusetzen.[368] Ergänzend wird die Zulässigkeit mit einem Verweis auf die Testamentsvollstreckung begründet. Auch der Testamentsvollstrecker könne die Gesellschafterrechte (eines Kommanditisten) wahrnehmen, ohne dass dies zu einem Verstoß gegen das Abspaltungsverbot führe.[369] Im Falle der Zustimmung der Mitgesellschafter könne der Vorsorgebevollmächtigte deshalb sämtliche Verwaltungsrechte einschließlich der Geschäftsführungsbefugnis wahrnehmen.[370] Außerdem bewirke die Zustimmung, dass die organschaftliche Hoheit der Gesellschafter sichergestellt sei, sodass es selbst im Fall der durch die

---

363 MAH Erbrecht/*Scherer* § 44 Rn. 10.

364 *Schäfer* ZHR 175 (2011), 557, 562 ff.; MüKoBGB/*Ulmer/Schäfer* BGB, § 705 Rn. 124b.

365 *Raub* Vorsorgevollmachten S. 107 f.

366 *Schäfer* ZHR 175 (2011), 557, 567.

367 So *Raub* Vorsorgevollmachten S. 91 unter Verweis auf BGH Urt. v. 22.01.1962 – II ZR 11/61, juris Tz. 10, NJW 1962, 738, wobei der BGH hier ausdrücklich den Fall des Unvermögens benennt.

368 *Raub* Vorsorgevollmachten S. 91 f.

369 MüKoBGB/*Ulmer/Schäfer* BGB, § 705 Rn. 124b; *Raub* Vorsorgevollmachten S. 95 ff., 108.

370 *Schäfer* ZHR 175 (2011), 557, 566 ff.; MüKoBGB/*Ulmer/Schäfer* BGB, § 705 Rn. 124b; abweichend *Reymann* ZEV 2005, 457, 463; Müller/Renner/*Müller* Teil 3 B. V. 2. B) Rn. 1026: Zwar komme es nicht zu einer Abspaltung, die organschaftlichen Kernbefugnisse sollten aber wegen des Grundsatzes der Selbstorganschaft ausgeklammert werden.

Geschäftsunfähigkeit des Vollmachtgebers eintretenden fehlenden Widerrufsmöglichkeit nicht zu einer Verletzung des Abspaltungsverbots komme.[371]

Lediglich *Wedemann* wählt einen anderen Begründungsansatz. Sie ist der Ansicht, dass die anderen Argumentationsansätze die tatsächlichen Gegebenheiten außer Acht lassen und die Vorsorgevollmacht jedenfalls mit Eintritt der Geschäftsunfähigkeit des Vollmachtgebers faktisch nicht widerrufbar ist und eine faktisch verdrängende Wirkung besitzt.[372] Denn der Vollmachtgeber könne die Vorsorgevollmacht dann nicht mehr selbst widerrufen, §§ 104 Nr. 2, 105 BGB. Zugleich sei der Widerruf durch einen Kontrollbetreuer im Sinne des § 1896 Abs. 3 BGB zwar theoretisch möglich, aber an so hohe Hürden gebunden, dass er faktisch ausscheide. Denn zum einen werde ein Kontrollbetreuer nur bestellt, wenn aufgrund besonderer Umstände ein konkretes Bedürfnis für eine Überwachung bestehe. Und zum anderen könne der Kontrollbetreuer die Vorsorgevollmacht – nach überwiegender Ansicht – nur aus einem wichtigen Grund widerrufen. Auch die Bestellung eines Betreuers im Sinne des § 1896 Abs. 1 BGB, der die Vorsorgevollmacht ebenfalls widerrufen könne, scheide regelmäßig wegen des Vorhandenseins der Vorsorgevollmacht aus.[373] Die faktisch verdrängende Wirkung beruhe darauf, dass nicht der Vollmachtgeber, der zwar formell zur Ausübung der Gesellschafterrechte berechtigt bleibe, sondern nur der Vorsorgebevollmächtigte diese ausüben könne. Es könne für das Abspaltungsverbot jedoch keinen Unterschied machen, ob die Vorsorgevollmacht formell keine verdrängende Wirkung besitze oder die Vollmacht primär für eine Situation bestimmt sei, in der ohnehin nur noch der Bevollmächtigte handeln könne.[374]

Deshalb würden die bisherigen Begründungen der Vereinbarkeit mit dem Abspaltungsverbot zu kurz greifen. Denn es sei für die Einbuße der Selbstbestimmung unerheblich, ob diese durch eine ausdrücklich unwiderrufliche

---

371 *Jocher* notar 2014, 3, 6 f., wenn eine Vollmacht jedoch weder durch den Vollmachtgeber noch durch die Mitgesellschafter eingeschränkt oder rückgängig gemacht werden könne, seien das Verbot der Fremdorganschaft und das Abspaltungsverbot hingegen tangiert.

372 *Wedemann* ZIP 2013, 1508, 1510 f.; so i.E. auch *Jocher* notar 2014, 3, 7, der dann das Abspaltungsverbot tangiert sieht; Müller/Renner/*Renner* Teil 2 B. H. I. 1. Rn. 673 ff. spricht von einer „de facto" unwiderruflichen Vollmacht, ohne jedoch auf mögliche Auswirkungen auf die Vereinbarkeit mit dem Abspaltungsverbot einzugehen; ebenso *Walter* Vorsorgevollmacht S. 145.

373 *Wedemann* ZIP 2013, 1508, 1510 f. m.w.N.

374 *Wedemann* ZIP 2013, 1508, 1511.

Vollmacht erfolge oder durch eine Vollmacht, die in erster Linie für Situationen konzipiert sei, in denen ein Widerruf faktisch denselben Grenzen unterliege wie bei einer unwiderruflichen Vollmacht. Eine Vorsorgevollmacht sei außerdem einer unwiderruflichen Vollmacht gleichzusetzen, weil eine Vorsorgevollmacht ebenso wie diese jedenfalls aus wichtigem Grund widerrufen werden könne.[375]

Die Vereinbarkeit mit dem Abspaltungsverbot ergebe sich vielmehr erst aus einem Vergleich mit der Betreuung. Denn der Betreuer könne – wie oben dargestellt – die Gesellschafterrechte des geschäftsunfähigen und andernfalls rechtlos gestellten Gesellschafters ausüben, ohne dass dies zu einer Abspaltung führe. Da die Vorsorgevollmacht das Äquivalent zur Betreuung sei und der Gesetzgeber der privaten Vorsorge Vorrang vor der Betreuung eingeräumt habe, stünde es mit dieser Favorisierung nicht im Einklang, wenn der Vorsorgebevollmächtigte – anders als der Betreuer – nicht auch die organisatorischen Mitgliedschaftsrechte ausüben könnte.[376]

Es ist in der Tat fraglich, ob die Vereinbarkeit der Ausübung von Gesellschafterrechten durch einen Vorsorgebevollmächtigten mit dem Abspaltungsverbot mit dem bloßen Hinweis auf die Widerruflichkeit und den fehlenden verdrängenden Charakter einer Vorsorgevollmacht begründet werden kann. Im Folgenden soll überprüft werden, ob die Annahme, dass eine Vorsorgevollmacht faktisch nicht widerruflich ist und verdrängende Wirkung besitzt, zutreffend ist und es deshalb der zusätzlichen Begründung der Zulässigkeit mithilfe eines Vergleichs zur Betreuung bedarf.

III. Exkurs: Widerruf der Vorsorgevollmacht

Für den Widerruf der Vorsorgevollmacht kommen neben dem Vollmachtgeber der Kontrollbetreuer, der Betreuer, das Betreuungsgericht sowie der Kontrollbevollmächtigte infrage.

1. Durch den Vollmachtgeber

Der Vollmachtgeber kann die Vorsorgevollmacht gem. § 168 S. 2 BGB ohne Angabe von Gründen jederzeit durch eine einseitig empfangsbedürftige Willenserklärung gem. §§ 168 S. 3, 167 Abs. 1 BGB gegenüber dem

375 *Wedemann* ZIP 2013, 1508, 1510.
376 *Wedemann* ZIP 2013, 1508, 1510 f.

Vorsorgebevollmächtigten widerrufen.[377] Da für den Widerruf keine speziellen Regeln existieren, finden die Regelungen des allgemeinen Zivilrechts Anwendung. Danach muss der Vollmachtgeber geschäftsfähig im Sinne der §§ 104, Nr. 1, 105 Abs. 1 BGB sein; ein natürlicher Wille, die Vollmacht zu widerrufen, genügt nicht.[378] Ein Vorsorgebevollmächtigter wird aber gem. § 1896 Abs. 1 S. 1, Abs. 2 S. 2 BGB erst tätig, wenn der Vollmachtgeber betreuungsbedürftig ist. Hierbei kann der Vollmachtgeber zum einen lediglich betreuungsbedürftig, aber noch geschäftsfähig sein, oder, was wohl häufiger der Fall ist, bereits geschäftsunfähig sein.[379] Auch im letzteren Fall erlischt die Vorsorgevollmacht im Zweifel nicht, denn das Erlöschen richtet sich nach dem Grundverhältnis, §§ 168 S. 1, 672 S. 1, 675 BGB.[380] Deshalb wird der Vollmachtgeber die Vorsorgevollmacht in den meisten Fällen nicht mehr selbst widerrufen können, §§ 104 Nr. 3, 105 Abs. 1 BGB.

2. Durch einen Kontrollbetreuer

Die Vorsorgevollmacht könnte womöglich durch einen Kontrollbetreuer[381] im Sinne des § 1896 Abs. 3 BGB widerrufen werden. Ein Kontrollbetreuer ist ein Betreuer, dessen Aufgabenkreis sich auf die Überwachung des Vorsorgebevollmächtigten und die Geltendmachung von Rechten des Vollmachtgebers diesem gegenüber beschränkt.[382] Mit Hilfe des Instituts der Kontrollbetreuung soll insbesondere für den Fall der Geschäftsunfähigkeit des Vollmachtgebers sichergestellt werden, dass der Vollmachtgeber durch die grundsätzlich unkontrollierte und in der Regel zeitlich unbeschränkte Fremdbestimmung seitens seines Vorsorgebevollmächtigten nicht in ein für ihn nachteiliges Überwachungsdefizit gerät.[383] Die Kontrollbetreuung soll also die Unfähigkeit des Vollmachtgebers,

---

377 Oder gegenüber demjenigen, dem gegenüber die Vertretung erfolgen sollte, vgl. *Walter* Vorsorgevollmacht S. 142 ff., S. 176; vgl. zur Frage der Widerruflichkeit von Generalvollmachten MüKoBGB/*Schramm* BGB, § 168 Rn. 26.

378 *Raub* Vorsorgevollmachten S. 204 m.w.N.; *Walter* Vorsorgevollmacht S. 142 ff.

379 So auch *Wedemann* ZIP 2013, 1508, 1511.

380 Vgl. hierzu MüKoBGB/*Schwab* BGB, § 1896 Rn. 239; *Zimmermann* BKR 2007, 226 f. m.w.N.

381 Synonym: „Vollmachtbetreuer" oder „Überwachungsbetreuer"; vgl. *Kurze* NJW 2007, 2220.

382 MüKoBGB/*Schwab* BGB, § 1896 Rn. 237, 247; Damrau/*Zimmermann* BGB, § 1896 Rn. 151; vgl. auch Jurgeleit/*Jurgeleit* BGB, § 1896 Rn. 185; *Meier* HdB Betreuungsrecht II 13 b) Rn. 298, S. 73.

383 Denn gem. §§ 104 Nr. 3, 105 Abs. 1 BGB kann der Vollmachtgeber weder die – grundsätzlich gem. § 168 S. 2 und 3 BGB widerrufliche – Vorsorgevollmacht widerrufen

seine Rechte gegenüber dem Bevollmächtigten selbst ausüben zu können, ausgleichen.[384] Da die Vorsorgevollmacht Ausfluss des Selbstbestimmungsrechts nach Art. 2 Abs. 1, Art. 1 Abs. 1 GG ist[385] und das Recht auf Freiheit vor dem Staat auch im Fall der Krankheit absichern soll,[386] sind die Voraussetzungen für die Bestellung eines Kontrollbetreuers entsprechend restriktiv.[387]

Ohne die Kontrollbetreuung bliebe dem Betreuungsgericht bei entsprechender Kenntnis von einer Gefahr für das Wohl des Betroffenen nur die Möglichkeit, einen Betreuer zu bestellen. Dieser müsste die Vorsorgevollmacht widerrufen und selbst die betreffenden Angelegenheiten übernehmen.[388] Dies aber würde stärker in das Selbstbestimmungsrecht des Vollmachtgebers eingreifen, denn dann würde der Wille des Vollmachtgebers, eine Person seines Vertrauens mit der Wahrnehmung seiner Interessen für den Fall des eigenen Unvermögens zu beauftragen, nicht hinreichend berücksichtigt.[389]

a. Bestellung

Die Bestellung eines Kontrollbetreuers gleicht der eines Betreuers.[390] Gem. § 1896 Abs. 3 BGB kann ein Kontrollbetreuer nur bestellt werden, wenn die Fürsorgebedürfnisse des Vollmachtgebers durch seinen Vorsorgebevollmächtigten insoweit hinreichend gedeckt sind, als dass die Bestellung eines Betreuers für

---

noch seine Gesellschafterrechte ausüben; vgl. MüKoBGB/*Schwab* BGB, § 1896 Rn. 237; *Walter* ZEV 2000, 353; BtKomm/*Roth* BGB, § 1896 Rn. 27.

384 Palandt/*Götz* BGB, § 1896 Rn. 23 m.w.N.; OLG Brandenburg Beschl. v. 28.10.2003 – 11 WX 38/03; BtKomm/*Roth* A I 1 e Rn. 27, S. 13.

385 BVerfG Kammerbeschl. v. 10.10.2008 – 1 BvR 1415/08, juris Tz. 22, FamRZ 2008, 2260–2263.

386 Jurgeleit/*Jurgeleit* BGB, § 1896 Rn. 187.

387 Vgl. hierzu auch *Nedden-Boeger* FamRZ 2015, 550: Wenn der Vollmachtgeber keinen Kontrollbevollmächtigten ernennt, ist der darin zum Ausdruck kommende Wunsch, auf eine Kontrolle auch für die Zeit nach dem Eintritt der eigenen Geschäftsunfähigkeit zu verzichten, zu berücksichtigen, sodass es nur ausnahmsweise gerechtfertigt sein kann, die gegen eine Bevollmächtigungskontrolle getroffene Grundentscheidung des Betroffenen durch die staatliche Einrichtung einer Kontrollbetreuung zu überspielen.

388 MüKoBGB/*Schwab* BGB, § 1896 Rn. 237.

389 *Kurze* NJW 2007, 2220, 2221.

390 MüKoBGB/*Schwab* BGB, § 1896 Rn. 253; wobei gem. § 15 S. 2 RPflG die Zuständigkeit des Rechtspflegers begründet ist und ein ärztliches Zeugnis gem. § 281 Nr. 2 FamFG anstelle eines Sachverständigengutachtens ausreicht; vgl. vertiefend Jürgens/*Jürgens* BGB, § 1896 Rn. 38.

den betreffenden Aufgabenkreis nicht erforderlich ist.[391] Dies setzt die Existenz einer wirksamen und noch nicht erloschenen Vorsorgevollmacht voraus.[392] Da das Erforderlichkeitsprinzip aus § 1896 Abs. 2 S. 1 BGB auch für die Kontrollbetreuung gilt, muss das Unvermögen des Vollmachtgebers, seinen Bevollmächtigten hinreichend zu überwachen, auf einem der Betreuungsgründe im Sinne des § 1896 Abs. 1 S. 1 BGB beruhen.[393] Allein die Unfähigkeit zur Überwachung des Vorsorgebevollmächtigten genügt jedoch nicht.[394] Dann würde nicht hinreichend berücksichtigt, dass dem Bevollmächtigten gerade auch für diesen Fall das Vertrauen geschenkt wurde, um eine staatliche Intervention zu vermeiden;[395] zumal jeder Betroffene selbst entscheiden können muss, ob er die Fürsorge des Staates in Anspruch nehmen möchte oder seine Angelegenheiten selbst regeln möchte.[396] Die Überwachung des Bevollmächtigten muss deshalb konkret erforderlich sein.[397] Dies ist der Fall, wenn hinreichende tatsächliche Anhaltspunkte

391 MüKoBGB/*Schwab* BGB, § 1896 Rn. 238; Jurgeleit/*Jurgeleit* BGB, § 1896 Rn. 185 unter Verweis auf BayObLG Beschl. v. 09.04.2003 - 3Z BR 242/02, FamRZ 2003, 1219.

392 BayObLG Beschl. v. 27.05.1993 - 3Z BR 78/93, juris Tz. 6, FamRZ 1993, 1249–1250.

393 MüKoBGB/*Schwab* BGB, § 1896 Rn. 240; Damrau/*Zimmermann* BGB, § 1896 Rn. 148.

394 BT-Drs. 11/4528, S. 123; BGH Beschl. v. 21.03.2012 - XII ZB 666/11, juris Tz. 11, NJW-RR 2012, 834–835; BGH Beschl. v. 30.03.2011 - XII ZB 537/10, juris Tz. 10, NJW 2011, 2137–2138; BayObLG Beschl. v. 31.03.1999, 3Z BR 33/99, juris Tz. 7, FamRZ 1999, 1302–1303; OLG München Beschl. v. 27.10.2006 - 33 WS 159/06, juris Tz. 9, NJW-RR 2007, 294–296; OLG Köln Beschl. v. 28.06.1999 - 16 Wx86/99, juris Tz. 9; Jurgeleit/*Jurgeleit* BGB, § 1896 Rn. 189; *Nedden-Boeger* FamRZ 2014, 1589; a.A. AG Nidda BtPrax 2004, 118.

395 MüKoBGB/*Schwab* BGB, § 1896 Rn. 242 m.w.N.; nicht nachvollziehbar ist daher die Ansicht, wonach die Erteilung einer Vorsorgevollmacht aufgrund der daraus resultierenden Missbrauchsmöglichkeit grundsätzlich Anlass zur Bestellung eines Kontrollbetreuers geben soll, sofern der Vollmachtgeber einem etwaigen Vollmachtmissbrauch nicht bereits mit einem Überwachungsbevollmächtigten vorgebeugt hat, so Bt-Komm/*Roth* A I 1 e. Rn. 28, S. 13.

396 Jurgeleit/*Jurgeleit* BGB, § 1896 Rn. 187.

397 BGH Beschl. v. 01.08.2012 - XII ZB 438/11, juris Tz. 9, NJW 2012, 2885–2886; BGH Beschl. v. 21.03.2012 - XII ZB 666/11, juris Tz. 11, NJW-RR 2012, 834–835; BGH Beschl. v. 30.03.2011 - XII ZB 537/10, juris Tz. 10, NJW 2011, 2137–2138; BayObLG Beschl. v. 31.03.1999, 3Z BR 33/99, juris Tz. 7, FamRZ 1999, 1302–1303; OLG München Beschl. v. 30.04.2009 - 33 WX 081/09, juris Tz. 17, NJW-RR 2009, 1379–1380; MüKoBGB/*Schwab* BGB, § 1896 Rn. 236, 241; OLG Brandenburg Beschl. v. 28.10.2003 - 11 Wx 38/03, juris Tz. 26; OLG Köln Beschl. v. 28.06.1999 - 16 Wx86/99, juris Tz. 9.

den Verdacht begründen, dass dem Betreuungsbedarf des Vollmachtgebers mit der Vollmacht nicht Genüge getan wird.[398]

Die Gesetzesbegründung nennt hierfür beispielhaft vorangegangenes Verhalten des Bevollmächtigten und die Schwierigkeit sowie den Umfang der zu besorgenden Geschäfte.[399] Dies hat die Rechtsprechung dahin gehend konkretisiert, dass aufgrund der besonderen Schwierigkeit und des Umfangs der zu besorgenden Geschäfte oder wegen Bedenken gegen die Redlichkeit oder Tauglichkeit des Bevollmächtigten nach den üblichen Maßstäben aus Sicht eines vernünftigen Vollmachtgebers eine ständige Kontrolle geboten sein muss.[400]

Umstritten ist, ob die besondere Schwierigkeit oder der Umfang der Geschäfte allein ausschlaggebend ist oder ob auch auf die Person des Bevollmächtigten und dessen Aufgabenerfüllung im Einzelfall abzustellen ist. Eine Ansicht berücksichtigt die persönliche Qualifikation des Bevollmächtigten nicht.[401] Nach überwiegender Ansicht müssen aber konkrete Anzeichen vorliegen, dass der Bevollmächtigte der Aufgabe nicht gewachsen ist und deshalb dem Betreuungsbedarf des Vollmachtgebers nicht Genüge getan wird.[402] Hierfür spricht, dass andernfalls bei großen Vermögen immer ein Kontrollbetreuer einzusetzen wäre. Dies würde weder dem Selbstbestimmungsrecht des Vollmachtgebers[403] noch dem Erforderlichkeitsprinzip gerecht werden.[404] Außerdem wäre eine solche quasi automatische Bestellung eines Kontrollbetreuers nicht mit dem Recht auf Freiheit vor dem Staat vereinbar. Der Wille des Betroffenen, die Fürsorge des Staates nicht in Anspruch zu nehmen, darf durch die Bestellung

---

398 BGH Beschl. v. 01.08.2012 – XII ZB 438/11, juris Tz. 9, NJW 2012, 2885–2886; BGH Beschl. v. 21.03.2012 – XII ZB 666/11, juris Tz. 11, NJW-RR 2012, 834–835.

399 BT-Drs. 11/4528, S. 123.

400 BGH Beschl. v. 21.03.2012 – XII ZB 666/11, juris Tz. 12, NJW-RR 2012, 834–835; BGH Beschl. v. 01.08.2012 – XII ZB 438/11, juris Tz. 9, NJW 2012, 2885–2886.

401 BayObLG Beschl. v. 31.03.1999 – 3Z BR 33/99, juris Tz. 8, FamRZ 1999, 1302–1303; BayObLG Beschl. v. 03.06.1994 – 3Z BR 18/94, FamRZ 1994, 1550–1551; wohl auch BayObLG Beschl. v. 27.05.1993 – 3Z BR 78/93, FamRZ 1993, 1249–1250 und OLG Schleswig 27.11.2002 – 2 W 197/02, juris Tz. 6, NotBZ 2003, 432–433.

402 MüKoBGB/*Schwab* BGB, § 1896 Rn. 243; Damrau/*Zimmermann* BGB, § 1896 Rn. 150; Jurgeleit/*Jurgeleit* BGB, § 1896 Rn. 187, 189; *Nedden-Boeger* FamRZ 2014, 1589, 1590; Bt-Komm/*Roth* A I 1 e Rn. 28, S. 13; *Kurze* NJW 2007, 2220, 2222 f.; Müller/Renner/*Renner* Teil 2 G. II. 2. c) Rn. 662; OLG Brandenburg Beschl. v. 28.10.2003 – 11 Wx 38/03, juris Tz. 26; BGH Beschl. v. 17.07.2014 – XII ZB 142/14, juris Tz. 12, NJW 2014, 3237 – 3238, FamRZ 2014, 1693–1694.

403 Damrau/*Zimmermann* BGB, § 1896 Rn. 150.

404 *Kurze* NJW 2007, 2220, 2222; MüKoBGB/*Schwab* BGB, § 1896 Rn. 243.

eines Kontrollbetreuers nicht übergangen werden.[405] Letztlich spricht auch die Gesetzesbegründung, wonach die Kontrolle aufgrund von Umfang und Schwierigkeit „angezeigt erscheinen" muss,[406] für eine individuelle Betrachtung; denn dies setzt eine von den persönlichen Fähigkeiten abhängige Überforderung des Bevollmächtigten voraus.[407]

b. *Widerrufsvoraussetzungen*

Fraglich ist, ob ein Kontrollbetreuer die Vorsorgevollmacht widerrufen kann.[408] Einigkeit besteht größtenteils insoweit, als dass ein Widerruf nur aus einem wichtigen Grund und als letztes Mittel erfolgen kann.[409] Dies ist verfassungsrechtlich geboten, da die Vorsorgevollmacht Ausdruck des Selbstbestimmungsrechts des Betroffenen ist.[410] Die Bestellung eines Kontrollbetreuers führt aber zu einem gewichtigen und tiefgreifenden Eingriff in das Selbstbestimmungsrecht.[411] Dies gilt insbesondere dann, wenn der Kontrollbetreuer zum Widerruf der Vorsorgevollmacht ermächtigt ist,[412] denn die Folgen eines Widerrufs wären irreversibel.[413] Weder der geschäftsunfähige Vollmachtgeber noch sonst jemand

405 Jurgeleit/*Jurgeleit* BGB, § 1896 Rn. 187.

406 BT-Drs. 11/4528, S. 123.

407 *Kurze* NJW 2007, 2220, 2223.

408 Hiervon abzugrenzen ist die Kündigung des der Vollmacht zugrundeliegenden Rechtsverhältnisses.

409 BeckOK-BGB/*Müller* BGB, § 1896 Rn. 45; *Volmer* ZfIR 1999, 891, 892; *Wedemann* ZIP 2013, 1508, 1510; *Rieger* FS Schwab S. 1043, 1046 ff.; so wohl auch BayObLG Beschl. v. 03.06.1994 - 3Z BR 18/94, juris Tz. 10, FamRZ 1994, 1550–1551: „äußerstenfalls" Recht zum Widerruf; Erman/*Roth* BGB, § 1896 Rn. 50: „nur bei fehlender Eignung oder Pflichtverletzung"; MüKoBGB/*Schwab* BGB, § 1896 Rn. 247: „nötigenfalls"; keine Einschränkung nennen hingegen: Jürgens/*Jürgens* § 1896 Rn. 36; Müller/Renner/*Renner* Teil 2 H. III. 1. Rn. 711; Damrau/*Zimmerman* BGB, § 1896 Rn. 151; *Zimmermann* Vorsorgevollmacht Rn. 231; a.A. (wohl) Soergel/*Zimmermann* BGB, § 1896 Rn. 92 unter Berufung auf BayObLG Beschl. v. 03.06.1994 - 3Z BR 18/94, FamRZ 1994, 1550–1551; *Walter* Vorsorgevollmacht S. 153 f.

410 BVerfG Kammerbeschl. v. 10.10.2008 – 1 BvR 1415/08, juris Tz. 22, FamRZ 2008, 2260, 2261; BGH Beschl. v. 13.11.2013 – XII ZB 339/13, juris Tz. 15, FamRZ 2014, 192, 193.

411 BVerfG Kammerbeschl. v. 10.10.2008 – 1 BvR 1415/08, juris Tz. 22, FamRZ 2008, 2260, 2261 f.; BGH Beschl. v. 13.11.2013 – XII ZB 339/13, juris Tz. 14 ff., FamRZ 2014, 192, 193; *Lipp* FamRZ 2013, 913, 915 weist darauf hin, dass auch durch eine Vorsorgevollmacht in das Selbstbestimmungsrecht (wenn auch nicht staatlich) eingegriffen wird.

412 *Lipp* FamRZ 2013, 913, 914.

413 Darauf verweist *Nedden-Boeger* FamRZ 2014, 1589.

könnte eine neue Vorsorgevollmacht erteilen, sodass eine Betreuung erforderlich wäre. Dies wollte der Betroffene aber gerade durch die Erteilung der Vorsorgevollmacht verhindern.[414] Selbst wenn die Betreuung später wieder aufgehoben würde, bliebe der Widerruf wirksam.[415]

Durch das Erfordernis eines wichtigen Grundes ist auch der staatlichen Schutzpflicht,[416] den Vollmachtgeber vor einem Vollmachtmissbrauch zu schützen, Genüge getan und das Selbstbestimmungsrecht des Vollmachtgebers mit seiner Würde, den verbleibenden Handlungsfreiheiten, dem Eigentum und sonstigen Grundrechten in praktische Konkordanz gebracht.[417] Darüber hinaus entspricht das Erfordernis eines wichtigen Grundes auch dem Subsidiaritätsgrundsatz des § 1896 Abs. 2 S. 2 BGB.[418]

Übereinstimmend wird davon ausgegangen, dass der Kontrollbetreuer die Vorsorgevollmacht nur als Ultima Ratio widerrufen kann und zunächst versuchen muss Mängel bei der Vollmachtausübung durch positive Einflussnahmen abzustellen.[419] Hierzu stehen ihm die Kontrollbefugnisse aus dem der Vollmacht zugrundeliegenden Rechtsverhältnis[420] zur Verfügung, deren Ausübung weniger stark in die Grundrechte des Vollmachtgebers eingreift als der Widerruf der Vollmacht.[421] Auch der Sinn und Zweck der Kontrollbetreuung, nämlich die

---

414 BGH Beschl. v. 13.11.2013 - XII ZB 339/13, juris Tz. 14, FamRZ 2014, 192, 193.

415 *Böhm* FamRZ 2013, 1703, 1705 unter Verweis auf § 47 FamFG und KG Beschl. v. 03.02.2009 - 1 W 530/07, 1 W 531/07, NJW 2009, 1425, 1426, FamRZ 2009, 908.

416 Ein staatlicher Eingriff zum Schutz des Betroffenen vor sich selbst ist zulässig, wenn dessen Selbstbestimmungsfähigkeit beeinträchtigt ist und die Maßnahme zu seinem Schutz erforderlich ist, vgl. *Lipp* FamRZ 2013, 913, 914 m.w.N.

417 *Nedden-Boeger* FamRZ 2014, 1589, 1592.

418 *Volmer* ZfIR 1999, 891, 892.

419 BayObLG Beschl. v. 03.06.1994 - 3Z BR 18/94, juris Tz. 10, FamRZ 1994, 1550–1551; OLG München Beschl. v. 30.04.2009 - 33 Wx 081/09, NJW-RR 2009, 1379–1380; OLG Frankfurt Beschl. v. 27.01.2009 - 20 W 504/08, NJW-RR 2009, 1378–1379; vgl. auch BVerfG Beschl. v. 10.10.2008 - 1 BvR 1415/08, juris Tz. 22, 25, FamRZ 2008, 2260–2263; Jürgens/*Jürgens* BGB, § 1896 Rn. 37; Damrau/*Zimmermann* BGB, § 1896 Rn. 151; HK-BGB/*Kemper* BGB, § 1896 Rn. 27; MüKoBGB/*Schwab* BGB § 1896 Rn. 247; *Walter* ZEV 2000, 353; BeckOK-BGB/*Müller* BGB, § 1896 Rn. 45.

420 Bienwald/Sonnenfeld/Hoffmann/*Bienwald* BGB, § 1896 Rn. 210; zu den Kontrollrechten zählen: Recht auf Auskunft und Rechenschaft nach § 666 BGB, Weisungsrecht sowie Herausgabeansprüche aus § 667 BGB und Schadensersatzansprüche aus §§ 280 Abs. 1, 823 BGB.

421 *Nedden-Boeger* FamRZ 2014, 1589, 1591; Damrau/*Zimmermann* BGB, § 1896 Rn. 151; Jürgens/*Jürgens* BGB, § 1896 Rn. 37; MüKoBGB/*Schwab* BGB, § 1896 Rn. 247.

Unterstützung des Vorsorgebevollmächtigten, spricht für ein abgestuftes Vorgehen. Eine sofortige Ermächtigung zum Vollmachtwiderruf ist demnach nur in extremen Ausnahmefällen zulässig, wenn selbst Sicherungsmaßnahmen unzweifelhaft nicht geeignet erscheinen, den Vorsorgebevollmächtigten von Schädigungen des Vollmachtgebers abzuhalten.[422]

Für die These, dass es nur in Extremfällen zu einem schnellen Widerruf der Vorsorgevollmacht kommt und diese somit faktisch unwiderruflich ist, sprechen zusätzlich auch folgende Gesichtspunkte: Nach einer im Vordringen befindlichen Auffassung kann ein Kontrollbetreuer die Vorsorgevollmacht nur widerrufen, wenn er hierzu ausdrücklich durch das Gericht ermächtigt worden ist.[423] Dies erfordert in der Sache eine (erneute) Befassung und Prüfung durch das Gericht, in deren Rahmen der Sachverhalt gem. § 26 FamFG ergänzend aufzuklären und den Beteiligten rechtliches Gehör zu gewähren ist. Hierbei hat der Kontrollbetreuer darzulegen, dass alle von ihm ergriffenen Maßnahmen nicht geeignet waren, den Vorsorgebevollmächtigten anzuleiten, zukünftig zielführend zum Wohle des Vollmachtgebers zu handeln, und ein Widerruf deshalb unausweichlich ist.[424] Außerdem hat ein Teilwiderruf für einzelne Bereiche (z. B. Vermögensangelegenheiten) oder einzelne Geschäfte (z. B. Grundstücksgeschäfte) Vorrang, wenn dies zur Wahrung des Wohles des Vollmachtgebers

---

422 *Nedden-Boeger* FamRZ 2014, 1589, 1591 f., der auch darauf hinweist, dass ein Widerruf nur dann in Betracht komme, wenn das Fehlverhalten des Bevollmächtigten künftige Verletzungen des Wohls des Betroffenen mit hinreichender Wahrscheinlichkeit und in hinreichender Schwere befürchten lasse.

423 KG Beschl. v. 03.02.2009 – 1 W 530/07, 1 W 531/07, juris Tz. 9, NJW 2009, 1425, 1426, FamRZ 2009, 908; Jurgeleit/*Jurgeleit* BGB, § 1896 Rn. 107, 170; *Nedden-Boeger* FamRZ 2014, 1589; 1592; so auch – wenn auch nicht ausdrücklich – *Böhm* FamRZ 2013, 1703, 1705 f.; Palandt/*Götz* BGB, § 1896 Rn. 23, der unter Verweis auf KG Beschl. v. 14.11.2006 – 1 W 343/06, juris Tz. 9, FamRZ 2007, 1041 darauf hinweist, dass ein Betreuer mit nur einzelnen Aufgabenkreisen eine allgemeine Vorsorgevollmacht nicht widerrufen kann; NK-BGB/*Heitmann* BGB, § 1896 Rn. 76; a.A. *Bestelmeyer* FamRZ 2015, 550, 551; BayObLG Beschl. v. 03.06.1994 – 3Z BR 18/94, FamRZ 1994, 1550–1551; OLG Brandenburg Beschl. v. 08.12.2008 – 11 WX 77/08, juris Tz. 7, FamRZ 2009, 912, 913; sowie Staudinger/*Bienwald* BGB, § 1896 Rn. 337; Damrau/*Zimmermann* BGB, § 1896 Rn. 151; *Zimmermann* Vorsorgevollmacht Rn. 237; Jürgens/*Jürgens* BGB, Vor. § 1896–1908 i Rn. 37; pauschal BGH Beschl. v. 13.11.2013 – XII ZB 3339/13, juris Tz. 14, FamRZ 2013, 192, 193: „Der Kontrollbetreuer überwacht den oder die Vorsorgebevollmächtigten und ist ggf. sogar zum Widerruf der Vorsorgevollmacht berechtigt und verpflichtet“.

424 *Nedden-Boeger* FamRZ 2014, 1589, 1592.

ausreichend ist.[425] Die strengen Widerrufsvoraussetzungen dürften auch nicht dadurch aufgelockert werden, dass der zur freien Willensbildung nicht mehr fähige Vollmachtgeber dem Widerruf mit natürlichem Willen zustimmt.[426] Auch der BGH hat zwischenzeitlich klargestellt, dass der Kontrollbetreuer eine Vorsorgevollmacht nur widerrufen kann, wenn ihm diese Befugnis als eigenständiger Aufgabenkreis ausdrücklich zugewiesen ist. Andernfalls würde das Gericht dem Kontrollbetreuer nämlich die Rechtsmacht an die Hand geben, an Stelle des Vollmachtgebers nach eigenem Belieben Vorsorgedispositionen aus dem persönlichen Gestaltungsbereich zu treffen.[427]

3. Durch einen Betreuer

Anstelle eines Kontrollbetreuers wird ein Betreuer im Sinne des § 1896 Abs. 1 BGB bestellt, wenn andernfalls den für das Vermögen oder das Wohl des Vollmachtgebers bestehenden Gefahren nicht ausreichend begegnet werden könnte,[428] oder wenn sich der Bevollmächtigte wegen innerfamiliärer Streitigkeiten weigert von der Vollmacht Gebrauch zu machen.[429] Auch bei erheblichen Zweifeln an der Wirksamkeit der Vollmacht sowie bei unredlichem Verhalten des Vorsorgebevollmächtigten kann es trotz der Vorsorgevollmacht zu einer Betreuerbestellung kommen.[430] Da in diesen Fällen zumeist feststeht, dass der Betreuer die Vorsorgevollmacht widerrufen muss, muss in den bei der Bestellung des Betreuers durch das Gericht festzulegenden Aufgabenkreis bereits die Befugnis zum Widerruf der Vorsorgevollmacht ausdrücklich aufgenommen sein.[431] Dies

---

425 BGH Beschl. v. 13.11.2013 – XII ZB 339/13, juris Tz. 23, FamRZ 2014, 192, 194; *Nedden-Boeger* FamRZ 2014, 1589, 1593.

426 *Nedden-Boeger* FamRZ 2014, 1589, 1593.

427 BGH Beschl. v. 28.07.2015 – XII ZB 674/14, NJW 2015, 3572.

428 BGH Beschl. v. 13.04.2011 – XII ZB 584/10, juris Tz. 26, FamRZ 2011, 964–966; BayObLG Beschl. v. 14.03.2001 – 3Z BR 43/01, juris Tz. 8, FamRZ 2001, 1402–1403; MüKoBGB/*Schwab* BGB, § 1896 Rn. 242; Bt-Komm/*Roth* A I 1 e. Rn. 29, S. 14.

429 BayObLG Beschl. v. 23.03.2004 – 3Z BR 265/03, FamRZ 2004, 1403.

430 Jurgeleit/*Jurgeleit* BGB, § 1896 Rn. 107 unter Verweis auf Rn. 68 ff.; BayObLG Beschl. v. 14.03.2001 – 3Z BR 43/01, FamRZ 2001, 1402, 1403; Bienwald/Sonnenfeld/Hoffmann/*Bienwald* BGB, § 1896 Rn. 147.

431 KG Beschl. v. 14.11.2006 – 1 W 343/06, juris Tz. 9, FamRZ 2007, 1041; KG Beschl. v. 03.02.2009 – 1 W 530 u. 531/07, juris Tz. 8, NJW 2009, 1425, 1426; OLG Köln Beschl. v. 27.09.2000 – 16 Wx 128/00, RNotZ 2001, 345; Jurgeleit/*Jurgeleit* BGB, § 1896 Rn. 107, 170; *Raub* Vorsorgevollmachten S. 206 m.w.N.; a.A. OLG Brandenburg Beschl. v. 08.12.2008 – 11 Wx 77/08, juris Tz. 7, FamRZ 2009, 912, 913.

gilt jedenfalls dann, wenn der Betreuer nicht als Totalbetreuer bestellt wird, sondern ihm nur einzelne Aufgabenkreise zugewiesen sind.[432] Auch hier hat sich der BGH der Ansicht angeschlossen, wonach dem Betreuer die Befugnis zum Widerruf der Vorsorgevollmacht ausdrücklich als eigener Aufgabenkreis zugewiesen sein muss.[433] Das Erfordernis einer ausdrücklichen Ermächtigung dient der Absicherung des Subsidiaritätsprinzips.[434] Nach anderer Ansicht ist es ausreichend, wenn die Befugnis zum Widerruf in der Bestellung hinreichend zum Ausdruck kommt. Es sei nicht erforderlich, dass der Aufgabenkreis explizit den Wortlaut „Widerruf der Vollmacht" enthalte.[435]

4. Durch das Betreuungsgericht

Auch das Betreuungsgericht ist grundsätzlich nicht befugt die Vorsorgevollmacht zu widerrufen, denn die Aufgabe des Betreuungsgerichts besteht darin die Wahrnehmung der Angelegenheiten des Betreuungsgebedürftigen durch den Betreuer zu überwachen, nicht aber darin dessen Angelegenheiten selbst wahrzunehmen.[436] Das Betreuungsgericht hat jedoch gem. §§ 1908 i Abs. 1, 1846 BGB die im Interesse des Vollmachtgebers erforderlichen Maßnahmen in dringenden Fällen selbst zu treffen; bspw. dann, wenn kein Betreuer bestellt wurde oder dieser an der Erfüllung seiner Pflichten gehindert ist. Zu den erforderlichen Maßnahmen kann auch der Widerruf der Vorsorgevollmacht zählen.[437] Jedoch dürfte der Widerruf selten vorkommen. Denn das Betreuungsgericht kann zwar nicht die Wirksamkeit einer Vorsorgevollmacht vorläufig aussetzen,[438] aber es kann durch eine einstweilige Anordnung gem. §§ 300, 301 FamG einen Betreuer bestellen. Sobald hierfür ausreichend Zeit verbleibt, entfällt die für eine

---

432 OLG Köln Beschl. v. 27.09.2000 – 16 WX 128/00, RNotZ 2001, 345; Palandt/*Götz* BGB, § 1896 Rn. 23; KG Beschl. v. 14.11.2006 – 1 W 343/06, juris Tz. 9, FamRZ 2007, 1041.

433 BGH Beschl. v. 28.07.2015 – XII ZB 674/14, NJW 2015, 3572.

434 Jurgeleit/*Jurgeleit* BGB, § 1896 Rn. 170.

435 *Zimmermann* Vorsorgevollmacht Rn. 237, wobei es sich bei der als Beispiel gegebenen Formulierung „Geltendmachung von Rechten gegenüber dem Vorsorgebevollmächtigten" um den Aufgabenkreis eines Kontrollbetreuers und nicht um den eines Regelbetreuers handelt; ähnlich: OLG Brandenburg Beschl. v. 08.12.2008 – 11 Wx 77/08, juris Tz. 7, FamRZ 2009, 912, 913, das der Ansicht war, dass der Aufgabenkreis „Vermögenssorge" die Befugnis zum Widerruf enthalte.

436 *Raub* Vorsorgevollmachten S. 205; vgl. auch LG München I Beschl. v. 07.08.2007 – 13 T 12519/07, juris Tz. 21, NJW-RR 2008, 812.

437 *Zimmermann* Vorsorgevollmacht Rn. 241; *Raub* Vorsorgevollmachten S. 205.

438 LG München I Beschl. v. 07.08.2007 – 13 T 12519/07, NJW-RR 2008, 812.

Maßnahme nach §§ 1908 i Abs. 1, 1846 BGB und somit auch für einen Widerruf der Vorsorgevollmacht erforderliche Dringlichkeit.[439] Ein Widerruf durch das Betreuungsgericht scheidet somit zumeist aus.

5. Zwischenfazit

Die vorstehenden Ausführungen zeigen, dass die Voraussetzungen für die Bestellung eines Kontrollbetreuers in der Tat hoch sind. So dürfte der überwiegende Grund der Betreuerbestellung bei unternehmensbezogenen Vorsorgevollmachten in der besonderen Schwierigkeit oder dem Umfang der Geschäfte liegen. Dies erfordert neben der Schwierigkeit oder einem besonderen Umfang nach herrschender Meinung immer auch konkrete Anzeichen dafür, dass der Bevollmächtigte seiner Aufgabe nicht gewachsen ist. Hinzu kommt, dass der Widerruf nur aus wichtigem Grund erfolgen kann. Auch ein Widerruf durch einen Regelbetreuer oder das Betreuungsgericht scheidet in der Regel aus.[440]

6. Stellungnahme

Fraglich ist aber, ob das vorstehende Ergebnis die These von der faktischen Unwiderruflichkeit der Vorsorgevollmacht rechtfertigt. Die restriktiven Voraussetzungen für die Bestellung eines Kontrollbetreuers sowie für den Widerruf der Vorsorgevollmacht sollen den Vorrang der privaten Vorsorge und das Selbstbestimmungsrecht des Betroffenen sichern. Diesem Schutzzweck[441] müsste der Begriff der „faktischen Unwiderruflichkeit" gerecht werden. Festzuhalten ist zunächst, dass trotz der hohen Voraussetzungen an die Bestellung eines Kontrollbetreuers und den Widerruf der Vorsorgevollmacht durch diesen ein Widerruf nicht gänzlich ausgeschlossen ist. Dieser ist weiterhin möglich, jedoch auf solche Fälle begrenzt, in denen der Schutz des Vollmachtgebers ein staatliches Eingreifen wirklich erfordert und der Wille des Betroffenen insoweit hinter dem Fürsorgeauftrag zurückzutreten hat.

Gleichwohl ist es zutreffend, wenn angenommen wird, dass die Vorsorgevollmacht faktisch unwiderruflich ist. Hierfür spricht zunächst, dass im Betreuungsrecht keine speziellen Regelungen zur Vorsorgevollmacht existieren. Sie wird

---

439 *Zimmermann* Vorsorgevollmacht Rn. 241.

440 Auf eine etwaige Widerrufsbefugnis der Mitgesellschafter soll hier wegen der hierfür erforderlichen umfangreichen Ausführungen zur Art der Einbindung des Vorsorgebevollmächtigten in den Gesellschafterverband nicht eingegangen werden; vgl. hierzu vertiefend *Raub* Vorsorgevollmachten S. 133 ff.

441 Vgl. zum Schutzzweck auch Jurgeleit/*Jurgeleit* BGB, § 1896 Rn. 15 und 187.

lediglich in § 1896 Abs. 2 BGB erwähnt, sodass grundsätzlich die allgemeinen Regeln des Stellvertretungsrechts Anwendung finden. Etwaige Regelungslücken sind somit von der Rechtsprechung zu schließen. Dies gilt auch für die Voraussetzungen des Widerrufs. Wie aufgezeigt, sind diese restriktiv. Nach der neueren Rechtsprechung bedarf es neben einem allgemeinen Bestellungsbeschluss für den Widerruf eines weiteren Ermächtigungsbeschlusses durch das Betreuungsgericht. Dies zeigt, dass die Anforderungen an einen Widerruf durch die Rechtsprechung weiter verschärft wurden.

Dass das Gesetz nur widerrufliche und nicht widerrufliche Vollmachten, nicht aber faktisch unwiderrufliche Vollmachten kennt, steht der Annahme, die Vorsorgevollmacht sei eine faktisch unwiderrufliche Vollmacht, nicht entgegen. Entsprechend der Rechtsprechung des BGH[442] kommt es für die Frage der Vereinbarkeit mit dem Abspaltungsverbot nämlich nicht auf die formale Ausgestaltung einer Vollmacht, sondern auf deren wirkliche Auswirkung bzw. wirtschaftliche Wirkung an. Wirtschaftlich betrachtet ist ein Widerruf der Vorsorgevollmacht durch einen Kontrollbetreuer ausgeschlossen. Bereits die Bestellung kann nach herrschender Meinung nur erfolgen, wenn neben einem objektiv großen Umfang oder der Schwierigkeit der Geschäfte auch eine individuelle Überforderung des Vorsorgebevollmächtigten hinzutritt und dadurch eine Gefahr für das Wohl des Vollmachtgebers droht. Insbesondere die Feststellung der die Erforderlichkeit begründenden Tatsachen dürfte in der betreuungsgerichtlichen Praxis Probleme hervorrufen, da das Betreuungsgericht hierfür ausreichende Informationen über den sich außerhalb der gerichtlichen Aufsicht bewegenden Bevollmächtigten benötigt.[443] Auch die individuelle Überforderung des Vorsorgebevollmächtigten festzustellen, dürfte schwierig sein. Des Weiteren sind, selbst wenn es zu einer Bestellung eines Kontrollbetreuers gekommen ist, die Voraussetzungen für einen Widerruf hoch. Einem Kontrollbetreuer oder Betreuer darf der Aufgabenkreis (Widerruf der Vorsorgevollmacht) nur dann übertragen werden, wenn das Festhalten an der erteilten Vorsorgevollmacht eine künftige Verletzung des Wohls des Betroffenen mit hinreichender Wahrscheinlichkeit und in erheblicher Schwere befürchten lässt und milderer Maßnahmen nicht zur Abwehr eines Schadens für den Betroffen geeignet erscheinen.[444]

Dass die erschwerte Widerrufsmöglichkeit (wohl) dem gesetzgeberischen Willen entspricht, der in § 1896 Abs. 2 BGB der privatautonomen Regelung den

---

442 BGH Urt. v. 15.12.1969 – II ZR 69/67, juris Tz. 13, NJW 1970, 468.
443 MüKoBGB/*Schwab* BGB, § 1896 Rn. 242.
444 BGH Beschl. v. 28.07.2015 – XII ZB 674/14, NJW 2015, 3572.

Vorrang vor der staatlichen Betreuung eingeräumt hat, steht der Annahme, die Vorsorgevollmacht sei eine faktisch unwiderrufliche Vollmacht, nicht entgegen. Schließlich hat der Gesetzgeber erkannt, dass der Vollmachtgeber seinen Vorsorgebevollmächtigten oftmals nicht mehr selbst überwachen kann und die Vorsorgevollmacht somit faktisch unwiderruflich ist. Als Ausgleich hierzu wurde das Institut der Kontrollbetreuung geschaffen.[445]

Die vorstehenden Ausführungen haben gezeigt, dass es zutreffend ist, dass eine Vorsorgevollmacht mit dem Eintritt der Geschäftsunfähigkeit des Vollmachtgebers faktisch unwiderruflich wird und zugleich eine verdrängende Wirkung besitzt.

IV. Vereinbarkeit mit dem Abspaltungsverbot; Stellungnahme

Wedemann zieht aus der Annahme der faktischen Unwiderruflichkeit der Vorsorgevollmacht den Schluss, dass die bisherigen Begründungsansätze für die Vereinbarkeit mit dem Abspaltungsverbot zu kurz greifen. Es reiche aufgrund der faktischen Wirkung der Vorsorgevollmacht nicht aus, lediglich darauf zu verweisen, dass diese formell widerruflich sei.[446] Die Vereinbarkeit ergebe sich vielmehr erst aus einem Vergleich mit der Betreuung. Auch insoweit ist *Wedemann* zuzustimmen. In der Tat kann die Vereinbarkeit mit einem Vergleich zur Betreuung begründet werden, denn der Vorsorgebevollmächtigte muss ebenso wie der Betreuer die Gesellschafterrechte des betreuungsbedürftigen Gesellschafters wahrnehmen dürfen. Es wäre mit der gesetzlichen Privilegierung der privaten Vorsorge nicht vereinbar, wenn diese trotz nominellen Vorrangs in bestimmten Bereichen – vorliegend dem Bereich der Gesellschafterrechte – nicht zulässig wäre.[447] *Wedemann* argumentiert also zweistufig. Auf der ersten Stufe steht die Annahme der faktischen Unwiderruflichkeit einer Vorsorgevollmacht. Diese Annahme ist – wie aufgezeigt – zutreffend. Auf der zweiten Stufe steht die darauf aufbauende Annahme, dass eine (faktisch) unwiderrufliche Vorsorgevollmacht

445 So auch die Gesetzesbegründung, in der es diesbezüglich heißt: „Fraglich ist allerdings, was geschehen soll, wenn der Vollmachtgeber aufgrund einer Krankheit oder Behinderung nicht mehr in der Lage ist, den Bevollmächtigten hinreichend zu überwachen." Vgl. BT-Drs. 11/4528, S. 123.

446 Auch der BGH beurteilt die Zulässigkeit einer Stimmrechtsvollmacht nicht anhand der formalen Ausgestaltung, sondern stellt auf die wirtschaftliche Auswirkung ab, vgl. Fn. 107.

447 Vgl. Fn. 376.

gegen das Abspaltungsverbot verstößt und die Zulässigkeit sich daher nur mit einem Vergleich mit der Betreuung begründen lasse.

Für die Vereinbarkeit mit dem Abspaltungsverbot spricht neben dem von *Wedemann* gezogenen Rückschluss aus der Betreuung auch folgender Gesichtspunkt: Die Zulässigkeit der Wahrnehmung der Gesellschafterrechte durch einen Betreuer zeigt, dass der betroffene Gesellschafter im Falle der eigenen Betreuungsbedürftigkeit nicht rechtlos gestellt und vom Willen der Mitgesellschafter abhängig sein soll. Gleiches gilt auch für den minderjährigen Gesellschafter. Auch dieser kann deshalb wirksam durch seine gesetzlichen Vertreter vertreten werden. Dieser Gedanke ist auf die Tätigkeit eines Vorsorgebevollmächtigten übertragbar. Es kann für die gesellschaftsrechtliche Zulässigkeit keinen Unterschied machen, ob der drohenden Rechtlosstellung mit Hilfe eines Betreuers oder eines Vorsorgebevollmächtigten begegnet werden soll.

Neben dem Vergleich mit der Betreuung spricht auch der Vergleich mit den anderen Fallgruppen der Fremdverwaltung, wie der Treuhand, der Testamentsvollstreckung, dem Nießbrauch, Stimmbindungsverträgen und obligatorischen Gruppenvertretungen, für die Vereinbarkeit mit dem Abspaltungsverbot.

Die Zulässigkeit einer Treuhand an Gesellschaftsanteilen ist, ebenso wie die Zulässigkeit von Stimmbindungsvereinbarungen, ein weiteres Argument gegen die Annahme einer verbotenen Abspaltung im Falle der Vorsorgevollmacht. Beide Konstellationen werden für zulässig erachtet, obwohl immer eine Pflichtenkollision zwischen der Gesellschafterpflicht einerseits und der Pflicht aus dem Treuhands- oder Stimmbindungsverhältnis andererseits besteht, sodass in diesen Fällen die Wahrscheinlichkeit einer nicht am Gesellschaftswohl orientierten Einflussnahme Dritter größer ist als bei einem Vorsorgebevollmächtigten. Dieser ist nämlich, anders als der stimmgebundene Gesellschafter oder Treuhänder, nicht den Interessen eines Dritten verpflichtet, sondern denen seines Vollmachtgebers. Dieser wiederum ist immer Gesellschafter der betroffenen Gesellschaft. Ein struktureller Interessenkonflikt wie bei der Treuhand oder der Stimmbindung besteht bei einer Vorsorgevollmacht also nicht. Allein durch die Aufnahme der Tätigkeit eines Vorsorgebevollmächtigten werden die Interessen bzw. Verhältnisse innerhalb der Gesellschaft nicht grundlegend verschoben. Dies schließt natürlich nicht aus, dass es in Einzelfällen auch dazu kommen kann, dass der Vorsorgebevollmächtigte gelegentlich Eigeninteressen oder die Interessen Dritter verfolgt. Dies dürfte insbesondere dann der Fall sein, wenn ein Mitgesellschafter als Vorsorgebevollmächtigter eingesetzt wird. Zwar laufen auch in diesem Fall die (langfristigen) Interessen des Vorsorgebevollmächtigten in der Regel parallel zu denen des Vollmachtgebers, denn beide dürften sich zuvorderst am Wohl der Gesellschaft orientieren. Bei einem Vorsorgebevollmächtigten, der zugleich Gesellschafter ist, besteht jedoch die Gefahr, dass er eigene Interessen in der Gesellschaft verfolgt und sich nicht primär an denen des Vollmachtgebers orientiert. Indes ist dieser Interessenkonflikt nicht strukturell und nicht von Anfang an angelegt wie bei der Treuhand oder einer Stimmbindung. Er ist vielmehr einer konkreten Situation geschuldet. Außerdem nimmt ein Vorsorgebevollmächtigter die Gesellschafterrechte für seinen Vollmachtgeber nur vertretungsweise wahr und kann diese deshalb auch nur so ausüben, wie er sie von seinem Vollmachtgeber erhält. Er verfolgt also typischerweise nicht nur die gleichen Interessen wie der Vollmachgeber, sondern unterliegt – auch wenn es sich um einen gesellschaftsfremden Dritten handelt – den gleichen Beschränkungen wie dieser. Da eine eigene unmittelbare Treuebindung des Vorsorgebevollmächtigten nur dann besteht, wenn dieser sich der Gesellschaft gegenüber der Treuebindung unterwirft[448], sind diese Beschränkungen lediglich mittelbarer Art. Gleichwohl dürfte dies ausreichend sein, um den Vorsorgebevollmächtigten hinreichend stark an die Gesellschaft zu binden. Denn das Verhalten des Vorsorgebevollmächtigten wird dem Vollmachtgeber gem. § 278 BGB ebenso zugerechnet, wie bspw. dem Gesellschaftererben das Verhalten des Testamentsvollstreckers zugerechnet wird.[449] Äußerstenfalls könnten die anderen Gesellschafter gem. §§ 117, 127 HGB mittels einer Klage auf Entziehung der Geschäftsführungs- und Vertretungsbefugnis oder nach § 140 HGB mit einer Klage auf Ausschluss aus der Gesellschaft gegen den Vollmachtgeber vorgehen und so die Tätigkeit des Vorsorgebevollmächtigten beenden. Die Gesellschafter haben also ausreichende Mittel, um auf den Vorsorgebevollmächtigten einzuwirken. Somit verändert sich mit der Aufnahme der Tätigkeit eines Vorsorgebevollmächtigten letztlich nur die Person, die die Gesellschafterrechte ausübt.

Auch die Testamentsvollstreckung an Anteilen einer Personengesellschaft führt nicht zu einer verbotenen Abspaltung.[450] Das hierfür u. a. vorgebrachte Argument, dass es nicht zu einer Abspaltung komme, weil die Mitgliedschaftsrechte insgesamt von einem Dritten ausgeübt werden,[451] lässt sich auf den Fall

---

448 Eine eigene Treuebindung des Vorsorgebevollmächtigten setze nämlich eine Sonderverbindung zwischen diesem und der Gesellschaft voraus. Hierfür müsse der Vorsorgebevollmächtigte zumindest auch aufgrund einer Willensäußerung der Gesellschaft tätig werden. Ohne unmittelbare Treuebindung könne der Vorsorgebevollmächtigte nicht sämtliche Gesellschafterrechte ausüben, *Raub* Vorsorgevollmachten S. 163 ff.

449 Vgl. zu Letzterem: MüKoHGB/*Schmidt* HGB, § 140 Rn. 25; Staub/*Schäfer* HGB, § 140 Rn. 21; EBJS/*Lorz* HGB, § 140 Rn. 13; Henssler/Strohn/*Kilian* BGB, § 737 Rn. 1.

450 Vgl. Fn. 161.

451 Vgl. Fn. 164.

eines Vorsorgebevollmächtigten übertragen. Spätestens mit dem Eintritt der Geschäftsunfähigkeit des Vollmachtgebers werden sämtliche Mitgliedschaftsrechte durch den Vorsorgebevollmächtigten ausgeübt; originär eigene gesellschaftsrechtliche Befugnisse erlangt der Vorsorgebevollmächtigte hierdurch jedoch ebenso wenig wie der Testamentsvollstrecker.[452]

Nach überwiegender Auffassung ist auch eine obligatorische Gruppenvertretung für persönlich haftende Gesellschafter als „Minus" zu einem gem. §§ 114 Abs. 2, 125 Abs. 1 HGB möglichen nahezu vollständigen Ausschluss eines Gesellschafters von der Geschäftsführung und Vertretung zulässig.[453] Außerdem werden die beiden, die Stellung eines persönlich haftenden Gesellschafters prägenden, Grundprinzipien, nämlich die unbeschränkte persönliche Haftung und die alleinige Geschäftsführungs- und Vertretungsbefugnis, nicht in unzulässiger Weise beeinträchtigt.[454] Hieraus folgt ein weiteres Argument für die Vereinbarkeit einer Vorsorgevollmacht mit dem Abspaltungsverbot. Wenn schon ein Ausschluss von der Geschäftsführung und Vertretung der Gesellschaft bei voller Geschäftsfähigkeit eines Gesellschafters möglich ist, muss erst recht der infolge der Betreuungsbedürftigkeit eintretende Einwirkungs- und Kontrollverlust zulässig sein; zumal dieser durch die Einsetzung eines – nicht erst noch durch das Betreuungsgericht zu bestellenden – Vorsorgebevollmächtigten sogar abgemildert wird und für dessen Eintritt der betroffene Gesellschafter nicht verantwortlich ist.

Die gesellschaftsrechtliche Zulässigkeit einer obligatorischen Gruppenvertretung zeigt, dass die Ziele, die mit Hilfe einer solchen Klausel erreicht werden sollen, nämlich mehr Entscheidungseffektivität, größere Sachkunde und Unternehmensnähe der Entscheidungsträger[455], die Überlebensfähigkeit der Gesellschaft sichern soll. Obgleich dies nicht explizit als Argument für die Vereinbarkeit mit dem Abspaltungsverbot angeführt wird, dürfte es sich hierbei um ein solches handeln. Denn auch das Abspaltungsverbot bezweckt letztlich die Überlebensfähigkeit der Gesellschaft zu sichern. Dieser Gedanke lässt sich verallgemeinern und auf die Vorsorgevollmacht übertragen. Es scheint, als ob die Anforderungen, die seitens des Abspaltungsverbots an ein Rechtsinstitut oder eine gesellschaftsvertragliche Konstruktion gestellt werden, geringer werden,

---

452 Auch dies wird als Argument für die Zulässigkeit der Testamentsvollstreckung angeführt, vgl. Fn. 162.

453 *Schörnig* ZEV 2002, 343, 345 f.; *Hurst* DNotZ 1967, 15; vgl. zum Meinungsstand Fn. 325.

454 *Schörnig* ZEV 2002, 343, 345 f.; *Hurst* DNotZ 1967, 15.

455 *Schmidt* ZHR 146 (1982) 525, 526.

je mehr die eigentlichen Ziele des Abspaltungsverbots, wie die Unabhängigkeit der Gesellschaft und die Fähigkeit zur internen Meinungsbildung, durch diese Konstruktion gewährleistet werden sollen.

Die Vorsorgevollmacht bezweckt u. a. auch die Selbstbestimmungsfähigkeit der Gesellschaft für den Fall der Betreuungsbedürftigkeit eines Gesellschafters sicherzustellen und einen staatlichen Einfluss in Form eines Betreuungsverfahrens zu verhindern. Dies als einen Verstoß gegen das Abspaltungsverbot zu werten, gleicht einem Zirkelschluss. Die Einsetzung eines Vorsorgebevollmächtigten ist vielmehr das Hilfsmittel des Gesellschafters, mit dem die Verwirklichung des Sinnes und Zwecks des Abspaltungsverbots im Interesse der Gesellschaft sichergestellt werden soll. Dass eine solche vom Ziel ausgehende Argumentation im Zusammenhang mit dem Abspaltungsverbot nicht untypisch ist, zeigt sich darin, dass die Zulässigkeit einer Stimmbindung u. a. damit begründet wird, dass die Gewährung von Einfluss an Dritte gerade der Sinn einer Stimmbindung sei und dass dies nicht gegen deren Zulässigkeit sprechen könne.[456] Außerdem zielt eine Vorsorgevollmacht nicht darauf ab, den Gesellschafter aus seiner Stellung zu verdrängen; es ist vielmehr der die Betreuungsbedürftigkeit begründende Umstand – zumeist eine Krankheit –, der hierzu führt.[457] Deshalb ist auch der Grundsatz der Einheit von Herrschaft und Haftung nicht verletzt, zumal dieser nicht im wörtlichen Sinne von „volle Haftung – volle Herrschaft“ zu verstehen ist, sondern dahin gehend, dass ein Gesellschafter nicht mit der vollen Haftung belastet werden könne, wenn ihm zugleich jeder Einfluss auf das Gesellschaftsgeschehen genommen wird.[458]

Als weiteres Argument für die Vereinbarkeit mit dem Abspaltungsverbot ist das Urteil des BGH vom 22.01.1962[459] anzuführen.[460] Danach stehen die gesellschaftsrechtlichen Prinzipien, insbesondere der Grundsatz, dass echte gesellschaftliche Verwaltungsrechte nicht von dem Gesellschaftsanteil abgespalten werden und nicht ohne diesen auf einen Dritten übertragen werden dürfen (Abspaltungsverbot), nicht der Möglichkeit entgegen, dass ein Gesellschaftsvertrag einem geschäftsführenden Gesellschafter, etwa mit Rücksicht auf seine persönlichen Verhältnisse, das Recht einräumt, einen Dritten im weiten Umfang mit Geschäftsführungsaufgaben zu betrauen. Hierbei bezieht sich der BGH, indem

456 Vgl. Fn. 315.

457 Ähnlich auch *Raub* Vorsorgevollmachten S. 91 f.

458 *Hurst* DNotZ 1967, 6, 12.

459 BGH Urt. v. 22.01.1962 – II ZR 11/61, NJW 1962, 738–739.

460 So auch *Raub* Vorsorgevollmachten S. 91.

er in einem Klammerzusatz hinter den persönlichen Verhältnissen die Wendung „im Fall seines Unvermögens" setzt, ausdrücklich auf den Gesellschaftsvertrag, wonach der persönlich haftende Gesellschafter im Fall seines Unvermögens die Geschäftsführung und Vertretung auf eine andere Person übertragen dürfe.[461] Zwar kann weder dem der Entscheidung zugrundeliegenden Gesellschaftsvertrag – soweit dieser im Tatbestand wiedergegeben ist – noch den Entscheidungsgründen entnommen werden, ob der BGH hierbei den für die Vorsorgevollmacht typischen Fall der dauerhaften Geschäftsunfähigkeit eines Gesellschafters vor Augen hatte, oder ob sich diese Aussage auf eine zeitlich begrenzte Verhinderung bezieht. Es kommt aber zum Ausdruck, dass der BGH die Notwendigkeit einer Vertretungsmöglichkeit im Falle des Unvermögens sieht. Außerdem kann es der Wirksamkeit einer Vollmacht nicht entgegenstehen, dass die Rechtsausübung aus sonstigen Gründen nicht möglich ist, denn es ist schließlich nicht die Vorsorgevollmacht, die den Gesellschafter beeinträchtigt seine Gesellschafterrechte wahrzunehmen.[462]

Zusammenfassend lässt sich festhalten, dass die Annahme, dass eine Vorsorgevollmacht ab dem Eintritt der Geschäftsunfähigkeit faktisch unwiderruflich ist, ebenso zutrifft wie die These, dass sich die Vereinbarkeit mit dem Abspaltungsverbot mit einem Vergleich zur Betreuung begründen lässt. Daneben sprechen aber auch die anderen aufgezeigten Argumente für die Vereinbarkeit mit dem Abspaltungsverbot.

V. These: unwiderrufliche Vollmachten mit Abspaltungsverbot vereinbar

Es ist fraglich, ob es der vorstehenden umfangreichen Argumentation überhaupt bedarf, um die Vereinbarkeit mit dem Abspaltungsverbot zu begründen. Zwar wird allgemein angenommen, dass die Bevollmächtigung eines Dritten und somit auch die eines Vorsorgebevollmächtigten mit dem Abspaltungsverbot vereinbar ist, solange sie widerruflich ist und keinen verdrängenden Charakter besitzt. Deshalb ist *Wedemann* der Ansicht, dass es neben dem bloßen und zugleich ungenauen Verweis auf die Widerruflichkeit einer Vorsorgevollmacht eines zusätzlichen Begründungsansatzes bedarf.[463] Fraglich ist aber, ob dies zutreffend ist. Denn wie im Folgenden gezeigt werden soll, verstößt auch

461 BGH Urt. v. 22.01.1962 – II ZR 11/61, juris Tz. 11, NJW 1962, 738–739.
462 *Raub* Vorsorgevollmachten S. 91 f.
463 *Wedemann* ZIP 2013, 1508, 1510.

eine (faktisch) unwiderrufliche Vorsorgevollmacht nicht gegen das Abspaltungsverbot. Denn die gängige Definition des Abspaltungsverbots ist zu pauschal. Vielmehr verstoßen auch unwiderrufliche Vollmachten nicht gegen das Abspaltungsverbot.

Dies zeigt bereits die vorstehende – sehr umfangreiche – Argumentation. Sie legt nahe, dass entweder von einem falschen Verständnis vom Inhalt des Abspaltungsverbots ausgegangen wird oder dass es dieser aufwendigen Argumentation nur bedarf, weil die Vorsorgevollmacht in Wahrheit gegen das Abspaltungsverbot verstößt. Bedenklich sollte auch stimmen, dass die Vereinbarkeit mit dem Abspaltungsverbot infrage gestellt wird, obgleich die rechtliche Konstruktion, deren Zulässigkeit überprüft wird, letztlich der Einhaltung der Ziele des Abspaltungsverbots dient. Allein diese argumentative „Verrenkung" müsste Anlass sein, über den Inhalt des Abspaltungsverbots nachzudenken. Auch dass *Wedemann* einen zusätzlichen Begründungsansatz für erforderlich hält, zeigt, dass die bisherige Definition Schwierigkeiten bereitet und sinnvollen und erforderlichen gesellschaftsrechtlichen (bzw. vertraglichen) Konstruktionen entgegensteht. Die gängige Auffassung über den Inhalt des Abspaltungsverbots ist zu eng und steht der Verwirklichung der Ziele des Abspaltungsverbots, nämlich die Einheit der Mitgliedschaft in einer Person zu wahren, um dadurch langfristig die Überlebensfähigkeit der Gesellschaft zu sichern, eher entgegen, als sie zu fördern.

Außerdem spricht der Vergleich mit den Fällen der gesetzlichen Vertretung und der Testamentsvollstreckung dafür, dass auch unwiderrufliche Vollmachten nicht gegen das Abspaltungsverbot verstoßen. In diesen vergleichbaren Fällen kommt es nämlich nicht zu einer Abspaltung, obgleich der Dritte eine starke Rechtsposition innehat und die Gesellschafterrechte eigenverantwortlich ausübt. Dies kann ergänzend zu den aufgezeigten Argumenten damit begründet werden, dass die betroffenen Gesellschafter in diesen Konstellationen – wie im Folgenden noch gezeigt werden soll – in besonderen Situationen die Möglichkeit haben, sich der Mitwirkung des Dritten zu entledigen. Dadurch bleiben sie „Herr" ihrer Mitgliedschaftsrechte und es kommt nicht zu einem dauerhaften Auseinanderfallen von Mitgliedschaft und Rechtsausübungsbefugnis. Auch ein Vergleich mit gewöhnlichen Vollmachten spricht für die hier aufgestellte These. Vollmachten können zwar unter bestimmten Voraussetzungen unwiderruflich erteilt werden. Dies schließt aber nicht aus, dass auch eine solche Vollmacht aus wichtigem Grund widerrufen werden kann. Auch dies spricht gegen die pauschale Aussage, dass unwiderrufliche Vollmachten gegen das Abspaltungsverbot verstoßen. Denn dadurch, dass auch unwiderrufliche Vollmachten aus wichtigem Grund widerrufen werden können, kommt es nicht zu einer dauerhaften Abspaltung einzelner Mitgliedschaftsrechte. Dadurch entsteht auch kein – allein auf die Ausgestaltung der Vollmacht zurückzuführendes – Maß an Dritteinfluss, das die Gesellschafter in nicht mehr hinnehmbarer Weise gefährdet. Es ist auch nicht plausibel, warum eine unwiderrufliche Bevollmächtigung, die unter ähnlichen Voraussetzungen rückgängig gemacht werden kann, wie ein gesetzlicher Vertreter aus der Gesellschaft gedrängt werden kann, gegen das Abspaltungsverbot verstoßen soll, die gesetzliche Vertretung hingegen nicht.

Nachfolgend soll gezeigt werden, dass sich die Gesellschafter in besonderen Situationen der Mitwirkung eines gesetzlichen Vertreters entledigen können. Anschließend wird auf den Widerruf unwiderruflicher Vollmachten eingegangen.

1. „Loswerden" gesetzlicher Vertreter

Gesetzliche Vertreter vertreten den Vertretenen und können dessen Gesellschafterrechte ausüben. Hierbei besteht die Gefahr, dass es zu Konflikten zwischen dem gesetzlichen Vertreter, dem Vertretenen und den restlichen Beteiligten, insbesondere den Gesellschaftern, kommt. In besonderen Situationen müssen sich die Beteiligten deshalb der Mitwirkung des gesetzlichen Vertreters entledigen können.

a. Bei Minderjährigen

Ein Minderjähriger wird grundsätzlich gem. §§ 1626, 1629 Abs. 1 BGB durch seine Eltern vertreten. Gem. § 1773 Abs. 1 BGB wird aber ein Vormund bestellt, wenn ein Minderjähriger nicht unter elterlicher Sorge steht, oder wenn die Eltern bei einer bestimmten Angelegenheit nicht zur Vertretung des Minderjährigen berechtigt sind. Auch der Vormund ist gesetzlicher Vertreter des Minderjährigen und tritt an die Stelle der Eltern. Deshalb kann auch er die Gesellschafterrechte des Minderjährigen ausüben.

Gem. § 1796 BGB kann die Vertretungsmacht des Vormundes beschnitten werden, wenn ein erheblicher Gegensatz zwischen seinen Interessen oder denen von ihm nahestehenden Personen und denen des Mündels besteht. Dann ist gem. § 1909 Abs. 1 S. 1 BGB ein Ergänzungspfleger zu bestellen. Da § 1796 BGB gem. § 1629 Abs. 2 S. 3 BGB auch auf die elterliche Sorge sowie gem. § 1908 i Abs. 1 S. 1 BGB auf die Betreuung Anwendung findet, gelten die folgenden Ausführungen für diese Situationen entsprechend.[464]

---

464 Wobei der Verweis auf Kritik stößt, da im Betreuungsrecht mit § 1908 b Abs. 1 BGB eine eigenständige Regelung existiert, so etwa Jürgens/*v. Crailsheim* BGB, § 1796 Rn. 4.

§ 1796 BGB soll den Mündel vor Gefahren aus einem möglichen Interessenwiderstreit zum Vormund schützen.[465] Die Entziehung der Vertretungsmacht erfolgt von Amts wegen.[466] Da sich § 1796 BGB nur auf die Vertretungsmacht bezieht, muss sich auch der Interessenwiderstreit auf die Vertretungsmacht beziehen. Ist hingegen die Personen- oder Vermögenssorge betroffen, ohne dass hierbei Rechtsgeschäfte oder Gerichtsverfahren anfallen, kommen nur Maßnahmen nach § 1837 Abs. 4 i.V.m. §§ 1666, 1666 a BGB oder die Entlassung des Vormund gem. § 1886 BGB in Betracht.[467] Hierbei hat das Familiengericht zunächst die schonendste Maßnahme zu wählen.[468]

Da das Merkmal des erheblichen Interessengegensatzes ein unbestimmter Rechtsbegriff ist, hat das Gericht dem Vormund die Vertretungsmacht zu entziehen, sobald die tatbestandlichen Voraussetzungen vorliegen.[469] Ein erheblicher Interessengegensatz besteht, wenn die Förderung des einen Interesses nur auf Kosten des anderen möglich ist.[470] Vereinzelt wird diese Definition als zu eng kritisiert und vorgeschlagen, dass ein erheblicher Interessenkonflikt bereits anzunehmen sei, wenn aufgrund der Interessengegensätze die Gefahr bestehe, dass der Vormund im Konfliktfall das Mündelwohl nicht mit der gebotenen Zielstrebigkeit verfolgen werde.[471] Erforderlich ist jedenfalls eine Interessenabwägung im Einzelfall, bei der auf den Zeitpunkt, in dem der Vormund tätig wird oder tätig werden müsste, abzustellen ist.[472] Die bloße Möglichkeit eines

---

465 Jürgens/*v. Crailsheim* BGB, § 1796 Rn. 2; Erman/*Saar* BGB, § 1796 Rn. 1 m.w.N.; wobei der Ausschluss kraft Gesetzes nach § 1795 BGB Vorrang vor der Entziehung durch Richterakt nach § 1796 hat, vgl. Staudinger/*Veit* BGB, § 1796 Rn. 2; BeckOK-BGB/*Bettin* BGB, § 1796 Rn. 1.

466 Zumeist auf Anregung des Prozessgerichts oder des Vormunds; vgl. Erman/*Saar* BGB, § 1796 Rn. 6; Staudinger/*Veit* BGB, § 1796 Rn. 34.

467 Staudinger/*Veit* BGB, § 1796 Rn. 3; MüKoBGB/*Wagenitz* BGB, § 1796 Rn. 6 und 9 m.w.N.

468 PWW/*Bauer* BGB, § 1796 Rn. 4.

469 Staudinger/*Veit* BGB, § 1796 Rn. 10; HK-BGB/*Kemper* BGB, § 1796 Rn. 3; MüKoBGB/*Wagenitz* BGB, § 1796 Rn. 3 m.w.N.

470 KG Beschl. v. 24.02.1966 – 1 W 3402/65, NJW 1966, 1320, 1321; OLG Hamm Beschl. v. 21.10.1985 – 15 W 325/85, NJW-RR 1986, 79, 80; Palandt/*Götz* BGB, § 1796 Rn. 2; Soergel/*Zimmermann* BGB, § 1796 Rn. 3; Erman/*Saar* BGB, § 1796 Rn. 2; Staudinger/*Veit* BGB, § 1796 Rn. 6; BeckOK-BGB/*Bettin* BGB, § 1796 Rn. 3.

471 MüKoBGB/*Wagenitz* BGB, § 1796 Rn. 5.

472 PWW/*Bauer* BGB, § 1796 Rn. 4.

Interessenkonflikts ist nicht ausreichend.[473] Etwaige Verschuldenselemente sind hierbei nicht zu berücksichtigen; ausschlaggebend sind allein die objektive Interessenlage und das wahrscheinliche Verhalten des Vormunds.[474] So liegt bspw. kein erheblicher Interessengegensatz vor, wenn zu erwarten ist, dass der Vormund trotz eines Interessengegensatzes eine dem Wohl des Mündels entsprechende Entscheidung treffen wird oder wenn ein Interessengegensatz durch gleichlaufende Interessen der Beteiligten revidiert wird.[475] Angenommen wird ein erheblicher Interessengegensatz aber z. B., wenn der Vormund eine Vertretung ablehnt.[476] Zu den auf Seiten des Vormunds für den Interessenwiderstreit zu berücksichtigenden Personen zählen grundsätzlich Dritte, die durch den Vormund vertreten werden, Ehegatten oder in gerader Linie verwandte Personen. Interessen anderer sind nur relevant, wenn der Vormund ein zu dieser Person gleichgelagertes Interesse hat und davon auszugehen ist, dass er sich diese zu eigen machen könnte.[477]

Neben der Entziehung der Vertretungsmacht kann das Familiengericht den Vormund auch gem. § 1886 BGB aus seinem Amt entlassen, wenn die Fortführung des Amtes, insbesondere wegen pflichtwidrigen Verhaltens des Vormunds, das Interesse des Mündels gefährden würde oder wenn in der Person des Vormunds einer der in § 1781 BGB bestimmten Gründe vorliegt.[478] Die Entlassung hat von Amts wegen zu erfolgen und kommt nur als äußerste Maßregel in Betracht.[479]

---

473 BGH Beschl. v. 27.11.1974 – IV ZB 42/73, NJW 1975, 345, 346 f.; OLG Hamm Beschl. v. 21.10.1985 – 15 W 325/85, NJW-RR 1986, 79, 80; MüKoBGB/*Wagenitz* BGB, § 1796 Rn. 14; Staudinger/*Veit* BGB, § 1796 Rn. 6 m.w.N.

474 MüKoBGB/*Wagenitz* BGB, § 1796 Rn. 8; Staudinger/*Veit* BGB, § 1796 Rn. 8.

475 BGH Beschl. v. 05.03.2008 – XII ZB 2/07, juris Tz. 16 f., NJW-RR 2008, 963, 965; Jürgens/*v. Crailsheim* BGB, § 1796 Rn. 8; Staudinger/*Veit* BGB, § 1796 Rn. 7.

476 Erman/*Saar* BGB, § 1796 Rn. 4; vgl. für weitere Beispiele: MüKoBGB/*Wagenitz* BGB, § 1796 Rn. 13 ff.

477 Staudinger/*Veit* BGB, § 1796 Rn. 11; MüKoBGB/*Wagenitz* BGB, § 1796 Rn. 7; Soergel/*Zimmermann* BGB, § 1706 Rn. 4; Jürgens/*v. Crailsheim* BGB, § 1796 Rn. 3; Palandt/*Götz* BGB, § 1796 Rn. 2.

478 Die Entlassung des Jugendamtes, eines Vereins oder von Beamten und Religionsdienern aus dem Amt des Vormundes richtet sich nach § 1887 bzw. § 1888 BGB.

479 Palandt/*Götz* BGB, § 1886 Rn. 1.

b. Betreuer

Gem. § 1908 b BGB wird ein Betreuer von Amts wegen[480] entlassen, wenn die Betreuung durch diesen dem Wohl des Betreuten nicht mehr dienlich ist.[481] Hierbei entspricht § 1908 b BGB der in §§ 1886–1889 BGB geregelten Entlassung des Vormundes.[482] Entscheidend ist, ob das Wohl des Betreuten durch den aktuellen Betreuer nicht oder erheblich schlechter gewahrt ist als bei dessen Austausch.[483] Hierbei hat das Betreuungsgericht den Verhältnismäßigkeitsgrundsatz zu wahren, sodass vor einer Entlassung in der Regel mithilfe von Maßnahmen nach § 1837 BGB (i.V.m. § 1908 i Abs. 1 S. 1 BGB) versucht werden muss auf den Betreuten einzuwirken.[484] Die Betreuung als solche kann nur nach § 1908 d BGB beendet werden.

Nach § 1908 b Abs. 1 S. 1 BGB ist der Betreuer zu entlassen, wenn seine Eignung, die Angelegenheiten des Betreuten zu besorgen, nicht mehr gewährleistet ist oder wenn ein anderer wichtiger Grund für seine Entlassung vorliegt. Ein Ermessensspielraum steht dem Gericht hierbei nicht zu.[485] Mangelnde Eignung ist jede persönliche oder fachliche Inkompetenz, die den Betreuer ungeeignet im Sinne von § 1897 Abs. 1 BGB gemacht hätte.[486] Hierfür genügt, wenn

---

480 Zumeist auf Anregung eines Beteiligten oder eines Angehörigen des Betroffenen; vgl. Jurgeleit/*Kieß* BGB, § 1908 b Rn. 140; Bienwald/Sonnenfeld/Hoffmann/*Bienwald* BGB, § 1908 b. Rn. 15; HK-BGB/*Kemper* BGB, § 1908 b Rn. 2; ein Antragsrecht haben die Gesellschafter jedoch nicht, vgl. *Westermann* FS Blaurock S. 543 f.

481 Vgl. Jurgeleit/*Kieß* BGB, § 1908 b Rn. 1 ff.; HK-BGB/*Kemper* BGB, § 1908b Rn. 1.

482 Erman/*Roth* BGB, § 1908 b Rn. 2.

483 BayObLG Beschl. v. 26.10.2004 – 3Z BR 207/04, FamRZ 2005, 750; Jürgens/*Jürgens* BGB, § 1908b Rn. 1.

484 BayObLG Beschl. v. 16.01.1997 – 3Z BR 248/96, FamRZ, 1997, 1358, 1359; BayObLG Beschl. v. 23.10.2002 – 3Z BR 186/02, FamRZ 2003, 403, 404; BayObLG Beschl. v. 26.10.2004 – 3Z BR 207/04, FamRZ 2005, 750; Bienwald/Sonnenfeld/Hoffmann/*Bienwald* BGB, § 1908 b Rn. 19; Erman/*Roth* BGB, § 1908 b Rn. 16; Soergel/*Zimmermann* BGB, § 1908 b Rn. 16; Jurgeleit/*Kieß* BGB, § 1908 b Rn. 76 ff.; zu den Maßnahmen zählt bspw. eine Teilentlassung, vgl. Jurgeleit/*Kieß* BGB, § 1908 b Rn. 84.

485 Soergel/*Zimmermann* BGB, § 1908 b Rn. 4; NK-BGB/*Heitmann* BGB, § 1908 b Rn. 6.

486 BayObLG Beschl. v. 23.10.2002 – 3Z BR 186/02, FamRZ 2003, 403, 404; Palandt/*Götz* BGB, § 1908 b Rn. 2; Bienwald/Sonnenfeld/Hoffmann/*Bienwald* BGB, § 1908 b Rn. 17; Staudinger/*Bienwald* BGB, § 1908 b Rn. 7; HK-BGB/*Kemper* BGB, § 1908b Rn. 2 m.w.N. und Beispielen; als nicht treffend kritisiert diese Definition Erman/*Roth* BGB, § 1908 b Rn. 3, da die mangelnde Eignung nicht zwingend auf einer Eigenschaft des Betreuers beruhe; so z.B. bei dem wohl wichtigsten Entlassungsgrund, der unzureichenden Aufgabenwahrnehmung.

konkrete Tatsachen Anlass zu berechtigten Zweifeln an der Eignung des Betreuers geben.[487] Ungeeignet ist z. B. ein Betreuer, der gegen die Pflichten aus § 1901 BGB verstößt.[488] Auch wenn nicht jede Pflichtwidrigkeit einen Eignungsmangel darstellt, kann sie gleichwohl eine Entlassung aus einem anderen wichtigen Grund rechtfertigen.[489] So können eine unterlassene, wiederholt verspätete oder unzureichende Abgabe des Vermögensverzeichnisses oder ein Verstoß gegen die Rechnungslegung die Ungeeignetheit begründen.[490] Dies gilt insbesondere, wenn ein Betreuer ein nicht unerhebliches Vermögen verwaltet.[491] Gleiches gilt für den Verstoß gegen die Pflicht zur mündelsicheren Vermögensanlage sowie für Interessenkollisionen zwischen dem Betreuer und dem Betreuten in Vermögensbelangen.[492]

Ein Betreuer kann auch aus einem anderen wichtigen Grund entlassen werden. Ob ein solcher vorliegt, ist durch eine umfassende Abwägung der beteiligten Interessen zu ermitteln, wobei das konkret gefährdete Wohl des Betreuten im Vordergrund stehen muss.[493] § 1908 b Abs. 1 S. 2 BGB nennt nicht abschließend den Fall, dass der Betreuer eine erforderliche Abrechnung vorsätzlich falsch erteilt oder den erforderlichen persönlichen Kontakt zum Betreuten nicht hält. Dies soll dem Betreuungsgericht ermöglichen, den Betreuer auch dann zu entlassen, wenn er zwar keine Eignungsmängel aufweist, ein Betreuerwechsel aber gleichwohl im Interesse des Betreuten liegt, da dessen Wohl andernfalls nicht nur unerheblich Schaden nehmen würde.[494]

---

487 BayObLG Beschl. v. 21.01.2004 – 3Z BR 225/03, FamRZ 2004, 976, 977; Jurgeleit/*Kieß* BGB, § 1908 b Rn. 39.

488 Jurgeleit/*Kieß* BGB, § 1908 b Rn. 15; vgl. für weitere Beispiele Staudinger/*Bienwald* BGB, § 1908 b Rn. 13.

489 Staudinger/*Bienwald* BGB, § 1908 b Rn. 11.

490 Jurgeleit/*Kieß* BGB, § 1908 b Rn. 20.

491 BayObLG Beschl. v. 21.12.2004 – 3Z BR 229/04, FamRZ 2005, 931; Bienwald/Sonnenfeld/Hoffmann/*Bienwald* BGB, § 1908 b Rn. 21.

492 Bienwald/Sonnenfeld/Hoffmann/*Bienwald* BGB, § 1908 b Rn. 21 m.w.N.

493 BayObLG Beschl. v. 07.10.1993 – 3Z BR 184/93, FamRZ 1994, 323, 324; OLG Naumburg Beschl. v. 06.06.2007 – 8 Wx 12/07, FamRZ 2008, 90; Bienwald/Sonnenfeld/Hoffmann/*Bienwald* BGB, § 1908 b Rn. 14 f.; Staudinger/*Bienwald* BGB, § 1908 b Rn. 2; Jurgeleit/*Kieß* BGB, § 1908 b Rn. 44.

494 BayObLG Beschl. v. 22.09.2000 – 3Z BR 220/00 – 3Z BR 221/00, FamRZ 2001, 935, 936; Bay ObLG Beschl. v. 11.07.1997 – 3Z BR 133/97, FamRZ 1998, 1259, 1260; BayObLG Beschl. v. 16.01.1997 – 3Z BR 248/96, FamRZ 1997, 1358, 1359; Bienwald/Sonnenfeld/Hoffmann/*Bienwald* BGB, § 1908 b Rn. 23; Staudinger/*Bienwald* BGB, § 1908 b Rn. 18; Jurgeleit/*Kieß* BGB, § 1908 b Rn. 45; vgl. für weitere wichtige Gründe Jurgeleit/*Kieß* BGB, § 1908 b Rn. 9 ff.

Daneben besteht auch die Möglichkeit den Betreuer gem. § 1908 b Abs. 2, 3 und 4 BGB zu entlassen.[495]

c. *Testamentsvollstrecker*

Die Tätigkeit eines konkreten Testamentsvollstreckers kann vorzeitig enden, indem der Testamentsvollstrecker gem. § 2226 BGB kündigt oder indem er gem. § 2227 BGB seitens des Nachlassgerichts entlassen wird.[496]

aa) Kündigung, § 2226 BGB

§ 2226 BGB gibt dem Testamentsvollstrecker das Recht jederzeit zu kündigen. Eines wichtigen Grundes bedarf es hierfür nicht, da der Testamentsvollstrecker sonst gezwungen sein könnte innerfamiliäre Angelegenheiten vor dem Nachlassgericht offenzulegen, um die Wichtigkeit des Kündigungsgrundes nachweisen zu können.[497] Auch wenn der Testamentsvollstrecker gegenüber dem Erblasser oder dem Erben auf sein Kündigungsrecht verzichtet hat,[498] ist eine Kündigung aus wichtigem Grund weiterhin statthaft.[499] Nach überwiegender Ansicht kann sich der Testamentsvollstrecker auch zur Kündigung verpflichten und zwar sowohl gegenüber dem Erblasser als auch gegenüber dem Erben.[500] Letzteres ist bedenklich, da sich die Legitimation des Testamentsvollstreckers vom Erblasser und nicht vom Erben ableitet.[501] Deshalb können der Testamentsvollstrecker und der Erbe auch keine Vereinbarung über das Ende der Testamentsvollstreckung

---

495 Vgl. vertiefend Jurgeleit/*Kieß* BGB, § 1908 b Rn. 87 ff.

496 Weitere Beendigungsgründe sind: der Tod des Testamentsvollstreckers, § 2225 BGB; der Verlust der unbeschränkten Geschäftsfähigkeit bzw. Betreuerbestellung, §§ 2225, 2201 BGB und der Verlust der Rechtsfähigkeit bei juristischen Personen, § 2225 BGB analog.

497 *Muscheler* NJW 2009, 2081.

498 Die Zulässigkeit des Verzichts ergibt sich im Umkehrschluss zu §§ 2226 S. 3, 671 Abs. 3 BGB.

499 *Muscheler* NJW 2009, 2081, 2082.

500 RG Urt. v. 28.10.1937 – IV 127/37, RGZ 156, 70, 75 f.; BGH Urt. v. 09.10.1957 – IV ZR 217/57, NJW 1957, 1916 f.; BGH Urt. v. 14.02.1962 – V ZR 92/60, NJW 1962, 912, 913; *Muscheler* NJW 2009, 2081, 2083 ff.; *Werner* ZEV 2010, 126, 130; *Reimann* NJW 2005, 789, 790; Handbuch der Testamentsvollstreckung/*Reimann* 7. Kapitel II. 4 a) Rn. 20.

501 Deshalb wird die Zulässigkeit einer solchen Abrede teilweise infrage gestellt, vgl. *Werner* ZEV 2010, 126, 129; *Reimann* NJW 2005, 789, 792.

als solche treffen.[502] Zugleich darf die Kündigungsverpflichtung weder die Unabhängigkeit des Testamentsvollstreckers noch seine Verpflichtung zur ordnungsgemäßen Verwaltung infrage stellen.[503] Umstritten ist, ob die Verpflichtung zur Kündigung einklagbar ist.[504]

bb) Entlassung, § 2227 BGB

Aus rechtstechnischer Sicht ersetzt das Entlassungsverfahren nach § 2227 BGB das Widerrufsrecht des Geschäftsherrn aus § 671 BGB.[505] Es wird nur auf Antrag eingeleitet[506] und soll den Erben und die übrigen Beteiligten vor Pflichtwidrigkeiten des Testamentsvollstreckers schützen.[507]

Antragsberechtigt sind die Beteiligten im materiellen Sinne. Dies sind diejenigen, deren Rechte und Pflichten durch die Testamentsvollstreckung unmittelbar betroffen sein können.[508] Erforderlich ist ein rechtliches Interesse, ein wirtschaftliches Interesse genügt nicht.[509] Zu den antragsberechtigten Personen zählen insbesondere der Erbe, der Nacherbe, der Vermächtnisnehmer, der

---

502 BGH Urt. v. 09.10.1957 – IV ZR 217/57, NJW 1957, 1916 f.; BGH Urt. v. 14.02.1962 – V ZR 92/60, NJW 1962, 912, 913.

503 Handbuch der Testamentsvollstreckung/*Reimann* 7. Kapitel II. 4 a) Rn. 20; *Muscheler* NJW 2009, 2081, 2084.

504 So etwa RG Urt. v. 28.10.1937 – IV 127/37, RGZ 156, 70, 75 f.; BGH Urt. v. 09.10.1957 – IV ZR 217/57, NJW 1957, 1916 f.; BGH Urt. v. 14.02.1962 – V ZR 92/60, NJW 1962, 912, 913; Handbuch der Testamentsvollstreckung/*Reimann* 7. Kapitel II. 4 a) Rn. 20; a.A. *Muscheler* NJW 2009, 2081, 2086: Abrede weder einklagbar noch vollstreckbar, da die Kündigungspflicht den Testamentsvollstrecker nur als Privatperson treffe, § 2213 BGB aber eine Nachlassverbindlichkeit voraussetze.

505 BeckOK-BGB/*Mayer* BGB, § 2227 Rn. 2; Soergel/*Damrau* BGB, § 2227 Rn. 1; *Muscheler* AcP 197 (1997), 226, 233.

506 BeckOK-BGB/*Mayer* BGB, § 2227 Rn. 3; Staudinger/*Reimann* BGB, § 2227 Rn. 21; Handbuch der Testamentsvollstreckung/*Reimann* 7. Kapitel II. 4 a) Rn. 30.

507 Soergel/*Damrau* BGB, § 2227 Rn. 1; Erman/*Schmidt* BGB, § 2227 Rn. 1.

508 BGH Beschl. v. 13.07.1961 – V ZB 9/61, NJW 1961, 1717, 1718; OLG München Beschl. v. 22.09.2005 – 31 WX 46/05, NJW-RR 2006, 14; Palandt/*Weidlich* BGB, § 2227 Rn. 7; MüKoBGB/*Zimmermann* BGB, § 2227 Rn. 4; *Bauer* JZ 1962, 123, 124.

509 BGH Beschl. v. 13.07.1961 – V ZB 9/61, NJW 1961, 1717, 1718; Soergel/*Damrau* BGB, § 2227 Rn. 14; MüKoBGB/*Zimmermann* BGB, § 2227 Rn. 4; BeckOK-BGB/*Mayer* BGB, § 2227 Rn. 4; Erman/*Schmidt* BGB, § 2227 Rn. 9; jurisPK-BGB/*Heilmann* BGB, § 2227 Rn. 4.

Mitvollstrecker und der Pflichtteilsberechtigte.[510] Nicht antragsberechtigt ist hingegen der gewöhnliche Nachlassgläubiger.[511] Gleiches gilt für Eigengläubiger des Erben, die seinen Erbteil gepfändet haben[512], den Testamentsvollstrecker[513] sowie den bereits entlassenen Testamentsvollstrecker.[514]

Angesichts der Gruppe von antragsberechtigten Personen ist es fraglich, ob auch Mitgesellschafter antragsberechtigt sind. Dies dürfte abzulehnen sein. Hierfür spricht, dass ein Miterbe, der nicht der Testamentsvollstreckung unterliegt, ebenfalls nicht antragsberechtigt ist. Dies wird damit begründet, dass allein das zwischen dem Miterben und dem Testamentsvollstrecker bestehende gesetzliche Schuldverhältnis nicht ausreiche, um eine Antragsbefugnis zu rechtfertigen. So seien die Miterben bei Rechtsstreitigkeiten untereinander an die streitige Zivilgerichtsbarkeit zu verweisen und zwar unabhängig davon, ob ein Miterbenanteil durch einen Testamentsvollstrecker verwaltet werde oder nicht. Dies ergebe sich auch aus der Funktion des Entlassungsverfahrens nach § 2227 BGB als Ausgleich für die schwache Stellung des Erben gegenüber dem Testamentsvollstrecker und als Ersatz für das einem Geschäftsherrn sonst zustehende Widerrufsrecht. Derjenige, der dem Handeln des Testamentsvollstreckers nicht unmittelbar unterworfen sei, bedürfe deshalb keiner Antragsberechtigung nach § 2227 BGB.[515] Die Position eines Mitgesellschafters ähnelt der eines Miterben, der nicht der Testamentsvollstreckung unterliegt. Beide sind Mitglied einer Rechtsgemeinschaft, jeweils zusammen mit dem der Testamentsvollstreckung unterliegenden Erben. Zwar tangieren die Handlungen des Testamentsvollstreckers in beiden Situationen die Mitgesellschafter oder die Miterben, doch stehen ihnen andere

---

510 Daneben noch der bestimmungsberechtigte Dritte im Sinne des § 2198 BGB und der Auflagenberechtigte im Sinne des § 2194 BGB; vgl. Palandt/*Weidlich* BGB, § 2227 Rn. 7; Soergel/*Damrau* BGB, § 2227 Rn. 15.

511 Denn anders als bei §§ 2198, 2202 BGB, wo dieser ein Interesse daran hat klären zu lassen, ob die Testamentsvollstreckung zur Ausführung gelangt ist und wer Testamentsvollstrecker ist, um gegen die richtige Person als Repräsentant des Nachlasses vorgehen zu können, hat ein gewöhnlicher Nachlassgläubiger bei § 2227 BGB kein solches Interesse; vgl. BGH Beschl. v. 13.07.1961 – V ZB 9/61, NJW 1961, 1717 1718; MüKoBGB/*Zimmermann* BGB, § 2227 Rn. 6; außerdem biete die Möglichkeit der Nachlassverwaltung nach § 1981 Abs. 2 BGB ausreichend Schutz, vgl. HK-BGB/*Hoeren* BGB, § 2227 Rn. 4.

512 LG Stuttgart Beschl. v. 02.07.1991 – 2 T 64/91, BWNotZ 1992, 59.

513 Da dieser selbst kündigen kann, vgl. Staudinger/*Reimann* BGB, § 2227 Rn. 25.

514 OLG Köln Beschl. v. 18.05.1987 – 2 WX 3/87, NJW-RR 1987, 1098.

515 OLG München Beschl. v. 22.09.2005 – 31 WX 46/05, NJW-RR 2006, 14, 15 unter Verweis auf *Muscheler* AcP 197 (1997), 226, 227 und 233.

Möglichkeiten zu, sich vor etwaigen Schäden zu schützen. Es ist mit dem Sinn und Zweck des § 2227 BGB, der dem Erben eine mittelbare Kontrolle über den Testamentsvollstrecker ermöglicht, um ihn vor Pflichtverletzungen des Testamentsvollstreckers zu schützen,[516] nicht vereinbar, wenn diese Handhabe auch Dritten gewährt wird, die weniger schutzwürdig sind und die die Folgen der Entlassung des Testamentsvollstreckers weniger direkt treffen. Außerdem bliebe andernfalls unberücksichtigt, dass die Entlassung des Testamentsvollstreckers für den Erben auch nachteilig sein kann und die Entlassung – obgleich die Entscheidung dem Nachlassgericht vorbehalten ist – somit eine gegenteilige Wirkung hätte als eigentlich bezweckt und sie seitens des Erben als eine Art aufgedrängter „Kontrolle" empfunden werden könnte. Des Weiteren steht das Antragsrecht nur dem Geschäftsherrn zu. Dies ist aber nur, wem der Erblasser sein Vermögen zukommen lassen oder dem er ein Recht auf Überwachung des Vollzugs einer Drittzuwendung übertragen wollte.[517] Beides ist bei einem gewöhnlichen Mitgesellschafter nicht der Fall.

Eine andere Ansicht lässt sich auch nicht damit begründen, dass dem Gesellschafter neben der Entlassung andere Möglichkeiten verbleiben, sich der Mitwirkung des Testamentsvollstreckers zu entledigen. Da das Verhalten des Testamentsvollsteckers dem Gesellschaftererben zugerechnet wird,[518] können die Mitgesellschafter bei fortlaufenden Verstößen des Testamentsvollstreckers gegen die gesellschaftsvertraglichen Pflichten gem. §§ 117, 127 HGB Klage auf Entziehung der Geschäftsführungs- und Vertretungsbefugnis gegen den Gesellschaftererben erheben. Äußerstenfalls können sie sogar gem. § 140 HGB dessen Ausschließung aus der Gesellschaft herbeiführen.[519] Ein eigenes Verschulden setzt der Ausschluss nach § 140 HGB nämlich nicht voraus.[520] Zwar ließe sich deshalb argumentieren, dass es den Mitgesellschaftern als Minus gestattet sein müsse, die Entlassung des Testamentsvollsteckers beantragen zu können. Dies würde jedoch – wie aufgezeigt – dem Zweck des Entlassungsverfahrens widersprechen. Dass eine Antragsbefugnis der Mitgesellschafter nicht erforderlich, ist zeigt sich auch darin, dass diese andere gesellschaftsrechtliche Sanktionsmöglichkeiten als

---

516 Soergel/*Damrau* BGB, § 2227 Rn. 1; Erman/*Schmidt* BGB, § 2227 Rn. 1.

517 *Muscheler* AcP 197 (1997), 226, 240.

518 MüKoHGB/*Schmidt* HGB, § 140 Rn. 25; Staub/*Schäfer* HGB, § 140 Rn. 21; EBJS/*Lorz* HGB, § 140 Rn. 13; Henssler/Strohn/*Kilian* BGB, § 737 Rn. 1.

519 MüKoHGB/*Schmidt* HGB, § 140 Rn. 28; Staub/*Schäfer* HGB, § 140 Rn. 16; Baumbach/Hopt/*Roth* HGB, § 140 Rn. 6.

520 Röhricht/Graf von Westphalen/Haas/*Haas* HGB, § 140 Rn. 4.

Druckmittel gegen den Gesellschaftererben einsetzen können, um den Erben dazu zu veranlassen einen Antrag auf Entlassung zu stellen.

Ein Testamentsvollstrecker wird gem. § 2227 BGB jedoch nur aus wichtigem Grund entlassen. Ein solcher besteht, wenn der Testamentsvollstrecker durch bei ihm bestehende tatsächliche Verhältnisse oder durch sein persönliches Verhalten Anlass zur Annahme gibt, dass ein weiteres Verbleiben im Amt der Ausführung des letzten Willens des Erblassers hinderlich oder den berechtigten Interessen der an der Ausführung oder am Nachlass Beteiligten schädlich sein würde.[521] Hierbei sind alle Umstände des Einzelfalls zu berücksichtigen.[522] Exemplarisch nennt § 2227 BGB die grobe Pflichtverletzung und die Unfähigkeit zur ordnungsgemäßen Geschäftsführung. Eine grobe Pflichtverletzung ist jedes erhebliche und schuldhafte Zuwiderhandeln gegen die dem Testamentsvollstrecker vom Gesetz und Erblasser auferlegten Pflichten, §§ 2203 ff., 2216 BGB.[523] Dies ist bspw. bei eigennützigem Verhalten[524] oder der völligen Untätigkeit[525] des Testamentsvollstreckers anzunehmen. Unternehmerische Entscheidungen sind nur dann grobe Pflichtverletzung, wenn schon einfachste und ganz naheliegende Überlegungen nicht angestellt werden und das nicht beachtet wird, was jedem einleuchten muss; wobei dem Testamentsvollstrecker ein eine wirtschaftliche Eigeninitiative zulassender Ermessensspielraum zuzugestehen ist.[526] Unfähig zur ordnungsgemäßen Amtsführung ist ein Testamentsvollstrecker, wenn er den ihm gestellten Aufgaben nicht gewachsen ist und wenn er aus tatsächlichen oder rechtlichen Gründen verhindert ist.[527]

---

521 Staudinger/*Reimann* BGB, § 2227 Rn. 4; ähnlich: Soergel/*Damrau* BGB, § 2227 Rn. 3; vgl. zum Begriff des wichtigen Grundes auch Palandt/*Weidlich* BGB, § 2227 Rn. 5 sowie *Muscheler* AcP 197 (1997), 226, 263.

522 Hierzu gehören der zu verwaltende Nachlass, der Zweck der Testamentsvollstreckung sowie die Verhältnisse des Testamentsvollstreckers, vgl. Erman/*Schmidt* BGB, § 2227 Rn. 2; Soergel/*Damrau* BGB, § 2227 Rn. 20.

523 Palandt/*Weidlich* BGB, § 2227 Rn. 3; Staudinger/*Reimann* BGB, § 2227 Rn. 5; *Muscheler* AcP 197 (1997), 226, 261 m.w.N.; ähnlich: Soergel/*Damrau* BGB, § 2227 Rn. 8.

524 OLG Düsseldorf Beschl. v. 18.12.2012 – I3 WX 260/11, 3 WX 260/11, juris Tz. 12, NJW-RR 2013, 331, 332.

525 BGH Urt. v. 14.02.1961 – V ZR 92/60, NJW 1962, 912; Staudinger/*Reimann* BGB, § 2227 Rn. 6; Palandt/*Weidlich* BGB, § 2227 Rn. 3.

526 Soergel/*Damrau* BGB, § 2227 Rn. 8; BeckOK-BGB/*Mayer* BGB, § 2227 Rn. 9; NK-BGB/*Kroiß* BGB, § 2227 Rn. 7; für die Frage der Ordnungsmäßigkeit der Verwaltung sind Anordnungen des Erblassers, das objektive Nachlassinteresse und allgemeine Regeln der Wirtschaftlichkeit entscheidend, vgl. *Werner* ZEV 2010, 126, 128.

527 Soergel/*Damrau* BGB, § 2227 Rn. 10; Staudinger/*Reimann* BGB, § 2227 Rn. 7 ff.

Neben den benannten Entlassungsgründen existieren noch weitere unbenannte Entlassungsgründe. Ohne Rücksicht auf ein etwaiges Verschulden liegt ein solcher Grund vor, wenn er mit den genannten Gründen wesensgleich ist.[528] Hierbei wird weniger auf einzelne Pflichtwidrigkeiten des Testamentsvollstreckers abgestellt als auf das Gesamtbild und dabei insbesondere auf weiche Faktoren, wie bspw. das Kommunikationsverhalten.[529] Ein typischer nicht benannter Entlassungsgrund sind z. B. eine tiefgreifende über die normale Konfliktträchtigkeit hinausgehende Feindschaft sowie erhebliche Interessengegensätze zwischen Erben und Testamentsvollstrecker.[530] Ein wichtiger Grund dürfte auch anzunehmen sein, wenn der Testamentsvollstrecker der Gesellschaft schadet. Denn das Wohl und der Fortbestand der Gesellschaft sind zumeist das Hauptinteresse des Erblassers und Anlass der Testamentsvollstreckung. Ob auch die Nichterfüllung einer Kündigungsverpflichtung eine Entlassung rechtfertigt, ist umstritten.[531]

2. Widerruf unwiderruflicher Vollmachten

Der Widerruf einer Vollmacht richtet sich nach dem Inhalt des ihr zugrundeliegenden Grundverhältnisses, § 168 S. 1 BGB.[532] Grundsätzlich kann jede Vollmacht gem. § 168 S. 2 BGB widerrufen werden. Die freie Widerruflichkeit kann jedoch im Grundverhältnis ausgeschlossen werden.[533] Dies erfolgt zumeist aus

---

528 Palandt/*Weidlich* BGB, § 2227 Rn. 5.

529 *Diefenbach/Winkel* ZErb 2014, 297, 299 m.w.N.

530 *Werner* ZEV 2010, 126, 129 m.w.N.

531 Dafür: *Reimann* NJW 2005, 789, 790; Handbuch der Testamentsvollstreckung/*Reimann* 7. Kapitel II. 4 a) Rn. 20; einschränkend: OLG Hamm Beschl. v. 11.12.2007 – 15 W 242/07, juris Tz. 37, NJW-RR 2008, 1687, 1689: die Nichterfüllung einer Zusage zur Amtsaufgabe kann lediglich als zusätzlicher Gesichtspunkt im Rahmen einer Gesamtwürdigung seiner Amtsführung bei der Entscheidung über die Entlassung berücksichtigt werden; a.A. *Muscheler* NJW 2009, 2081, 2087: Nichteinhaltung der Kündigungsverpflichtung werde noch nicht einmal in die Gesamtschau bei § 2227 BGB einbezogen; außerdem könne ohnehin nur eine Kündigungspflicht, die auf einer Abrede mit dem Erblasser beruhe, einen Entlassungsgrund bilden, da andernfalls das sog. nachlassbezogene Interesse des Erben fehle.

532 BGH Urt. v. 13.05.1971 – VII ZR 310/69, juris Tz. 10 f. m.w.N., WM 1971, 956–958; BeckNotar-HdB/*Reetz* F. VI. 2. Rn. 93.

533 MüKoBGB/*Schramm* BGB, § 168 Rn. 20; Staudinger/*Schilken* BGB, § 168 Rn. 8; umstritten ist aber, ob der Verzicht auf das Widerrufsrecht einer vertraglichen Vereinbarung bedarf oder ob ein einseitiger Verzicht seitens des Vollmachtgebers ausreicht; für Ersteres: BayObLG Beschl. v. 14.03.1996 – 2Z BR 121/95, juris Tz. 17, NJW-RR 1996, 848, 849; BeckOK-BGB/*Valenthin* BGB, § 168 Rn. 20; Palandt/*Ellenberger* BGB,

verschiedenen Gründen. Bei einer Vorsorgevollmacht dürfte dies insbesondere die Furcht vor einem Widerruf durch einen Betreuer sein.[534] Der Ausschluss der Widerrufsmöglichkeit birgt für den Vollmachtgeber aber die Gefahr, dass er gänzlich der Fremdbestimmung seitens des Bevollmächtigten unterliegt.[535] Dies entspräche nicht dem Sinn, dem eine Vollmacht gewöhnlich dient.[536] Deshalb bedarf die Möglichkeit, auf das Widerrufsrecht zu verzichten, im Hinblick auf § 138 BGB einer Einschränkung.[537] Dies gilt erst recht, wenn die Vollmacht auch über den Eintritt der Geschäftsunfähigkeit des Vollmachtgebers hinaus Bestand haben soll.[538]

Der Widerruf kann nur ausgeschlossen werden, wenn der Bevollmächtigte gegenüber dem Vollmachtgeber einen Anspruch auf die Vornahme des Rechtsgeschäfts hat oder wenn die Unwiderruflichkeit ihre Grundlage in dem der Vollmacht zugrundeliegenden Rechtsverhältnis findet und zu dessen Durchführung erforderlich ist.[539]

Unzulässig ist ein Ausschluss hingegen, wenn der Auftrag nur den Interessen des Auftraggebers dient.[540] Wenn er zugleich im Interesse des Beauftragten oder eines Dritten liegt, ist der Ausschluss des Widerrufs zulässig, wenn das Interesse des Bevollmächtigten an dem auszuführenden Geschäft demjenigen des Auftraggebers jedenfalls gleichwertig ist.[541] Unzulässig ist der Ausschluss

---

§ 168 Rn. 6; für Letzteres: MüKoBGB/*Schramm* BGB, § 168 Rn. 20 f.; Erman/*Maier-Reimer* BGB, § 168 Rn. 16 f.; Soergel/*Leptien* BGB, § 168 Rn. 23; Staudinger/*Schilken* BGB, § 168 Rn. 11 und 17.

534 Müller/Renner/*Renner* Teil 2 H. I. 2. Rn. 674; Würzburger NotarHdB/*Müller* Teil 3. Kap. 3, Rn. 34.

535 BGH Urt. v. 13.05.1971 – VII ZR 310/69, juris Tz. 10, WM 1971, 956–958; Staudinger/*Schilken* BGB, § 168 Rn. 8; MüKoBGB/*Schramm* BGB, § 168 Rn. 21; Soergel/*Leptien* BGB, § 168 Rn. 22.

536 Erman/*Maier-Reimer* BGB, § 168 Rn. 16; Soergel/*Leptien* BGB, § 168 Rn. 22.

537 Staudinger/*Schilken* BGB, § 168 Rn. 8.

538 *Walter* Vorsorgevollmacht S. 179.

539 *Walter* Vorsorgevollmacht S. 175; Erman/*Maier-Reimer* BGB, § 168 Rn. 16; Soergel/*L-eptien* BGB, § 168 Rn. 23; MüKoBGB/*Schramm* BGB, § 168 Rn. 21; *Zimmermann* BKR 2007, 226, 228 m.w.N.; mit ausführlicher Begründung *Flume* II § 53 3. S. 879, kritisch hierzu Staudinger/*Schilken* BGB, § 168 Rn. 8.

540 BGH Urt. v. 13.05.1971 – VII ZR 310/69, juris Tz. 10, WM 1971, 956–958; BGH Urt. v. 26.02.1988 – V ZR 231/86, juris Tz. 10, NJW 1988, 2603; Soergel/*Leptien* BGB, § 168 Rn. 22; MüKoBGB/*Schramm* BGB, § 168 Rn. 21; Staudinger/*Schilken* BGB, § 168 Rn. 8 m.w.N.

541 BGH Urt. v. 13.05.1971 – VII ZR 310/69, juris Tz. 11 m.w.N., WM 1971, 956–958; MüKoBGB/*Schramm* BGB, § 168 Rn. 24; Staudinger/*Schilken* BGB, § 168 Rn. 8 m.w.N.

des Widerrufsrechts auch bei isolierten Vollmachten. Diesen Vollmachten fehlt nämlich eine Rechtsgrundabrede, sodass ein Ausschluss des Widerrufs nicht im Grundverhältnis angelegt sein kann.[542] Außerdem liefe eine unwiderrufliche isolierte Vollmacht der in §§ 168, 169 BGB normierten Abhängigkeit der Dauer einer Vollmacht von deren Grundverhältnis zuwider.[543] Gleiches gilt auch für Generalvollmachten. Auch diese können nicht unwiderruflich erteilt werden, da der Vollmachtgeber dem Bevollmächtigten sonst völlig ausgeliefert wäre, was gegen die Privatautonomie verstoßen würde und sittenwidrig wäre.[544]

Jedoch kann auch eine „unwiderrufliche" Vollmacht aus wichtigem Grund widerrufen werden.[545] Denn die Abrede der Unwiderruflichkeit beinhaltet zugleich die Vereinbarung, dass ein Widerruf aus wichtigem Grund zulässig ist.[546] Dies ergibt sich auch aus dem Rechtsgedanken der §§ 626 Abs. 1, 723 Abs. 1 S. 2 BGB, § 89 a HGB oder aus § 242 BGB, wonach jedenfalls das Grundverhältnis aus wichtigem Grund widerrufen werden kann.[547] Jedoch kann auch eine nach dem Kausalverhältnis unwiderrufliche Vollmacht (§ 168 S. 2 BGB)[548] aus wichtigem Grund widerrufen werden.[549] Wäre dies nicht der Fall, würde der

---

542 Vgl. BGH Urt. v. 26.02.1988 – V ZR 231/86, juris Tz. 11, NJW 1988, 2603, 2604 m.w.N.; Palandt/*Ellenberger* BGB, § 168 Rn. 6; Erman/*Maier-Reimer* BGB, § 168 Rn. 16; *Flume* II § 53 4. S. 881; Staudinger/*Schilken* BGB, § 168 Rn. 9 und 17.

543 Staudinger/*Schilken* BGB, § 168 Rn. 17.

544 BGH Urt. v. 01.06.2010 – XI ZR 389/09, WW 2010, 1218, 1219; Staudinger/*Schilken* BGB, § 168 Rn. 9; Soergel/*Leptien* BGB, § 168 Rn. 25; Erman/*Maier-Reimer* BGB, § 168 Rn. 16; Palandt/*Ellenberger* BGB, § 168 Rn. 6; BeckOK-BGB/*Valenthin* BGB, § 168 Rn. 25; MüKoBGB/*Schramm* BGB, § 168 Rn. 26; *Zimmermann* BKR 2007, 226, 228; a.A. wohl *Gernhuber* FamRZ 1976, 189, 196.

545 BGH Urt. v. 12.05.1969 – VII ZR 15/67, juris Tz. 21, WM 1969, 1009–1011; BGH Urt. v. 08.02.1985 – V ZR 32/84, juris Tz. 16; WM 1985, 646–647; BGH Urt. v. 26.02.1988 – V ZR 231/86, juris Tz. 10, NJW 1988, 2603; Staudinger/*Schilken* BGB, § 168 Rn. 14; Erman/*Maier-Reimer* BGB, § 168 Rn. 18; MüKoBGB/ *Schramm* BGB, § 168 Rn. 28; Palandt/*Ellenberger* BGB, § 168 Rn. 6.

546 BGH Urt. v. 12.05.1969 – VII ZR 15/67, juris Tz. 21, WM 1969, 1009–1011.

547 MüKoBGB/*Schramm* BGB, § 168 Rn. 28; *Walter* Vorsorgevollmacht S. 177 m.w.N.

548 Dies sind Vollmachten, bei denen sich die Unwiderruflichkeit nicht aus der Vollmacht, sondern aus dem der Vollmacht zugrundeliegenden Grundverhältnis im Sinne des § 168 S. 2 BGB ergibt. Diese sind insbesondere dann zulässig, wenn die Vollmacht im Interesse des Bevollmächtigten erteilt wurde, vgl. BGH Urt. v. 08.02.1985 – V ZR 32/84, juris Tz. 16, WM 1985, 646–647; BayObLG Beschl. v. 14.03.1996 – 2Z BR 121/95, juris Tz. 17, NJW-RR 1996, 848, 849; Staudinger/*Schilken* BGB, § 168 Rn. 12.

549 BGH Urt. v. 08.02.1985 – V ZR 32/84, juris Tz. 16; WM 1985, 646–647 m.w.N.

Ausschluss der Kündigungsmöglichkeit gegen § 138 BGB verstoßen.[550] Wann ein wichtiger Grund besteht, richtet sich in erster Linie nach dem Grundverhältnis, auf dem die Vollmacht beruht.[551] Isolierte Vollmachten, also solche, die über kein Grundverhältnis verfügen, bedürfen deshalb für den Widerruf auch keines wichtigen Grundes, denn ihnen mangelt es ohnehin an einem Grundverhältnis, anhand dessen die Wichtigkeit eines Grundes bestimmt werden könnte.[552]

3. Zwischenfazit

Die Ausführungen zu den gesetzlichen Vertretern haben gezeigt, dass dem Wohl des Vertretenen besondere Bedeutung zugemessen wird. So wird dem Vormund gem. § 1796 BGB die Vertretungsmacht entzogen, wenn dies zum Schutz des Mündels erforderlich ist. Entsprechendes gilt für die Entlassung des Vormunds aus dem Amt nach § 1886 BGB. Dass in beiden Fällen primär auf das Wohl des Mündels abgestellt wird, spricht nicht gegen die obige Annahme, dass sich die Mitgesellschafter in besonderen Situationen der Mitwirkung des gesetzlichen Vertreters entledigen können. Denn das Wohl des gesetzlichen Vertreters und das der Gesellschaft laufen zumeist parallel. Wenn also bspw. der Vormund den Interessen der Gesellschaft schadet, schadet er zugleich dem Interesse des Mündels. Dies gilt insbesondere dann, wenn man beachtet, dass die Gesellschafter aufgrund des Verhaltens des Vormunds auch gegen den Mündel selbst vorgehen können und spätestens dann dessen Wohl betroffen ist. Dies zeigen auch die Ausführungen zur Testamentsvollstreckung. Der Testamentsvollstrecker kann zum Schutz des Erben und der übrigen Beteiligten vor Pflichtwidrigkeiten gem. § 2227 BGB entlassen werden. Zwar sind die Mitgesellschafter im Rahmen des § 2227 BGB nicht antragsbefugt, doch werden auch hier die Handlungen des Testamentsvollstreckers dem Erben zugerechnet, sodass sie den Erben durch die Androhung von Sanktionen zur Stellung des Entlassungsantrags drängen können. Äußerstenfalls können sie auch dem Erben selbst gem. §§ 117, 127 HGB die Geschäftsführungsbefugnis oder die Vertretungsmacht entziehen oder sogar nach § 140 HGB aus der Gesellschaft ausschließen und sich so der Mitwirkung des Testamentsvollstreckers entledigen. Gleiches gilt bei der Betreuung. Auch hierbei ist das Wohl des Betreuten im Rahmen der Entlassung nach § 1908 b BGB besonders zu berücksichtigen. Selbst die Vollmacht eines Vertreters, der nach dem übereinstimmenden Willen beider Parteien eine unwiderrufliche

550 *Zimmermann* BKR 2007, 226, 228; *Zimmermann* Vorsorgevollmacht Rn. 231 m.w.N.
551 BGH Urt. v. 12.05.1969 – VII ZR 15/67, juris Tz. 23, WM 1969, 1009–1011.
552 BGH Urt. v. 26.02.1988 – V ZR 231/86, juris Tz. 11, NJW 1988, 2603, 2604.

Vollmacht erhalten soll, kann aus wichtigem Grund widerrufen werden. Dies zeigt sich auch bei dem Testamentsvollstrecker. Dieser kann selbst dann aus wichtigem Grund kündigen, wenn er gegenüber dem Erblasser oder dem Erben auf sein Kündigungsrecht verzichtet hat. Vorstehende Beispiele zeigen, dass sich die betroffenen Personen in besonderen Fällen der Mitwirkung des Dritten entledigen können. Auch dies spricht neben den anderen oben aufgezeigten Argumenten dafür, dass auch unwiderrufliche Vollmachten, entgegen der gängigen Definition, nicht gegen das Abspaltungsverbot verstoßen.

VI. Die Zustimmung der Mitgesellschafter

Ausgehend davon, dass auch eine (faktisch) unwiderrufliche Vorsorgevollmacht nicht gegen das Abspaltungsverbot verstößt, fragt sich, welche Bedeutung der Zustimmung der Mitgesellschafter im Zusammenhang mit dem Abspaltungsverbot zukommt. Wie aufgezeigt, ist das Abspaltungsverbot nicht dispositiv. Es ist deshalb fraglich, weshalb nach überwiegender Ansicht die Zustimmung der Mitgesellschafter Voraussetzung für die Tätigkeit eines Vorsorgebevollmächtigten ist. Möglich wären insoweit mehrere Schlussfolgerungen: einerseits, dass sich das Zustimmungserfordernis nicht aus dem Abspaltungsverbot, sondern aus anderen Grundsätzen des Personengesellschaftsrechts ergibt; andererseits, dass das Abspaltungsverbot zwar nicht dispositiv ist, die Zustimmung der Mitgesellschafter aber gleichwohl erforderlich ist, um einen Verstoß gegen das Abspaltungsverbot zu vermeiden.

Im Folgenden sollen die unterschiedlichen Meinungen über die Bedeutung der Zustimmung herausgearbeitet werden. Zunächst wird hierzu auf die Frage des Bestehens eines Zustimmungserfordernisses, dessen dogmatische Grundlage und die Form der Zustimmung eingegangen; sodann auf eine etwaige Zustimmungspflicht der Mitgesellschafter und auf die Folgen fehlender Zustimmung.

1. Zustimmungserfordernis

Damit ein Vorsorgebevollmächtigter sämtliche Gesellschafterrechte des Vollmachtgebers ausüben kann, müssen die Mitgesellschafter ihre Zustimmung erteilen; entweder bereits im Gesellschaftsvertrag oder ad hoc.[553] Dies wird damit begründet, dass Vollmachten, die zur Wahrnehmung organschaftlicher

553 *Westermann* FS Blaurock S. 543; *Schäfer* ZHR 175 (2011), 557, 567 ff.; MüKoBGB/*Ulmer/Schäfer* BGB, § 705 Rn. 124 b f.; *Wedemann* ZIP 2013, 1508, 1511; *Jocher* notar 2014, 3, 7; *Raub* Vorsorgevollmachten S. 112; von ganz herrschender Meinung spricht insoweit *Heckschen* NZG, 2012, 10, 15; vgl. zum Zustimmungserfordernis als

Mitgliedschaftsrechte berechtigen, in Personengesellschaften grundsätzlich an die Zustimmung aller Gesellschafter gebunden sind.[554] Außerdem beruhe das Zustimmungserfordernis auf dem Grundsatz der Höchstpersönlichkeit der Mitgliedschaft,[555] dem Abspaltungsverbot und – in Bezug auf die Geschäftsführungsbefugnis – auf dem Grundsatz der Selbstorganschaft.[556] Dass dagegen ein Betreuer nicht der Zustimmung der Mitgesellschafter bedarf, liege daran, dass dieser gerichtlich zum gesetzlichen Vertreter bestellt werde, einer dauerhaften gerichtlichen Kontrolle unterliege und für viele Geschäfte der Genehmigung des Betreuungsgerichts bedürfe. All dies treffe auf einen Vorsorgebevollmächtigten nicht zu.[557] Außerdem verfüge der Vorsorgebevollmächtigte über einen weiten Ermessensspielraum, sodass er dauerhaft und umfassend Einfluss auf die Gesellschaft und ihre Gesellschafter nehmen könne. Hinzu komme, dass sich der Vorsorgebevollmächtigte vornehmlich den Interessen seines Vollmachtgebers und weniger denen der Gesellschaft verpflichtet fühlen dürfte.[558] Auch der Vergleich mit der GmbH spreche für ein Zustimmungserfordernis. Bei dieser werde trotz des Grundsatzes der freien Veräußerlich- und Vererblichkeit nach § 15 Abs. 1 GmbHG übereinstimmend von einem Zustimmungserfordernis ausgegangen, da die Tätigkeit eines Vorsorgebevollmächtigten für die Mitgesellschafter gefährlicher sei als ein vollständiger Anteilsübergang. Der Vorsorgebevollmächtigte übe nämlich sämtliche Mitgliedschaftsrechte aus, ohne dem aus der Gesellschafterstellung folgenden Verhaltensregulativ zu unterliegen.[559] Für das Zustimmungserfordernis spricht schließlich auch, dass auch die Pfändung eines Gesellschaftsanteils nur mit Zustimmung der Gesellschafter erfolgen kann.[560] Teilweise wird eine Einschränkung dahin gehend gefordert, dass die Zustimmung entbehrlich sei, wenn der Gesellschafter zwar betreuungsbedürftig, aber noch geschäftsfähig ist.[561]

---

allgemeine Voraussetzung für die Einräumung von Mitverwaltungsrechten an Dritte MüKoHGB/*Enzinger* HGB § 109 Rn. 13.

554 *Wedemann* ZIP 2013, 1508, 1511; *Jocher* notar 2014, 3, 7; MüKoHGB/*Enzinger* HGB, § 109 Rn. 13.

555 *Wedemann* ZIP 2013, 1508, 1511; *Schäfer* ZHR 175 (2011), 557, 568; *Wedemann* ZIP 2013, 1508, 1511.

556 MüKoBGB/*Ulmer/Schäfer* BGB, § 705 Rn. 124 c; *Raub* Vorsorgevollmachten S. 111.

557 *Schäfer* ZHR 175 (2011), 557, 568; *Wedemann* ZIP 2013, 1508, 1511.

558 *Schäfer* ZHR 175 (2011), 557, 568.

559 *Wedemann* ZIP 2013, 1508, 1511 m.w.N.

560 Vgl. zur Zustimmungsbedürftigkeit der Pfändung MüKoHGB/*Schmidt* HGB, § 105 Rn. 225.

561 *Wedemann* ZIP 2013, 1508, 1512.

2. Folgen fehlender Zustimmung

Ausgehend davon, dass ein Vorsorgebevollmächtigter der Zustimmung der Mitgesellschafter bedarf, stellt sich die Frage, welche Folge das Fehlen der Zustimmung hat.

Nach einer Ansicht steht die fehlende Zustimmung der Tätigkeit eines Vorsorgebevollmächtigten nicht gänzlich entgegen, sondern beschränkt sie auf die Wahrnehmung von Vermögens- und Informationsrechten im Sinne des § 166 HGB.[562] Hierfür spreche der Vergleich mit dem Testamentsvollstrecker. Auch dieser dürfe trotz fehlender Zustimmung der Mitgesellschafter die Vermögensrechte des Gesellschaftererben ausüben. Außerdem befände sich die Befugnis zur Wahrnehmung der Vermögensrechte im Einklang mit dem Grundsatz der Höchstpersönlichkeit. Dieser stünde ohne Zustimmung der Gesellschafter nämlich nur der Ausübung sämtlicher Gesellschafterrechte durch einen Dritten entgegen.[563]

Nach anderer Ansicht kann ein Vorsorgebevollmächtigter auch ohne die Zustimmung der Mitgesellschafter nicht nur die Vermögens-, sondern auch die eigennützigen Verwaltungsrechte ausüben. Ein Ausschluss des Vorsorgebevollmächtigten von der Wahrnehmung sämtlicher Verwaltungsrechte verhindere nämlich eine effektive, am Zweck des Gesetzes zur Reform des Rechts der Vormundschaft und Pflegschaft für Volljährige[564] orientierte Umsetzung der Vorsorgevollmacht.[565] Außerdem biete die Differenzierung zwischen eigennützigen und uneigennützigen Gesellschafterrechten einen geeigneten Maßstab, um festzulegen, welche Rechte der Vorsorgebevollmächtigte auch ohne die Zustimmung der Mitgesellschafter ausüben könne. Ähnlich werde bei der Treuepflicht unterschieden. Bei eigennützigen Mitgliedschaftsrechten dürfe ein Gesellschafter verstärkt eigene Interessen vertreten. Bei uneigennützigen Mitgliedschaftsrechten, d. h. solchen Rechten, die dem laufenden Geschäftsbetrieb zuzuordnen sind und deren Wahrnehmung der Erreichung des Gesellschaftszwecks dienen, sei hingegen das Gesellschaftsinteresse vorrangig. Der Vorteil einer solchen Differenzierung bestünde darin, dass die Bestellung eines Betreuers nicht erforderlich

---

562 MüKoBGB/*Ulmer/Schäfer* BGB, § 705 Rn. 124 c; *Schäfer* ZHR 175 (2011), 557, 570; wohl auch *Wedemann* ZIP 2013, 1508, 1512, 1515, die sich aber darauf beschränkt festzustellen, dass die Ausübung organisatorischer Mitgliedschaftsrechte jedenfalls bei Zustimmung aller Mitgesellschafter grundsätzlich zulässig sei.

563 *Schäfer* ZHR 175 (2011), 557, 570.

564 BT-Drs. 11/4528; vgl. hierzu auch *Jurgeleit* FGPrax 2005, 139 ff.

565 *Raub* Vorsorgevollmachten S. 129.

sei. Denn der Vorsorgebevollmächtigte könne bis auf die uneigennützigen Gesellschafterrechte sämtliche Rechte des Vollmachtgebers ausüben. Aber auch hinsichtlich der uneigennützigen Mitgliedschaftsrechte seien die Interessen des Vollmachtgebers durch die starke Treuebindung der Mitgesellschafter hinreichend gesichert, sodass eine Betreuerbestellung insgesamt nicht erforderlich sei.[566]

3. Dogmatische Begründung des Zustimmungserfordernisses

Dass das Zustimmungserfordernis teilweise mit dem Abspaltungsverbot begründet wird, ist angesichts der Unabdingbarkeit des Selbigen[567] verwunderlich und es ist fraglich, ob dies zutreffend ist.

Die anderen Fälle der Fremdverwaltung scheinen nahezulegen, dass die Zustimmung zwar nicht einer eigentlich gegen das Abspaltungsverbot verstoßenden Konstruktion zur Zulässigkeit verhelfen kann, dass sie aber die gesellschaftsrechtlich zulässigen Spielräume erweitert. Es ließe sich argumentieren, dass die Zustimmung über das Maß und den Umfang der zulässigen Einbuße an Selbstbestimmung entscheidet und so eine die Letztverantwortlichkeit der Gesellschafter nicht infrage stellende Einbuße der Selbstbestimmtheit durch die Zustimmung der Gesellschafter kompensiert werden kann. So bedarf z. B. eine qualifizierte Treuhand, d. h. eine Treuhand, bei welcher der Treugeber selbst Mitgliedschaftsrechte ausüben soll, der Zustimmung der Mitgesellschafter.[568] Gleiches gilt für die Testamentsvollstreckung[569] und den Nießbrauch.[570]

Dies ließe jedoch die bisherigen Ergebnisse dieser Arbeit unberücksichtigt. Die Wahrnehmung von Gesellschafterrechten durch einen Vorsorgebevollmächtigten führt, wie aufgezeigt, nicht zu einer verbotenen Abspaltung. Für die Begründung musste nicht auf die Zustimmung der Mitgesellschafter zurückgegriffen werden. Zweifel an der Richtigkeit der Annahme gründen auch darauf, dass das Zustimmungserfordernis nicht einheitlich mit dem Abspaltungsverbot begründet wird; zumal wenn dies geschieht, eine weitergehende Begründung hierfür unterbleibt.

---

566 *Raub* Vorsorgevollmachten S. 129 ff. m.w.N.
567 Vgl. Fn. 96.
568 Vgl. u.a. Fn. 239.
569 Vgl. Fn. 154 und Fn. 163.
570 Vgl. Fn. 201.

a. *Meinungsstand*

Heckschen ist über das Zustimmungserfordernis der Ansicht, dass die Zustimmung der Mitgesellschafter nach ganz herrschender Meinung eine Wirksamkeitsvoraussetzung für die Ausübung von Stimmrechtsvollmachten und somit auch für Vorsorgevollmachten sei. Eine direkte Verbindung zwischen dem Zustimmungserfordernis und dem Abspaltungsverbot stellt er jedoch nicht her.[571]

Auch *Schäfer* geht von einem Zustimmungserfordernis aus. Er begründet dies damit, dass es sich bei der Vorsorgevollmacht um eine gewillkürte Stellvertretung handele und auch die Tätigkeit des Testamentsvollstreckers der Zustimmung der Mitgesellschafter bedürfe. Insbesondere ergebe sich das Zustimmungserfordernis aus der, dem Schutz der Mitgesellschafter dienenden, Höchstpersönlichkeit der Mitgliedschaft.[572] Dieser Grundsatz besagt, dass Gesellschafter in ihrer Gesellschaft niemanden dulden müssen, für den sie sich nicht freiwillig entschieden haben.[573] Zudem begründet er das Zustimmungserfordernis für den Fall, dass sich die Vorsorgevollmacht auf sämtliche Gesellschafterrechte beziehen soll, zusätzlich mit dem Abspaltungsverbot, ohne dies jedoch näher zu begründen.[574]

Wedemann begründet das Zustimmungserfordernis damit, dass in Personengesellschaften die Erteilung von Vollmachten zur Ausübung organisatorischer Mitgliedschaftsrechte generell an die Zustimmung aller Gesellschafter geknüpft sei. Dies fuße nicht auf einer ausdrücklichen gesetzlichen Normierung, sondern folge aus dem Grundsatz der Höchstpersönlichkeit der Mitgliedschaft.[575] Außerdem sei die auf eine Parallelbetrachtung zur Betreuung gestützte Ausnahme vom Abspaltungsverbot nur gerechtfertigt, wenn der Schutz der Mitgesellschafter ebenso wie bei der Betreuung hinreichend sichergestellt ist. Dies sei bei einer Vorsorgevollmacht jedoch nicht der Fall. Deshalb sei es nur mit dem Einverständnis der Mitgesellschafter legitim, ihnen das im Vergleich zur Betreuung geringere Schutzniveau zuzumuten.[576] Praktisch dürfte das Zustimmungserfordernis

---

571 *Heckschen* NZG 2012, 10, 15.

572 *Schäfer* ZHR 175 (2011), 557, 568; auf das Abspaltungsverbot geht *Schäfer* hierbei aber nicht ein.

573 *Scherer* in Sudhoff Unternehmensnachfolge § 9 Rn. 43.

574 MüKoBGB/*Schäfer* BGB, § 705 Rn. 124 c.

575 *Wedemann* ZIP 2013, 1508, 1511; hierbei verweist sie auf *Schäfer* ZHR 175 (2011), 557 ff. und auf BGH Urt. v. 10.11.1951 – II ZR 111/50, BGHZ 3, 354–360.

576 *Wedemann* ZIP 2013, 1508, 1511.

jedoch kaum zu einem höheren Schutz der Mitgesellschafter führen. Denn die Gesellschafter können zwar, indem sie ihre Zustimmung verweigern, die Bestellung eines Betreuers herbeiführen und so der Gefahr eines Vollmachtmissbrauchs durch den Vorsorgebevollmächtigten entgehen. Jedoch haben sie sich dann den Nachteilen des Betreuungsverfahrens zu stellen, sodass die Entscheidung häufig zu Gunsten der Vorsorgevollmacht ausfallen dürfte. Eine wirkliche Entscheidungsmöglichkeit haben die Gesellschafter – jedenfalls solange der Gesellschaftsvertrag keine Regelungen über die Ausgestaltung einer Vorsorgevollmacht, insbesondere zur Überwachung des Bevollmächtigten, enthält – somit nicht. Das Zustimmungserfordernis kann also kaum als tauglicher Schutzmechanismus angesehen werden.

Raub ist hingegen der Ansicht, dass sich aus dem Schutzzweck des Abspaltungsverbots ergibt, dass die Bevollmächtigung eines Dritten in Bezug auf Mitgliedschaftsrechte grundsätzlich der Zustimmung der Mitgesellschafter bedürfe. So folge aus der Ratio des Abspaltungsverbots, dass eine nach dem Abspaltungsverbot zulässige Bevollmächtigung gleichwohl der Zustimmung der Mitgesellschafter bedürfe.[577] Inwieweit diese Ansicht – so wie *Raub* dies macht – auf die Entscheidung des BGH aus dem Jahr 1951[578] gestützt werden kann, ist jedoch fraglich. Denn in dieser wird kein Zusammenhang zwischen dem Zustimmungserfordernis und dem Abspaltungsverbot hergestellt. Zum Zustimmungserfordernis heißt es lediglich, dass bei einer Personengesellschaft auch die Bevollmächtigung zur Ausübung des Stimmrechts in der Gesellschaftsversammlung von der Zustimmung der übrigen Gesellschafter abhängig sei, weil das Stimmrecht ein höchstpersönliches Recht in dem Sinne sei, dass es in der Regel nur vom Gesellschafter selbst wahrgenommen werden könne.[579] Der BGH prüft also zweistufig: Zunächst muss eine Konstruktion, im Fall des Urteils eine Stimmrechtsvollmacht, mit dem Abspaltungsverbot vereinbar sein. Hierfür ist eine etwaige Zustimmung der Mitgesellschafter unerheblich. Erst wenn feststeht, dass keine Abspaltung vorliegt, prüft der BGH die weiteren Zulässigkeitsvoraussetzungen der Vollmacht. Hierzu gehört wegen des Grundsatzes der Höchstpersönlichkeit auch die Zustimmung der Mitgesellschafter.

Die anderen Verweise, mit denen *Raub* ihre Ansicht begründet, sind hingegen zutreffend. Die Zweifel an der Richtigkeit der Annahme, dass das Zustimmungserfordernis auf dem Abspaltungsverbot basiert, vermögen sie aber nicht

577 *Raub* Vorsorgevollmachten S. 111 ff.
578 BGH Urt. v. 10.11.1951 – II ZR 111/50, BGHZ 3, 354–360.
579 BGH Urt. v. 10.11.1951 – II ZR 111/50, juris Tz. 9, BGHZ 3, 354–360.

zu beseitigen. Denn auch sie stützen sich teilweise auf die erwähnte Entscheidung des BGH. Einzig *Born* stellt einen kausalen Zusammenhang zwischen Abspaltungsverbot und Zustimmungserfordernis her.[580] *Finckh* erwähnt im Zusammenhang mit der Überlassung von Verwaltungsrechten zur Ausübung hingegen nicht einmal das Zustimmungserfordernis.[581] *Enzinger*, auf den *Finckh* verweist, geht davon aus, dass die Einräumung von Mitverwaltungsrechten an Gesellschaftsfremde immer der Zustimmung der Mitgesellschafter bedürfe. Eine explizite kausale Verbindung zwischen dem Zustimmungserfordernis und dem Abspaltungsverbot stellt er jedoch nicht her.[582] Ebenso *Rawert*, der der Ansicht ist, dass eine auf die Geschäftsführungsbefugnis beschränkte Ermächtigung gesellschaftsfremder Dritter unzulässig sei, da sie gegen das Abspaltungsverbot verstoße, eine Bevollmächtigung zur bloßen Ausübung von Geschäftsführungsaufgaben hingegen keinen grundsätzlichen Bedenken begegne, wenn sie im Gesellschaftsvertrag oder durch Gesellschafterbeschluss zugelassen sei.[583] Andere, wie etwa *Roth*, erwähnen zwar unter dem Stichpunkt „Abspaltungsverbot", dass eine Stimmrechtsüberlassung durch Vollmacht im Gesellschaftsvertrag zugelassen sein müsse oder der Zustimmung aller Gesellschafter bedürfe, ohne dies jedoch näher zu begründen.[584]

Auch der BGH stellt keinen direkten Zusammenhang zwischen dem Abspaltungsverbot und dem Zustimmungserfordernis her. So dürfen echte gesellschaftliche Verwaltungsrechte nicht von dem Gesellschaftsanteil abgespalten werden. Hierzu komme es aber bei einer Bevollmächtigung nicht, solange der Bevollmächtigte weisungsgebunden sei, abberufen werden könne und gegenüber der Gesellschaft eine Drittgläubigerstellung innehabe. Deshalb könne der Gesellschaftsvertrag einem geschäftsführenden Gesellschafter, etwa mit Rücksicht auf seine persönlichen Verhältnisse, das Recht einräumen, einen Dritten im weiten Umfang mit Geschäftsführungsaufgaben zu betrauen.[585] Dies impliziert aber nicht, dass sich das Zustimmungserfordernis aus dem Abspaltungsverbot ergibt. In einem anderen Fall wurde entschieden, dass eine Stimmrechtsvereinbarung,

580 EBJS/*Born* HGB, § 109 Rn. 9; dem schließt sich *Drescher* in seiner Kommentierung zu § 114 HGB mit einem einfachen Verweis an, vgl. EBJS/*Drescher* HGB, § 114 Rn. 16.

581 Henssler/Strohn/*Finckh* HGB, § 109 Rn. 13.

582 MüKoHGB/*Enzinger* HGB, § 109 Rn. 13; der Kausalzusammenhang zwischen Zustimmungserfordernis und Abspaltungsverbot ergibt sich auch hier wiederum nur aus der Systematik der Kommentierung.

583 MüKoBGB/*Rawert* BGB, § 114 Rn. 25 f.

584 Baumbach/Hopt/*Roth* HGB, § 119 Rn. 19 f.

585 BGH Urt. v. 22.01.1962 – II ZR 11/61, juris Tz. 10 f.

die über den Rahmen des Vollmachtrechts hinausgeht, indem der Vollmachtgeber von der Ausübung des Stimmrechts ausgeschlossen und die Ausübung allein dem Bevollmächtigten obliegt, in Wirklichkeit eine Übertragung des Stimmrechts und damit eine verbotene Abspaltung sei. Dies sei auch dann nicht zulässig, wenn eine entsprechende gesellschaftsvertragliche Regelung dies erlaube.[586] Diese Rechtsprechung spricht dafür, dass eine Zustimmung im Einzelfall nicht dazu führen kann, dass eine eigentlich gegen das Abspaltungsverbot verstoßende Regelung infolge der Zustimmung der Gesellschafter zulässig wird.

b. Stellungnahme

Die vorstehenden Ausführungen zeigen, dass das Zustimmungserfordernis nicht einheitlich auf das Abspaltungsverbot zurückgeführt wird. Dafür, dass das Zustimmungserfordernis nicht auf dem Abspaltungsverbot, sondern auf anderen Grundsätzen des Personengesellschaftsrechts beruht, spricht außerdem, dass das Abspaltungsverbot unabdingbar ist.[587] Das Verbot über das Abspaltungsverbot zu disponieren besagt, dass es den Gesellschaftern nicht freisteht, den Grundsatz, dass einzelne Mitgliedschaftsrechte nicht von der Mitgliedschaft getrennt werden dürfen, außer Kraft zu setzen. Dies basiert auf der Annahme, dass dies nicht nur für die Gesellschaft und ihre Gesellschafter, sondern auch für den gesamten Geschäftsverkehr nachteilig wäre. Es sprechen letztlich volkswirtschaftliche Aspekte dafür, das Abspaltungsverbot der Disposition der Mitgesellschafter zu entziehen.

Da das Abspaltungsverbot nicht zur Disposition der Gesellschafter steht, kann aber auch eine vertragliche Gestaltung, die wirtschaftlich als Abspaltung im Sinne des § 717 BGB zu werten ist, nicht nur deshalb zulässig sein, weil die Gesellschafter ihre Zustimmung erteilt haben. Dann nämlich würde der Schutzzweck des Abspaltungsverbots aufgrund des Willens der Gesellschafter in einem Einzelfall nicht greifen, obwohl die Gesellschafter eigentlich nicht über die Geltung des Abspaltungsverbots entscheiden können sollen. Diesbezüglich kann es aber keinen Unterschied machen, ob die Gesellschafter abstrakt von vornherein das Abspaltungsverbot abbedingen; was nach einhelliger Ansicht unzulässig wäre. Oder aber, ob sie in Bezug auf eine konkrete Situation das Abspaltungsverbot abbedingen. Auch Letzteres wäre eine Disposition über das Abspaltungsverbot und somit eigentlich unzulässig. Ließe man dies zu, so bliebe von dem Abspaltungsverbot nicht viel übrig.

---

586 BGH Urt. v. 14.05.1956 – II ZR 229/54, juris Tz. 6 ff.

587 Vgl. Fn. 96.

Das Zustimmungserfordernis fußt bei der Vorsorgevollmacht, ebenso wie in den besprochenen Fallgruppen der Fremdverwaltung, vielmehr auf den anderen personengesellschaftsrechtlichen Grundsätzen; insbesondere dem Grundsatz der Höchstpersönlichkeit der Mitgliedschaft. Hiernach müssen die Gesellschafter sich aufgrund des höchstpersönlichen Charakters des gesellschaftlichen Zusammenschlusses niemanden aufdrängen lassen, mit dem sie sich nicht auf die Gesellschaft eingelassen haben.[588] Dies gilt auch hinsichtlich eines durch die Ausübung von Verwaltungsrechten durch gesellschaftsfremde Personen vermittelten Dritteinflusses. Hintergrund der Höchstpersönlichkeit sind die persönliche und unbeschränkte Haftung der Gesellschafter sowie eine am Gesellschaftsinteresse orientierte Entscheidungsfindung, die durch die enge Verknüpfung der Gesellschafter mit dem Fortkommen der Gesellschaft abgesichert werden soll.[589] Da die Höchstpersönlichkeit, anders als das Abspaltungsverbot, nicht die Einheitlichkeit der Beteiligung, sondern die Mitgesellschafter vor Dritteinfluss schützen soll, können diese hierüber disponieren.[590] Weil es sich bei der Tätigkeit des Vorsorgebevollmächtigten auch um einen Dritteinfluss in diesem Sinne handelt, erfordert der Grundsatz der Höchstpersönlichkeit die Zustimmung der Mitgesellschafter; jedenfalls dann, wenn es sich bei dem Vorsorgebevollmächtigten, wie üblich, um eine gesellschaftsfremde Person handelt, die sämtliche Gesellschafterrechte wahrnehmen können soll. Gleiches gilt für die anderen Fallgruppen der Fremdverwaltung. Dass dort jeweils ein Zustimmungsbedürfnis besteht, steht dem nicht entgegen. Dies spricht zwar aufgrund der Vergleichbarkeit dafür, dass auch bei der Vorsorgevollmacht – was auch nicht in Abrede gestellt wird – ein Zustimmungsbedürfnis besteht, jedoch dürften die aufgezeigten Gründe auch in den anderen Fällen dagegen sprechen, dass das Zustimmungserfordernis auf dem Abspaltungsverbot basiert.

Allgemeiner ließe sich formulieren, dass das Wesen der Personengesellschaft als Arbeits- und Haftungsgemeinschaft die Zustimmung der Gesellschafter zur Vorsorgevollmacht erfordert. Denn das gegenseitige Vertrauen der Gesellschafter als Grundlage des gesellschaftlichen Zusammenschlusses kann nur aufgrund des Einverständnisses der Gesellschafter eingeschränkt werden.[591]

---

588 BGH Urt. v. 14.05.1986 – Iva ZR 155/84, juris Tz. 27, NJW 1986, 2431, 2433; *Scherer* in Sudhoff Unternehmensnachfolge § 9 Rn. 43.

589 *Raub* Vorsorgevollmachten S. 69.

590 *Raub* Vorsorgevollmachten S. 69 f.; *Bommert* BB 1984, 178, 182; MüKoHGB/*Rawert* HGB, § 114 Rn. 40.

591 So auch *Wiedemann* Übertragung § 13 III 1 S. 335 f.; i.E. auch *Bommert* BB 1984, 178, 182.

4. Konkludente Zustimmung

Fraglich ist, ob die Gesellschafter die Zustimmung zur Vorsorgevollmacht auch konkludent erteilen können. Als konkludente Zustimmung könnte anzusehen sein, wenn sich die Gesellschafter im Gesellschaftsvertrag auf die freie Vererbbarkeit (sog. einfache Nachfolgeklausel) oder auf die freie Übertragbarkeit der Mitgliedschaft geeinigt haben. Die überwiegende Ansicht lehnt dies jedoch ab.[592] Allein die Tatsache, dass die Gesellschafter sich geeinigt hätten, dass die Nachfolge in die Gesellschafterstellung sowie die Übertragung der Mitgliedschaft im Belieben des jeweiligen Gesellschafters liegen, lasse keinen Rückschluss auf die Vorsorgevollmacht zu. Die Tätigkeit eines Vorsorgebevollmächtigten sei für die Mitgesellschafter nämlich gefährlicher als eine vollständige Übertragung der Mitgliedschaft[593] und führe unter Umständen zu Doppelzuständigkeiten.[594] Außerdem hafte der Vorsorgebevollmächtigte als Gesellschaftsfremder nicht persönlich für die Gesellschaftsverbindlichkeiten und treffe Entscheidungen häufig aus anderen Motiven als ein Gesellschafter.[595] Für die Richtigkeit dieser Annahme sprechen auch die anderen Fallgruppen der Fremdverwaltung. So kann bspw. eine einfache Nachfolgeklausel nicht als konkludente Zustimmung zu einer Testamentsvollstreckung gewertet werden, da die Testamentsvollstreckung gegenüber dem Eintritt des Erben in die (mit Rechten und Pflichten verbundene) Gesellschafterstellung ein „Mehr" an Fremdeinfluss darstellt.[596] Ähnlich ist dies bei einem Nießbrauch. Auch hier wird die freie Übertragbarkeit eines Anteils nicht als Zustimmung gewertet, sondern allenfalls als Indiz hierfür.[597] Gleiches gilt für die Vorsorgevollmacht, sodass die erwähnten gesellschaftsvertraglichen Regelungen allenfalls ein Indiz für die Zustimmung der Mitgesellschafter sind.[598]

Nach anderer Ansicht ist die Zustimmung der Mitgesellschafter entbehrlich, wenn diese die Übertragung der Mitgliedschaft oder deren Vererbung in das Belieben des Gesellschafters gestellt haben oder wenn sie ganz generell die

592 *Raub* Vorsorgevollmachten S. 115; *Wedemann* ZIP 2013, 1508, 1512; *Schäfer* ZHR 175 (2011) 558, 569; MüKoBGB/*Ulmer/Schäfer* BGB, § 705 Rn. 124 c; *Jocher* notar 2014, 3, 7; a.A. *Heckschen* NZG 2012, 10, 15.

593 *Wedemann* ZIP 2013, 1508, 1513 m.w.N.

594 *Schäfer* ZHR 175 (2011), 558, 569.

595 *Raub* Vorsorgevollmachten S. 115.

596 Vgl. Fn. 184.

597 Vgl. Fn. 202.

598 *Raub* Vorsorgevollmachten S. 115; MüKoBGB/*Ulmer/Schäfer* BGB, § 705 Rn. 124 c; *Schäfer* ZHR 175 (2011), 558, 569 m.w.N.

Ausübung des Stimmrechts durch Bevollmächtigte nicht eingeschränkt haben.[599] Unklar ist aber, ob dies dazu führen soll, dass in diesen Situationen bereits kein Zustimmungserfordernis besteht, oder die Mitgesellschafter in diesen Situationen der Ausübung der Gesellschafterrechte durch den Vorsorgebevollmächtigten konkludent zugestimmt haben.

5. Zustimmungspflicht

Ausgehend davon, dass ein Zustimmungserfordernis der Mitgesellschafter besteht, ist zu fragen, ob und gegebenenfalls wann die Gesellschafter zur Erteilung der Zustimmung verpflichtet sind.

a. Meinungsstand

Ganz überwiegend wird eine Zustimmungspflicht der Gesellschafter verneint.[600] Dies liege am Grundsatz der Höchstpersönlichkeit der Mitgliedschaft. Auch ein Vergleich mit der Situation, dass ein Gesellschafter an der persönlichen Teilnahme an einer Gesellschafterversammlung verhindert ist, spreche nicht für eine Zustimmungspflicht.[601] Zwar ergebe sich in einer solchen Situation aus der Treuepflicht ein Anspruch des verhinderten Gesellschafters gegen die Mitgesellschafter, dass diese in die Vertretung durch einen Bevollmächtigten einwilligen, wenn der Gesellschafter aus nicht abwendbaren Gründen an der Teilnahme an der Gesellschafterversammlung gehindert ist, ihm die Bevollmächtigung eines Mitgesellschafters wegen potenziellen Interessenwiderstreits oder aus anderen Gründen nicht zumutbar ist und den Mitgesellschaftern und der Gesellschaft bei objektiver Abwägung der widerstreitenden Interessen zugemutet werden kann, dass ein vertrauenswürdiger Dritter vorübergehend die Mitgliedschaftsrechte des verhinderten Gesellschafters wahrnimmt.[602] Dieser Grundsatz beziehe sich aber auf einen einzelnen Verhinderungsfall und könne nicht mit einer dauerhaften Ausübung der Gesellschafterrechte durch einen Dritten gleichgesetzt werden. Auch der Vergleich mit der Betreuung spreche nicht für eine Zustimmungspflicht. Zwar könnten sich die Gesellschafter nicht gegen die Ausübung

---

599 *Heckschen* NZG 2012, 10, 15.

600 MüKoBGB/*Ulmer*/*Schäfer* BGB, § 705 Rn. 124 c; *Schäfer* ZHR 175 (2011), 558, 568; *Jocher* notar 2014, 3, 7; so wohl auch *Raub* Vorsorgevollmachten S. 112 ff.

601 *Schäfer* ZHR 175 (2011), 558, 567 f.

602 BGH Urt. v. 01.12.1969 – II ZR 14/68, juris Tz. 40, NJW 1970, 706; EBJS/*Drescher* HGB, § 114 Rn. 16; Heymann/*Emmerich* HGB, § 114 Rn. 25; MüKoBGB/*Schäfer* BGB, § 709 Rn. 77; *Schäfer* ZHR 175 (2011), 558, 566.

der Gesellschafterrechte durch einen Betreuer wehren, jedoch sei dies – wie bereits aufgezeigt – nicht mit der Vorsorgevollmacht vergleichbar.[603]

Nach anderer Ansicht besteht unter gewissen Umständen eine Zustimmungspflicht; so gehen diejenigen, die der Annahme sind, dass bei freier Übertragbarkeit bzw. Vererbbarkeit der Anteile kein Zustimmungsbedürfnis bestehe, in den anderen Fällen von einer Zustimmungspflicht der Gesellschafter aus. Es sei nämlich nicht nachvollziehbar, warum die Übertragung der Anteile ebenso wie die Ausübung des Stimmrechts durch Bevollmächtigte keiner Beschränkung unterliege, die Mitwirkung eines Vorsorgebevollmächtigten hingegen von der Zustimmung der Mitgesellschafter abhängen solle.[604] Andere wollen dahin gehend differenzieren, ob die Verweigerung der Zustimmung willkürlich ist oder nicht. Willkürlich sei sie bspw. dann, wenn die Gesellschafter in Bezug auf den Vorsorgebevollmächtigten einer späteren Nachfolge in die Gesellschafterstellung des Vollmachtgebers zugestimmt hätten. Denn wenn der Vorsorgebevollmächtigte später selbst Gesellschafter werde, sei sein Interesse auch schon während seiner Tätigkeit als Vorsorgebevollmächtigter verstärkt am Fortkommen und Wohle der Gesellschaft orientiert und dies führe dazu, dass er seine Befugnisse so ausüben werde, als wäre er bereits Gesellschafter.[605]

b. Stellungnahme

Meines Erachtens ließe sich eine Zustimmungspflicht – jedenfalls in Einzelfällen – auch aus der gesellschaftsrechtlichen Treuepflicht ableiten. Die Treuepflicht ist eine ungeschriebene Pflicht, die dem Umstand, dass ein Gesellschafter die anderen Gesellschafter rechtlich verpflichten kann, Rechnung trägt und den Entscheidungsspielraum der Gesellschafter einschränkt.[606] Hieraus folgt, dass ein Gesellschafter auf die Belange der Mitgesellschafter im Rahmen des Zumutbaren Rücksicht zu nehmen hat und sich nicht willkürlich oder grundlos über anerkennenswerte Interessen der Gemeinschaft oder der Mitgesellschafter

---

603 *Schäfer* ZHR 175 (2011), 558, 568.

604 *Heckschen* NZG 2012, 10, 15 unter Verweis auf MüKoHGB/*Schmidt* HGB, § 105 Rn. 220, dessen Ausführungen sich aber auf einen Zustimmungsanspruch für den Fall der Anteilsübertragung beziehen.

605 *Raub* Vorsorgevollmachten S. 117.

606 *Raub* Vorsorgevollmachten S. 133; Palandt/*Sprau* BGB, § 705 Rn. 27; *Froning* in Sudhoff Unternehmensnachfolge § 39 II. 1. c. Rn. 26; die rechtsdogmatische Grundlage der Treuepflicht – Vertrag oder Gesetz – ist umstritten, vgl. MüKoHGB/*Schmidt* HGB, § 105 Rn. 188; vgl. zur Treuepflicht im Allgemeinen auch Staub/*Schäfer* HGB, § 105 Rn. 228 ff.; MüKoBGB/*Ulmer/Schäfer* BGB, § 705 Rn. 221 ff.

hinwegsetzen darf.[607] Die Intensität der Treuepflicht hängt jeweils von der Realstruktur der Gesellschaft ab und nimmt mit steigendem personalistischem Charakter der Gesellschaft zu.[608] *Wedemann* ist z. B. der Ansicht, dass die Treuepflicht die Mitgesellschafter einer personalistischen GmbH verpflichte, die Anordnung einer Betreuung anzuregen, wenn ein Gesellschafter seine Gesellschaftsangelegenheiten nicht mehr selbst wahrnehmen kann.[609] Außerdem ist die Intensität der Treuepflicht bei uneigennützigen Mitgliedschaftsrechten stärker als bei eigennützigen Mitgliedschaftsrechten.[610]

Die Treuepflicht verlangt von den Gesellschaftern angemessen auf Krisen der Gesellschaft zu reagieren.[611] Dies kann eine am Gesellschaftszweck orientierte Gestaltungspflicht beinhalten.[612] So können Gesellschafter z. B. zur Zustimmung und Mitwirkung bei erforderlichen und geeigneten Sanierungsmaßnahmen im Falle einer Unternehmenskrise verpflichtet sein.[613] In Einzelfällen können Gesellschafter auch verpflichtet sein einer konkreten Geschäftsführungsmaßnahme zuzustimmen, wenn diese im Interesse der Gesellschaft dringend geboten ist und den Geschäftsführern kein Entscheidungsspielraum zusteht.[614] Daneben ist eine Zustimmungspflicht zu außergewöhnlichen Maßnahmen im Sinne des § 116 Abs. 2 HGB oder zu der Aufnahme eines neuen persönlich haftenden Gesellschafters anerkannt worden.[615] Allgemein formuliert, kann eine Zustimmungspflicht dann bestehen, wenn das Vorhaben im Gesamtinteresse der Gesellschaft liegt.[616]

---

607 Dies gilt insbesondere dann, wenn die Folgen für die Gesellschaft oder die Mitgesellschafter einschneidend sind, vgl. MüKoBGB/*Ulmer/Schäfer* BGB, § 705 Rn. 224.

608 MüKoHGB/*Schmidt* HGB, § 105 Rn. 190; MüKoBGB/*Ulmer/Schäfer* BGB, § 705 Rn. 225; EBJS/*Born* HGB, § 109 Rn. 20; Baumbach/Hopt/*Roth* HGB, § 109 Rn. 23.

609 *Wedemann* NJW 2014, 3419 f.

610 MüKoBGB/*Ulmer/Schäfer* BGB, § 705 Rn. 224.

611 MüKoHGB/*Schmidt* HGB, § 105 Rn. 192.

612 MünchHdB. GesRII/*Weipert* § 13 Rn. 6.

613 MüKoHGB/*Schmidt* HGB, § 105 Rn. 192 unter Verweis auf BGH Urt. v. 19.11.1984 – II ZR 102/84, NJW 1985, 972–973 und BGH Urt. v. 19.10.2009 – II ZR 240/08, NJW 2010, 65–69; EBJS/*Born* HGB, § 109 Rn. 22 m.w.N.

614 BGH Urt. v. 19.06.2008 – III ZR 46/06, juris Tz. 42 mit weiteren Ausführungen und Nachweisen dazu, dass die Zustimmungspflicht im Wege der Leistungsklage einzufordern ist und nur in außerordentlich gelagerten Einzelfällen eine Fiktion der Zustimmung ohne vorheriges gerichtliches Verfahren erfolgen kann.

615 EBJS/*Born* HGB, § 109 Rn. 21 m.w.N.

616 So etwa EBJS/*Born* HGB, § 109 Rn. 21 unter Verweis auf BGH Urt. v. 28.05.1979 – II ZR 172/78 und BGH Urt. v. 20.10.1986 – II ZR 86/85, NJW 1987, 952–953; Schwerdtfeger/*Lehleiter* HGB, § 109 Rn. 21.

Aus der Treuepflicht kann sich in besonderen Ausnahmefällen auch die Verpflichtung für die Gesellschafter ergeben, einer Änderung des Gesellschaftsvertrags zuzustimmen. Voraussetzung ist hierfür, dass die Änderung mit Rücksicht auf das bestehende Gesellschaftsverhältnis oder im Hinblick auf die Rechtsbeziehung der Gesellschafter zueinander, etwa zum Zwecke der Erhaltung wesentlicher Werte, oder zur Vermeidung erheblicher Verluste, die die Gesellschaft oder einer der Gesellschafter erleiden könnten, dringend erforderlich ist.[617] Eine Zustimmungspflicht besteht jedoch nur dann, wenn dem Gesellschafter die Vertragsänderung unter Berücksichtigung seiner eigenen Belange im Einzelfall zumutbar ist.[618] Die Grenze ist wegen § 707 BGB jedoch dort erreicht, wo die Änderung des Vertrags eine Vermehrung der Pflichten des widersprechenden Gesellschafters zur Folge hat.[619] Nicht hierunter fällt aber eine gesellschaftsvertragliche Regelung, die den Gesellschaftern einer Publikumspersonengesellschaft nur die Wahl zwischen der Teilnahme an der Sanierung der Gesellschaft in Form einer neuen Beitragspflicht und dem Ausscheiden aus der Gesellschaft lässt. Zugleich nahm der BGH in diesem Fall eine Zustimmungspflicht der Gesellschafter zu dieser Vertragsänderung aus Treuegesichtspunkten an, da die Fortführung der Gesellschaft gemessen an den Zerschlagungsfolgen wirtschaftlich sinnvoll gewesen sei und schützenswerte Belange der nicht zahlungswilligen Gesellschafter dem nicht entgegengestanden hätten; diese hätten im Falle des Ausscheidens sogar besser gestanden als im Falle der Liquidation der Gesellschaft.[620]

Eine Zustimmungspflicht wurde auch für den Fall angenommen, dass die Vorsorge für die Zukunft einer Gesellschaft es erfordert, dass ein Mitgesellschafter seine Stellung als persönlich haftender Gesellschafter schon zu Lebzeiten auf seinen zur Nachfolge berufenen Erben überträgt; sogar dann, wenn der Gesellschaftsvertrag vorsieht, dass die Erben eines persönlich haftenden Gesellschafters, die nicht schon persönlich haftende Gesellschafter sind, als Kommanditisten

617 BGH Urt. v. 19.10.2009 – II ZR 240/08, juris Tz. 23, NJW 2010, 65, 67; BGH Urt. v. 08.11.2004 – II ZR 350/02, juris Tz. 8; BGH Urt. v. 20.10.1986 – II ZR 86/85, juris Tz. 10, NJW 1987, 952, 953; BGH Urt. v. 26.01.1961 – II ZR 240/59, juris Tz. 22, NJW 1961, 724 f.; BGH Urt. v. 17.12.1959 – II ZR 81/59, NJW 1960, 434.

618 Dies setzt eine konkrete Interessenabwägung voraus, vgl. BGH Urt. v. 19.10.2009 – II ZR 240/08, juris Tz. 23, NJW 2010, 65, 67; BGH Urt. v. 08.11.2004 – II ZR 350/02, juris Tz. 13; BGH Urt. v. 20.10.1986 – II ZR 86/85, juris Tz. 13, NJW 1987, 952, 954; BGH Urt. v. 26.01.1961 – II ZR 240/59, juris Tz. 22, NJW 1961, 724 f.

619 MüKoBGB/*Ulmer/Schäfer* BGB, § 705 Rn. 233.

620 BGH Urt. v. 19.10.2009 – II ZR 240/08, juris Tz. 22 ff., NJW 2010, 65, 66 ff.

mit dem Kapitalanteil ihres Erblassers eintreten. Maßgeblich sei, ob der Unternehmenszweck es gebiete, eine Vertragsänderung herbeizuführen, um die in gemeinsamer Arbeit geschaffenen und in dem Unternehmen verkörperten Werte weiterhin zu erhalten. Hierbei sei das Gebot, Vorsorge für die Zukunft zu treffen, um den Fortbestand des Unternehmens zu sichern, Bestandteil der Pflicht zur verantwortungsbewussten Unternehmensführung. So liege die Sicherung der Kontinuität der Führung des Gesellschaftsunternehmens innerhalb des Vertragszwecks und sei nicht nur eine Zweckmäßigkeitsfrage, die jeder Gesellschafter nach seinem eigenen Ermessen entscheiden könne.[621]

Auch in einer jüngeren Entscheidung urteilte der BGH ähnlich und nahm an, dass auch das fortgeschrittene Alter und die Krankheit eines Gesellschafters dazu führen können, dass der oder die Mitgesellschafter einem Gesellschafterwechsel, insbesondere der Vorwegnahme einer im Gesellschaftsvertrag für den Fall des Todes jedes Gesellschafters getroffenen Nachfolgeregelung, zuzustimmen haben.[622] Begründet wurde dies u. a. damit, dass es die Vorsorge für die Zukunft des Unternehmens gebiete, einen Gesellschafterwechsel frühzeitig herbeizuführen, um bei einem endgültigen altersbedingten Ausfall des Klägers keine Vakanz in der Position des Klägers als geschäftsführenden Gesellschafters entstehen zu lassen.[623]

Der BGH stützt die Zustimmungspflicht in beiden Fällen auf die Annahme, dass es dem Vertragszweck entspreche einer altersbedingten Krise mittels eines frühzeitigen Übergangs der Gesellschaftsanteile entgegenzutreten, und sieht hierin eine Vorsorgeverpflichtung der Gesellschafter. Dies kann auf die Situation der Vorsorgevollmacht übertragen werden. Zwar handelt es sich nicht um eine altersbedingte, d. h. durch den Tod eines Gesellschafters verursachte Gefährdung der Gesellschaft. Jedoch dürfte der – oftmals krankheits- oder unfallbedingte – Ausfall eines Gesellschafters im Falle seiner Geschäftsunfähigkeit diesem gleichstehen. Dass im Falle der Geschäftsunfähigkeit eines Gesellschafters ein Betreuer bestellt wird, der die Gesellschafterrechte ausüben kann, steht dem nicht entgegen. Denn der Stillstand der Gesellschaft, der bis zur Bestellung eines Betreuers dauert, dürfte hinsichtlich Ausmaß und Dauer mit dem im Falle des Versterbens eines Gesellschafters vergleichbar sein. Im letzteren Fall droht der Gesellschaft, durch den Übergang der Gesellschafterstellung auf den Erben,

621 BGH Urt. v. 20.10.1986 – II ZR 86/85, juris Tz. 10 ff., NJW 1987, 952, 954.
622 BGH Urt. v. 08.11.2004 – II ZR 350/02, juris Tz. 8.
623 BGH Urt. v. 08.11.2004 – II ZR 350/02, juris Tz. 10.

so lange ein Stillstand, bis dieser die Gesellschaftertätigkeit gleichwertig übernehmen kann und in seine neuen Aufgaben eingearbeitet ist.[624]

Wenn man also – wofür gute Gründe sprechen – unterstellt, dass die Betreuungsbedürftig- bzw. die Geschäftsunfähigkeit eines Gesellschafters eine Unternehmenskrise ist und dass die Zustimmung der Gesellschafter zu einer Vorsorgevollmacht eine entsprechende Gestaltungspflicht wäre, lässt sich eine Zustimmungspflicht im Einzelfall begründen. Dann ist die Zustimmung nämlich Ausdruck des Gebots zur zweckorientierten Betätigung von Gestaltungsrechten.

Ergänzend sprechen für eine Zustimmungspflicht die aufgezeigten Nachteile des Betreuungsverfahrens. Allein diese sowie der Gesellschaftszweck, der einem betreuungsbedingten Stillstand der Gesellschaft entgegensteht, sind weitere Argumente für eine Zustimmungspflicht.[625] Außerdem haben auch die Gesellschafter im Regelfall ein großes Interesse an einem weiteren Fortbestand der Gesellschaft. Da dieser am effektivsten mit Hilfe einer Vorsorgevollmacht gesichert werden kann, dürfte dieses Interesse der Gesellschafter die gegen eine Vorsorgevollmacht sprechenden Aspekte oftmals überwiegen. Dies gilt, zumal die Treuepflicht nicht nur die Mitglieder, sondern auch den Verband selbst schützt.[626] Um dem Schutzbedürfnis der Gesellschafter zu genügen, wird eine Zustimmungspflicht aber dann nicht bestehen, wenn dies den Gesellschaftern bei Abwägung der widerstreitenden Interessen nicht zumutbar ist.[627] Dies ist dann der Fall, wenn in der Person des Vorsorgebevollmächtigten ein wichtiger Grund liegt oder andere schutzwürdige Interessen der Gesellschafter entgegenstehen. Hierzu könnte auch eine den Gegebenheiten der betroffenen Gesellschaft nicht entsprechende Vorsorgevollmacht zählen; wie bspw. wenn auf die Installation einer Überwachung des Bevollmächtigten verzichtet wurde. Für eine solche Ausnahme von der Zustimmungspflicht spricht auch ein Vergleich mit einem

---

624 BGH Urt. v. 20.10.1986 – II ZR 86/85, juris Tz. 11, NJW 1987, 952, 953.

625 Wobei insoweit einzugestehen ist, dass das staatliche Betreuungsverfahren für den Bestand der Gesellschaft sicherlich weniger gefährlich ist als eine Zahlungsunfähigkeit oder Überschuldung.

626 MüKoBGB/*Ulmer/Schäfer* BGB, § 705 Rn. 223; MüKoHGB/*Schmidt* HGB, § 105 Rn. 189; EBJS/*Born* HGB, § 109 Rn. 20; Baumbach/Hopt/*Roth* HGB, § 109 Rn. 23.

627 So auch die Rechtsprechung in ähnlichen Fällen, vgl. BGH Urt. v. 19.10.2009 – II ZR 240/08, juris Tz. 23, NJW 2010, 65, 67; BGH Urt. v. 08.11.2004 – II ZR 350/02, juris Tz. 13; BGH Urt. v. 20.10.1986 – II ZR 86/85, juris Tz. 13, NJW 1987, 952, 954; BGH Urt. v. 26.01.1961 – II ZR 240/59, juris Tz. 22, NJW 1961, 724 f.; vgl. auch *Westermann* FS Blaurock S. 537 f.

gesetzlichen Vertreter eines Minderjährigen. Dieser darf die Geschäftsführungsbefugnis nach einer Ansicht ebenfalls nur mit Zustimmung aller Gesellschafter ausüben. Jedoch wird auch hier davon ausgegangen, dass ein Anspruch auf Zustimmung besteht, wenn gegen die persönliche und fachliche Eignung des Vertreters keine Bedenken bestehen und dieser sich der Treuepflicht unterwirft.[628]

6. Zwischenfazit

Damit ein Vorsorgebevollmächtigter sämtliche Verwaltungsrechte ausüben kann, müssen dem alle Mitgesellschafter zugestimmt haben. Dies kann jedoch nicht wie von der überwiegenden Ansicht vertreten mit dem Abspaltungsverbot begründet werden, sondern ist auf den Grundsatz der Höchstpersönlichkeit der Mitgliedschaft zurückzuführen, weshalb die Zustimmung der Mitgesellschafter auch für die Frage der Vereinbarkeit einer Vorsorgevollmacht mit dem Abspaltungsverbot unerheblich ist. Eine einfache Nachfolgeklausel oder eine Regelung, wonach die Übertragung von Gesellschaftsanteilen frei ist, kann nach herrschender Ansicht nicht als konkludente Zustimmung gewertet werden. Eine allgemeine Pflicht der Gesellschafter, ihre Zustimmung zu erteilen, besteht nicht; jedoch kann sich eine solche im Einzelfall – nach der hier vertretenen Ansicht – aus der Treuepflicht der Gesellschafter ergeben.

VII. Zusammenfassung

Die Ausübung der Gesellschafterrechte durch einen Vorsorgebevollmächtigten ist mit den anderen dargestellten Fallgruppen der Fremdverwaltung von Gesellschafterrechten vergleichbar. Mit dem Eintritt der Geschäftsunfähigkeit des Vollmachtgebers ist die Vorsorgevollmacht jedoch faktisch unwiderruflich. Obgleich für die Frage der Vereinbarkeit mit dem Abspaltungsverbot nicht auf die formale Ausgestaltung, sondern auf die wirtschaftliche Auswirkung abzustellen ist, kommt es durch die Vorsorgevollmacht nicht zu einer verbotenen Abspaltung von Gesellschafterrechten. Denn entgegen der ganz überwiegenden Ansicht verstoßen auch unwiderrufliche Vollmachten nicht gegen das Abspaltungsverbot. Dies liegt daran, dass auch unwiderrufliche Vollmachten aus einem wichtigen Grund widerrufen werden können. Außerdem spricht für ein dahin gehendes

628 MüKoHGB/*Rawert* HGB, § 114 Rn. 36; MüKoBGB/*Ulmer/Schäfer* BGB, § 709 Rn. 27; Schlegelberger/*Martens* HGB, § 114 Rn. 13; Röhricht/v. Westphalen/*Haas* HGB, § 114 Rn. 17; so wohl auch *Gogos* Geschäftsführung S. 73.

Verständnis des Abspaltungsverbots, dass sich die Gesellschafter in besonderen Situationen auch der Mitwirkung des Testamentsvollstreckers, des Betreuers sowie der Eltern bzw. des Vormundes als gesetzlicher Vertreter eines Minderjährigen, entledigen können. Die Letztverantwortlichkeit der Gesellschafter ist also immer gegeben.

Aber auch unabhängig von der hier vertretenen Ansicht zum Inhalt des Abspaltungsverbots lässt sich die Vereinbarkeit mit dem Abspaltungsverbot begründen. Zum einen mit einem Vergleich zur Betreuung und zum anderen mit dem Zweck des Abspaltungsverbots. Dieser liegt u. a. in der Sicherung der Selbstbestimmungsfähigkeit der Gesellschaft. Gerade diese soll mittels der Einsetzung eines Vorsorgebevollmächtigten zum Wohle der Gesellschaft abgesichert werden. Auch der Vergleich mit den anderen Fallgruppen der Fremdverwaltung spricht für die Vereinbarkeit mit dem Abspaltungsverbot. Die Zustimmung der Mitgesellschafter ist für diese Frage, entgegen der überwiegenden Ansicht, unerheblich, da das Abspaltungsverbot nicht zur Disposition der Gesellschafter steht. Deshalb basiert das Zustimmungserfordernis auch nicht auf dem Abspaltungsverbot, sondern auf dem Grundsatz der Höchstpersönlichkeit der Mitgliedschaft.

D. Ausgestaltung des Innenverhältnisses

Neben der Frage der gesellschaftsrechtlichen Zulässigkeit der Vorsorgevollmacht soll abschließend noch auf die Ausgestaltung der Vorsorgevollmacht und hierbei insbesondere auf das Innenverhältnis, also auf das Verhältnis zwischen dem Vollmachtgeber und dem Vorsorgebevollmächtigten[629], eingegangen werden. Die Ausgestaltung dieses Verhältnisses steht den Beteiligten offen. Oftmals wird der Ausgestaltung des Innenverhältnisses jedoch weniger Aufmerksamkeit geschenkt als der Ausgestaltung der im Außenverhältnis bestehenden Vollmacht, obwohl hierbei besondere Aufmerksamkeit geboten ist.[630] Denn das Grundverhältnis bildet, obgleich es abstrakt von der eigentlichen Vollmacht ist[631], mit dieser eine funktionale Einheit. Deshalb ergeben sich der Zweck der Vollmacht und die Frage, wie und wann sie Verwendung finden soll, oftmals erst aus dem ihr zugrundeliegenden – die Vollmacht insoweit konkretisierenden – Innenverhältnis.[632] So kann etwa das Betreuungsgericht bei § 1896 Abs. 2 BGB die Tauglichkeit einer Vorsorgevollmacht zur Vermeidung einer Betreuung nur unter Einbeziehung des der Vollmacht zugrundeliegenden Rechtsverhältnisses beurteilen.[633] Auch für den Umfang der Auskunfts- und Rechenschaftspflichten sowie für Haftungsfragen ist das Innenverhältnis maßgeblich.

Die folgende Darstellung soll sich – soweit möglich – auf einige zentrale Punkte beschränken und so dem Ratsuchenden helfen, für sich oder seinen Mandanten eine geeignete Lösung zu finden.

---

629 Dies wird auch als Grundverhältnis bezeichnet, vgl. *Sauer* RNotZ 2009, 79, 80.

630 So die fast einhellige Meinung, vgl. *Litzenburger* NotBZ 2007, 1; *Litzenburger* FD-ErbR 2008, 267869; *Sarres* ZEV 2013, 312, 315; *Sauer* RNotZ 2009, 79 ff.; *Walter* ZEV 2000, 353, 354; *Kropp* FPR 2012, 9, 10; *Bühler* BWNotZ 1990, 1, 3; Damrau/*Zimmermann* BGB, § 1896 Rn. 117; *Zimmermann* Vorsorgevollmacht Rn. 151, der darauf hinweist, dass dieses Thema von den Mandanten selbst kaum angesprochen wird; a.A. Müller/Renner/*Renner* Teil 2 F. IV. Rn. 626.

631 *Litzenburger* NotBZ 2007, 1 f.; Palandt/*Sprau* BGB, Einf. v. § 662, Rn. 7.

632 *Spalckhaver* in Lipp Vorsorgeverfügungen, § 8 Rn. 5; *Schwab* FamRZ 2014, 888, 890.

633 Mit einem sorgsam ausgestalteten Innenverhältnis kann also einer Betreuerbestellung vorgebeugt werden, vgl. *Schwab* FamRZ 2014, 888, 890.

I. Das Innenverhältnis

Das Innenverhältnis kann aus einer bloßen Gefälligkeit oder einer vertraglichen Bindung bestehen und richtet sich nach dem Rechtsbindungswillen der Parteien. Dieser ist nach Treu und Glauben unter Rücksicht auf die Verkehrssitte aus der Perspektive eines objektiven Beobachters zu ermitteln.[634] Wenn zwischen den Parteien ein besonderes Vertrauensverhältnis besteht, kann es ausnahmeweise vorkommen, dass kein Rechtsbindungswille besteht. Allein ein verwandtschaftliches Verhältnis dürfte hierfür aber nicht genügen.[635] Bei umfassenden Vorsorgevollmachten wird aufgrund der überragenden persönlichen und materiellen Bedeutung der Vorsorgevollmacht für den Vollmachtgeber dagegen von einem Rechtsbindungswillen ausgegangen; zumal der Vollmachtgeber zu dem Zeitpunkt, in dem der Vorsorgebevollmächtigte seine Tätigkeit aufnehmen soll, diesen oftmals weder kontrollieren noch ihm rechtlich bindende Weisungen erteilen kann.[636] Gleiches gilt, wenn sich der Vollmachtgeber ersichtlich auf das Versprechen des Vorsorgebevollmächtigten tätig zu werden verlässt[637] und nicht nur darauf vertrauen möchte, dass dieser die Tätigkeit aus Freundschaft oder karitativen Motiven übernimmt.[638] Deshalb besteht bei unternehmensbezogenen Vorsorgevollmachten in der Regel ein entsprechender Rechtsbindungswille der Parteien.

Eine Abgrenzung zwischen einer Gefälligkeit und einer vertraglichen Bindung – in Betracht kommen ein Auftrag, eine Geschäftsbesorgung, ein

---

634 BGH Urt. v. 22.06.1956 – 1 ZR 198/54, NJW 1956, 1313; BGH Urt. v. 21.06.2012 – III ZR 290/11, juris Tz. 14.

635 OLG Schleswig, Urt. v. 18.03.2014 – 3 U 50/13, juris Tz. 21; *Litzenburger* NotBZ 2007, 1, 2; a.A. BGH v. 05.07.2000 – XII ZR 26/98, juris Tz. 13 ff., NJW 2000, 3199, 3200 in Bezug auf die Rechenschaftspflicht des Ehegatten, der während des Zusammenlebens die Wirtschaftsführung übernommen hat – der BGH (Beschl. v. 26.06.2008 – III ZR 30/08, BeckRS 2008, 17591) hat aber mittlerweile klargestellt, dass diese Rechtsprechung nicht ohne Weiteres auf andere Fallgestaltungen mit familiärem oder persönlichem Einschlag übertragen werden kann; deshalb ist auch die Entscheidung des OLG Köln Urt. v. 19.09.2012 – 16 U 196/11, juris Tz. 8 als zu weitgehend abzulehnen.

636 *Litzenburger* NotBZ 2007, 1, 2.

637 BGH Urt. v. 21.06.2012 – III ZR 290/11, juris Tz. 14; OLG Hamm Urt. v. 29.01.1997 – 31 U 145/96, juris Tz. 20, NJW-RR 1997, 1007 f.; OLG Schleswig Urt. v. 18.03.2014 – 3 U 50/13, juris Tz. 21; OLG Brandenburg v. 07.12.2011 – 3 U 94/11, BeckRS 2012, 20726; *Horn/Schabel* NJW 2012, 3473; Palandt/*Sprau* BGB, Einf. v. § 662 Rn. 7; *Bühler* FamRZ 2001, 1585, 1593.

638 *Sauer* RNotZ 2009, 79, 80 f.

Dienstvertrag oder eine Typenkombination dieser Vertragstypen[639] – ist nur erforderlich, wenn die Tätigkeit des Vorsorgebevollmächtigten unentgeltlich erfolgt. Ist sie hingegen, wie bei unternehmensbezogenen Vorsorgevollmachten üblich, entgeltlich, liegt eine Geschäftsbesorgung im Sinne des § 675 BGB vor.[640] Denn dann stehen für den Auftraggeber erkennbar wesentliche Interessen auf dem Spiel, sodass er auf die Zusage des Vorsorgebevollmächtigten vertrauen wird.[641]

Eine Geschäftsbesorgung ist durch die Vergütungspflicht sowie dadurch geprägt, dass die Tätigkeit des Bevollmächtigten einen Vermögensbezug aufweisen muss. Letzteres unterscheidet sie von einem Dienstvertrag im Sinne des § 611 BGB.[642] Außerdem kann der Bevollmächtigte, anders als bei einem Auftrag, die übernommenen Angelegenheiten im Zweifel einem Dritten übertragen; § 675 BGB verweist nämlich nicht auf § 664 BGB.[643] Zu beachten ist auch, dass der Vorsorgebevollmächtigte an die Stelle eines Betreuers tritt und deshalb die Pflichten der §§ 662 ff. BGB durch betreuerähnliche Pflichten ergänzt werden. Er hat also das Wohl und die Interessen des Betroffenen zu wahren und dessen Angelegenheiten zu besorgen. Hierbei muss er auch die Wünsche und Vorstellungen des Vollmachtgebers berücksichtigen.[644] Einer weitergehenden Abgrenzung zwischen den Vertragstypen bedarf es nicht, da diese durch weitestgehend qualitativ vergleichbare Pflichten geprägt sind.[645]

II. Regelungsort

Ob das Innenverhältnis in der Vollmachtsurkunde selbst oder in einer davon getrennten Urkunde geregelt werden sollte, ist umstritten.

---

639 *Sauer* RNotZ 2009, 79, 80 f.; *Bühler* FamRZ 2001, 1585, 1593; *Walter* Vorsorgevollmacht S. 112; vgl. zur Abgrenzung auch *Horn/Schabel* NJW 2012, 3473 f.

640 Palandt/*Sprau* BGB, Einf. v. § 662 Rn. 7, § 675 Rn. 28; *Bühler* FamRZ 2001, 1585, 1593; *Sarres* ZEV 2013, 312, 313.

641 Beides sind Voraussetzungen, die regelmäßig bei einer Geschäftsbesorgung gegeben sind, vgl. BGH Urt. v. 21.06.2012 – III ZR 290/11, BeckRS 2012, 14989.

642 *Zimmermann* Vorsorgevollmacht Rn. 163, der als Beispiel für einen Dienstvertrag den Fall nennt, dass der Vorsorgebevollmächtigte zwar eine Vergütung erhält, aber ausschließlich für Gesundheitsangelegenheiten und Unterbringungsfragen zuständig ist; Palandt/*Weidenkaff* BGB, Einf. v. § 611 Rn. 24; Palandt/*Sprau* BGB, Einf. v. § 675 Rn. 1, § 675 Rn. 2.

643 Vgl. hierzu auch *Zimmermann* Vorsorgevollmacht Rn. 164.

644 *Schwab* FamRZ 2014, 888, 890.

645 *Sarres* ZEV 2013, 313; vgl. vertiefend zu den Pflichten: *Lorenz* Jus 2012, 6 ff.

Für die Aufnahme des Innenverhältnisses in die Vollmachtsurkunde[646] spreche, dass dies, wenn die Vorsorgevollmacht notariell beurkundet werden soll, preisgünstiger sei und dem Amtsgericht die Prüfung der Erforderlichkeit im Rahmen des § 1896 BGB erleichtert. Außerdem führe dies dazu, dass die Beteiligten und insbesondere ihre Erben seltener über die Rechtsfolgen aus dem Innenverhältnis streiten würden und so dem Rechtsfrieden gedient sei.[647] Auch das Geheimhaltungsinteresse des Vollmachtgebers könne bei einer Zusammenbeurkundung durch die Erteilung von auszugsweisen Ausfertigungen der notariellen Urkunde nach § 49 Abs. 5 BeurkG ebenso gewahrt werden wie bei getrennten Urkunden.[648] Schließlich wird vertreten, dass die Gestaltungs- und Belehrungspflichten des Notars die Zusammenbeurkundung gebieten würden.[649]

Jedoch droht bei der Aufnahme des Innenverhältnisses eine Überfrachtung der Vollmachtsurkunde, die zu einer Entwertung der Vollmacht im Außenverhältnis führen kann. Der Rechtsverkehr, insbesondere der juristische Laie, könnte nämlich über die Wirksamkeit der Vollmacht irren, da er oftmals nicht zwischen einer beschränkten Vollmacht und Schranken im Innenverhältnis unterscheiden kann. So könnten die Regelungen zu Unrecht als Beschränkungen der Vertretungsmacht interpretiert werden oder jedenfalls Misstrauen gegenüber der Vertretungsmacht nähren.[650] Letzteres dürfte auch für eine nur auszugsweise Ausfertigung einer das Innenverhältnis enthaltenen Vollmachturkunde gelten, da der Vertragspartner geneigt sein könnte vorsichtiger zu agieren und sich fragen wird, ob und wenn ja welche Informationen ihm vorenthalten werden. Außerdem muss der Notar genau prüfen, ob er eine Teilausfertigung aushändigt,

---

646 Hierfür spricht sich aus: *Litzenburger* NotBZ 2007, 1, 7 ff.; offen Müller/Renner/*Renner* Teil 2 F. VI. 2. Rn. 640 f.; a.A. *Jocher* notar 2014, 1, 7 f.; *Heckschen* NZG 2012, 10, 16; *Zimmermann* Vorsorgevollmacht Rn. 151, S. 108, Rn. 166; *Zimmermann* NJW 2014, 1573, 1574; *Langenfeld* ZEV 2005, 52; Beck'sches Formularbuch Bürgerliches, Handels- und Wirtschaftsrecht/*Rawert* I. 39 Anm. 7; *Sauer* RNotZ 2009, 79, 83; MAH Erbrecht/*Keim* § 44 Rn. 10; ähnlich MAH Erbrecht/*Lorz* § 20 Rn. 31; *Bühler* FamRZ 2001, 1585, 1593; *Winkler* Vorsorgeverfügungen S. 28, 39; BtKomm/*Roth* C I. 6. a. S. 203 Rn. 53.

647 *Litzenburger* NotBZ 2007, 1, 9 f.

648 *Litzenburger* NotBZ 2007, 1, 7, 9 f.; *Milzer* NJW 2003, 1836, 1838; Müller/Renner/*Renner* Teil 2 F. VI. 2. Rn. 641 f.

649 *Litzenburger* NotBZ 2007, 1 und 9.

650 *Zimmermann* Vorsorgevollmacht Rn. 166; *Zimmermann* NJW 2014, 1573, 1574; *Winkler* Vorsorgeverfügungen S. 39; *Sauer* RNotZ 2009, 79, 83; *Bühler* FamRZ 2001, 1585, 1593; OLG München Beschl. v. 13.06.2006 – 32 Wx 079/06, RNotZ 2006, 426, 426 f.

da er gem. § 42 Abs. 3 BeurkG versichern müsste, dass in den nicht wiedergegebenen Teilen keine widersprechenden Passagen enthalten sind. Dies wird er aber nur machen, wenn er sicher beurteilen kann, dass das Innenverhältnis nicht auf das Außenverhältnis durchschlägt, was im Einzelfall schwierig zu beurteilen sein kann.[651] Andererseits kann ein Notar auch bei der Regelung in einer Urkunde den Text klar nach Innen- und Außenverhältnis trennen, sodass keine Zweifel am dem Umfang der Vollmacht entstehen sollten.[652]

Gleichwohl ist es ratsam, zwei getrennte Urkunden zu verwenden. Zwar bietet die Aufnahme des Innenverhältnisses in die Vollmachturkunde dem Vollmachtgeber durch die Offenlegung der internen Grenzen der Handlungsbefugnis einen gewissen Schutz vor einem Vollmachtmissbrauch, jedoch dürfte sich dadurch die Verhandlungsposition des Bevollmächtigten verschlechtern. Außerdem ist es fraglich, welchen Vorteil es hat, wenn Geschäftspartner bspw. erfahren, wie hoch die Vergütung des Vorsorgebevollmächtigten ist.[653] Zugleich könnte bei einer Zusammenbeurkundung auf Veränderungen im Verhältnis zwischen dem Vollmachtgeber und dem Vorsorgebevollmächtigten nicht einfach durch eine bloße Anpassung des Innenverhältnis reagiert werden, sondern es müsste jedes Mal die gesamte Vollmachturkunde neu gefasst werden.[654] Deshalb wird nach überwiegender Ansicht eine Regelung in getrennten Urkunden immer dann empfohlen, wenn das Innenverhältnis umfangreiche Regelungen erfordert,[655] was bei einer unternehmensbezogenen Vorsorgevollmacht zumeist der Fall sein dürfte. Außerdem muss eine unternehmensbezogene Vorsorgevollmacht möglichst umfassend wirken, damit sie die ihr zugedachte Rolle erfüllen kann. Zweifel an der Wirksamkeit der Vollmacht sowie hinsichtlich ihres Umfangs sollten bereits gar nicht erst entstehen können. Dieses Ziel sollte, zumal bei größeren Unternehmen, oberste Priorität genießen und gegenüber Kostengesichtspunkten überwiegen; zumal die Obergrenze des für die Berechnung der Gebühr maßgeblichen Geschäftswerts gem. § 98 Abs. 4 GNotKG ohnehin bei

651 *Sauer* RNotZ 2009, 79, 83.

652 Müller/Renner/*Renner* Teil 2 F. VI. 2. Rn. 640.

653 So zu Recht *Zimmermann* Vorsorgevollmacht Rn. 151; *Langenfeld* Vorsorgevollmacht S. 119.

654 Müller/Renner/*Renner* Teil 2 F. V. 5. Rn. 635 sowie *Sauer* RNotZ2009, 80, 82 ff. warnen in diesem Zusammenhang vor einer textlichen „Zementierung".

655 So *Sauer* RNotZ 2009, 79, 83; *Langenfeld* Vorsorgevollmacht S. 118 f.; *Bühler* FamRZ 2001, 1585, 1593; *Zimmermann* Vorsorgevollmacht Rn. 151; *Winkler* Vorsorgeverfügungen S. 39; so wohl auch Müller/Renner/*Renner* Teil 2 F. VI. 1. Rn. 639; a.A. *Litzenburger* NotBZ 2007, 1, 7 ff.

1.000.000 EUR liegt, sodass die Höchstgebühr nach § 34 GNotKG, Ziff. 21200 KVGNotKG maximal 1.735 EUR beträgt.[656] Selbst wenn diese aufgrund der getrennten Beurkundung zweimal anfallen sollte, handelt es sich um verhältnismäßig geringe Mehrkosten.

III. Gestaltungsvorschläge

Nachfolgend werden zunächst kurz die bei der Gestaltung des Innenverhältnisses bestehenden Spannungsfelder dargestellt und mögliche Regelungspunkte besprochen.

1. Spannungsfelder bei der Gestaltung

Bei der Gestaltung des Innenverhältnisses geht es darum, einerseits den Vollmachtgeber vor einem Vollmachtmissbrauch zu schützen und andererseits dem Vorsorgebevollmächtigten den nötigen Handlungsspielraum zu ermöglichen, damit die Bestellung eines Betreuers nicht erforderlich wird.[657]

Dem Sicherungsbedürfnis des Vollmachtgebers dienen bspw. folgende Aspekte bzw. Regelungen:[658]

- Dem Vorsorgebevollmächtigten kann die Schadensersatzpflicht, die aus einem Vollmachtmissbrauch folgt, vor Augen geführt werden
- Die Kontrollmöglichkeiten eines Vollmachtüberwachers können objektivierbar und nachvollziehbar geregelt werden
- Handlungspflicht des Vorsorgebevollmächtigten
- Konkrete Weisungen für die Geschäftsbesorgung
- Auskunfts- und Rechenschaftspflichten
- Informationspflichten des Vorsorgebevollmächtigten bei Ablehnung oder Untätigkeit
- Ersatz- und Kontrollfunktionen bei mehreren Vorsorgebevollmächtigten

Im Interesse des Vorsorgebevollmächtigten können hingegen aufgenommen werden:[659]

656 Jurgeleit/*Jurgeleit* BGB, § 1896 Rn. 24.

657 *Sauer* RNotZ 2009, 79, 80.

658 *Sauer* RNotZ 2009, 79, 81; *Walter* Vorsorgevollmacht S. 113; *Litzenburger* NotBZ 2007, 1, 7.

659 *Litzenburger* NotBZ 2007, 1, 7 sowie *Walter* Vorsorgevollmacht S. 114 ff. mit weiteren Vorschlägen für Festlegungen zugunsten des Bevollmächtigten.

- Vergütungsfragen
- Haftungsfragen (z. B. Haftungsbeschränkung auf Vorsatz und grobe Fahrlässigkeit)
- Weisungen, die dem Vorsorgebevollmächtigten bestimmte Entscheidungen abnehmen und so dessen Verantwortung mildern[660]

2. Auflistung einzelner Befugnisse

Fraglich ist, ob die Befugnisse des Vorsorgebevollmächtigten einzeln benannt werden sollten,[661] denn mit steigender Regelungsdichte im Innenverhältnis steigt auch die Zahl der Einschränkungen und Anweisungen. Dies birgt die Gefahr, dass der Vorsorgebevollmächtigte die Angelegenheiten deshalb in Teilen nicht besorgen kann und ein Betreuer bestellt wird.[662] Wenn einzelne Befugnisse aufgeführt werden, sollte – unabhängig davon, ob dies in der Vollmachturkunde selbst oder in einer davon getrennten Urkunde geschieht – die Aufzählung nicht abschließend sein.[663] Denn der eigentliche Anwendungsfall der Vorsorgevollmacht ist gerade dadurch geprägt, dass der Vollmachtgeber seine Geschäfte nicht mehr selbst erledigen kann, sodass auch die Befugnisse des Vorsorgebevollmächtigten nicht mehr an veränderte und zum Zeitpunkt der Bevollmächtigung nicht vorhersehbare Umstände angepasst werden können.[664] Außerdem bestünde die Gefahr, dass der juristische Laie eine exemplarische Aufzählung der Einzelbefugnisse als abschließend wertet.[665]

Eine einheitliche Meinung, in welchem Umfang Regelungen im Innenverhältnis getroffen werden sollen, existiert nicht; letztlich ist dies eine Frage des Einzelfalls.

---

660 Vgl. hierzu auch *Jocher* notar 2014, 1, 6, der empfiehlt, dem Vorsorgebevollmächtigten durch Weisungen vorzugeben, ob das Unternehmen bzw. die Beteiligung daran fortbestehen soll, ob das Unternehmen liquidiert werden soll, ob der Gesellschafter aus der Gesellschaft ausscheiden oder die Beteiligung verkauft werden soll oder ob eine Unternehmensumwandlung in Betracht kommt.

661 Skeptisch insoweit wohl MAH Erbrecht/*Keim* § 44 Rn. 10; *Sauer* RNotZ 2009, 79, 82 f.; *Podewils* juris-PR-FamR 7/2014 Anm. 6; *Wachter* EWiR 2014, 9, 10.

662 *Sauer* RNotZ 2009, 79, 82 f.; MAH Erbrecht/*Keim* § 44 Rn. 16, der darauf hinweist, dass für den Laien die Unterscheidung zwischen Innenverhältnis und Außenverhältnis oft nicht verständlich ist.

663 Würzburger NotarHdB/*Müller* Teil 3 Kap. 3 Rn. 11; *Kropp* FPR 2012, 9; *Müller* DNotZ 1997, 100, 101; *Winkler* Vorsorgeverfügungen S. 47; *Milzer* NJW 2003, 1836, 1838.

664 *Müller* DNotZ 1997, 100, 101; *Winkler* Vorsorgeverfügungen S. 47.

665 *Milzer* NJW 2003, 1836, 1838.

Teilweise wird es als ausreichend erachtet, die Fragen der Verwendungsbeschränkung und die der Rangfolge bei mehreren Bevollmächtigten zu regeln.[666] Eine ausführlichere Ausgestaltung des Innenverhältnisses sei dem Ratsuchenden zum einen nicht vermittelbar und zum anderen seien die gesetzlichen Regelungen ausreichend. Außerdem bestünde bei einer weniger ausführlichen Ausgestaltung weder eine besondere Haftungsgefahr für den vertragsgestaltenden Notar noch sei eine Schwächung der Vollmacht im Außenverhältnis wahrscheinlich. Letztlich sprächen auch Kostengesichtspunkte gegen eine ausführliche Normierung.[667]

Vorstehendes dürfte aber eher für Vorsorgevollmachten im privaten als im unternehmerischen Bereich gelten. Gestaltungsvorschläge, die sich auf unternehmensbezogene Vorsorgevollmachten beziehen, sehen hingegen regelmäßig eine ausführlichere Regelung des Innenverhältnisses vor.[668]

Abhängig vom jeweiligen Einzelfall sind bei unternehmensbezogenen Vorsorgevollmachten insbesondere folgende Punkte in Erwägung zu ziehen:

a. Bevollmächtigung mehrerer

Sinnvoll ist die Einsetzung eines Überwachungsbevollmächtigten, der den Vorsorgebevollmächtigten anstelle des Vollmachtgebers überwacht.[669] Ob dies ein Mitgesellschafter oder eine dritte Person sein sollte, hängt von dem jeweiligen Einzelfall ab. Durch die Benennung eines Überwachungsbevollmächtigten kann die Bestellung eines Kontrollbetreuers im Sinne des § 1896 Abs. 3 BGB vermieden und eine private Vorsorge gewährleistet werden. Weniger sinnvoll erscheint es zu diesem Ziel zwei gleichrangige Vorsorgebevollmächtigte einzusetzen.[670] Dies gilt selbst dann, wenn die Handlungsanweisungen zur Überwachung des jeweils anderen, wie empfohlen[671], im Innenverhältnis aufgeführt sind. Zwar

---

666 Müller/Renner/*Renner* Teil 2 F. V. Rn. 626.

667 Müller/Renner/*Renner* Teil 2 F. V. 7. Rn. 636; a.A. *Zimmermann* Vorsorgevollmacht Rn. 165 ff.; *Bühler* FamRZ 2001, 1585, 1593; Damrau/*Zimmermann* BGB, § 1896 Rn. 117; BtKomm/*Roth* C I. 6. a. S. 203 Rn. 56 ff.

668 So bspw. *Jocher* notar 2014, 3, 8 ff.; *Reymann* ZEV 2005, 457, 458 ff.; so auch MAH Erbrecht/*Keim* § 44 Rn. 10, der darauf hinweist, dass sich ausführliche Anweisungen im Grundverhältnis gerade bei Vorsorgevollmachten von Unternehmern empfehlen; ähnlich hinsichtlich großer Vermögen *Zimmermann* BKR 2007, 226, 230.

669 *Werner* StBW 2010, 523, 527; *Sauer* RNotZ 2009, 79, 87; *Bühler* FamRZ 2001, 1585, 1590; *Litzenburger* NotBZ 2007, 1, 5; *Kropp* FPR 2012, 9.

670 Dies empfehlen aber z.B. *Winkler* Vorsorgeverfügungen S. 44 und MAH Erbrecht/*Keim* § 44 Rn. 26 f.

671 *Jocher* notar 2014, 3, 8; *Reymann* ZEV 2006, 12, 13; *Litzenburger* NotBZ 2007, 1, 5.

könnte so eine Kontrollbetreuung vermieden werden, jedoch führt eine solche Konstruktion zu Unsicherheiten und Folgeproblemen.

Für die Bestellung mehrerer gleichrangiger Vorsorgebevollmächtigter spricht indes, dass eine private Vorsorge auch dann sichergestellt ist, wenn einer der Vorsorgebevollmächtigten nicht tätig werden kann oder will.[672] Dieses Ziel kann aber mittels der Ernennung eines Ersatzbevollmächtigten ebenso gut erreicht werden.[673] Dabei sollte jedoch darauf geachtet werden, dass als Ersatzfälle nur leicht nachweisbare Ausfallgründe wie z. B. Tod, Betreuungsbedürftigkeit oder schriftliche Ablehnung gewählt werden[674] und dass diese nur im Innenverhältnis geregelt werden.[675] Häufigster Grund für die Bevollmächtigung mehrerer ist wohl die Schwierigkeit, eine Person zu finden, die sowohl die für die Unternehmensführung erforderliche Qualifikation als auch das persönliche Vertrauen des Vollmachtgebers besitzt.[676] Auch der besondere Umfang der Tätigkeit oder die Größe des Vermögens sind oftmals Anlass, mehrere Vorsorgebevollmächtigte zu benennen.[677]

Wenn der Vollmachtgeber mehrere Vorsorgebevollmächtigte ernennen möchte, ist es wichtig, dass das Verhältnis der Vorsorgebevollmächtigten zueinander geregelt ist und die jeweiligen Aufgabenbereiche klar abgegrenzt sind. Sinnvoll ist es, den Vorsorgebevollmächtigten im Außenverhältnis Einzelvertretungsmacht einzuräumen.[678] Eine Gesamtvertretung ist im Rechtsverkehr nämlich aufgrund ihrer Schwerfälligkeit kaum praktikabel, zumal sie wegen des

---

672 *Litzenburger* NotBZ 2007, 1, 5.

673 Für sinnvoll halten einen Ersatzbevollmächtigten etwa *Bühler* BWNotZ 1990, 1, 3; *Bühler* FamRZ 2001, 1585, 1587; Jurgeleit/*Jurgeleit* BGB, § 1896 Rn. 41; *Zimmermann* NJW 2014, 1573, 1575; *Zimmermann* Vorsorgevollmacht Rn. 113 ff.; *Litzenburger* NotBZ 2007, 1, 5; *Kropp* FPR 2012, 9; *Winkler* Vorsorgeverfügungen S. 43.

674 *Winkler* Vorsorgeverfügungen S. 43; Müller/Renner/*Renner* Teil 2 G. I. 2. Rn. 650 empfiehlt außerdem anstelle des Begriffs „Ersatzbevollmächtigter" den des „weiteren Bevollmächtigten" zu wählen, um Missverständnisse über eine etwaige Bedingung der Vollmacht zu vermeiden.

675 *Sauer* RNotZ 2009, 79, 85; Würzburger NotarHdB/*Müller* Teil 3 Kap. 3 Rn. 34.

676 *Reymann* ZEV 2005, 457, 458.

677 *Bühler* BWNotZ 1990, 1, 2.

678 Würzburger NotarHdB/*Müller* Teil 3 Kap. 3 Rn. 59; *Jocher* notar 2014, 3, 8; *Heckschen* NZG 2012, 10, 16; *Winkler* Vorsorgeverfügungen S. 44; Müller/Renner/*Renner* Teil 2 G. I. 3. Rn. 654; *Bühler* BWNotZ 1990, 1, 3; *Bühler* FamRZ 2001, 1585, 1589; *Sauer* RNotZ 2009 79, 85; MAH Erbrecht/*Keim* § 44 Rn. 27; vgl. auch *Zimmermann* Vorsorgevollmacht SRn. 122 ff. mit einer guten Übersicht zu den jeweiligen Vor- und Nachteilen.

Erfordernisses des gemeinsamen Handelns oftmals zu zeitlichen Verzögerungen führt.[679] Des Weiteren ist es oftmals sachgerecht, die Befugnis zum gegenseitigen Widerruf der Vorsorgevollmacht ausdrücklich auszuschließen, obgleich hiervon grundsätzlich auszugehen ist, wenn nicht etwas anderes bestimmt ist.[680] Die Widerrufsbefugnis sollte einer weiteren Überwachungsperson vorbehalten werden.[681]

Aber selbst wenn das Verhältnis der Vorsorgebevollmächtigten zueinander mit größter Sorgfalt gestaltet wird, lassen sich Unstimmigkeiten zwischen den Bevollmächtigten nicht ausschließen.[682] Es kann immer zu einer Pattsituation[683] kommen, die schlimmstenfalls die ganze Gesellschaft lähmt. Dies könnte wiederum eine Betreuung erforderlich machen. Ein Betreuer könnte nämlich viele Angelegenheiten erledigen, ohne sich – abgesehen von den Fällen, in denen er der Genehmigung des Betreuungsgerichts bedarf – mit einer weiteren Person abstimmen zu müssen. Dies könnte dazu führen, dass die Vorsorgebevollmächtigten nicht ebenso geeignet wären im Sinne des § 1896 Abs. 2 S. 1 BGB wie ein einzelner Betreuer. Wenn also der Umfang der Tätigkeit das Hauptargument für die Bevollmächtigung mehrerer Personen ist, sollte geprüft werden, wie diesem Aspekt anderweitig begegnet werden kann. So könnte anstelle mehrerer bspw. eine für die Tätigkeit besonders qualifizierte Person benannt werden, der eine angemessene Vergütung zugesprochen wird. An der Vergütung könnte sich auch die Gesellschaft beteiligen. Dies dürfte auch vertretbar sein, da die Gesellschaft maßgeblich von der Tätigkeit des Vorsorgebevollmächtigten profitiert.

Eine Bevollmächtigung mehrerer Personen kommt auch in der Konstellation der Erteilung von Untervollmachten vor. Deshalb sollte in jedem Fall geregelt werden, ob der Vorsorgebevollmächtigte Untervollmachten erteilen darf.[684]

---

679 BtKomm/*Roth* C. I. 5. G. S. 202, Rn. 51; *Jocher* notar 2014, 3, 8; *Bühler* FamRZ 2001, 1585, 1589; *Heckschen* NZG 2012, 10, 16.

680 Jurgeleit/*Jurgeleit* BGB, § 1896 Rn. 40 unter Verweis auf OLG Karlsruhe Beschl. v. 03.02.2010 – 19 U 124/09, juris Tz. 10 ff., BtPrax 2010, 178 f.; Würzburger NotarHdB/*Müller* Teil 3 Kap. 3 Rn. 60.

681 *Sauer* RNotZ 2009, 79, 87.

682 *Litzenburger* NotBZ 2007, 1, 5; Jurgeleit/*Jurgeleit* BGB, § 1896 Rn. 40; *Sauer* RNotZ 2009, 79, 85; *Heckschen* NZG 2012, 16; *Sauer* RNotZ 2009, 79, 85 spricht gar von einem nicht lösbaren „Blockaderisiko"; BtKomm/*Roth* C. I. 5. G. S. 202, Rn. 51 schlägt vor, dass wenn eine Gesamtvertretung wirklich gewünscht ist, jedenfalls ein Entscheidungsvorrang eines Bevollmächtigten oder eines Dritten vereinbart werden sollte.

683 *Jocher* notar 2014, 3, 8.

684 Vgl. vertiefend zu den Risiken und Gestaltungsmöglichkeiten *Schüller* RNotZ 2014, 585–591.

Teilweise wird davon abgeraten, da nicht unterstellt werden könne, dass zwischen dem Unterbevollmächtigten und dem Vollmachtgeber ein ähnliches Vertrauensverhältnis wie zwischen Letzterem und dem Vorsorgebevollmächtigten bestehe. Ohne weitere Regelung sei deshalb davon auszugehen, dass keine Untervollmacht erteilt werden dürfe.[685] Außerdem könne bei einer Untervollmacht im Falle des Widerrufs unklar sein, ob der Unterbevollmächtigte Vertreter des Hauptbevollmächtigten oder des Vollmachtgebers sei.[686] Bei unternehmensbezogenen Vorsorgevollmachten muss der Vorsorgebevollmächtigte aber umfassend handeln können,[687] weshalb Untervollmachten nicht gänzlich verboten werden sollten. So stünde ein gänzlicher Ausschluss bspw. einer urlaubs- oder berufsbedingten Vertretung des Vorsorgebevollmächtigten entgegen; sinnvoll ist es jedoch, wenn der Vorsorgebevollmächtigte in diesen Fällen einen Unterbevollmächtigten mit der Durchführung unaufschiebbarer Maßnahmen beauftragen kann.[688] Außerdem ist im Bereich der Vermögenssorge grundsätzlich von einer Befugnis zur Unterbevollmächtigung auszugehen, wenn sich der Vollmachtgeber zur Erledigung seiner Angelegenheiten selbst der Hilfe Dritter bedient oder dies verkehrsüblich ist und keine gegenteilige Weisung des Vollmachtgebers besteht.[689] Bei unternehmensbezogenen Vorsorgevollmachten ergibt sich die Notwendigkeit der Erteilung von Untervollmachten bereits aus dem Bedürfnis, Rechtsanwälte und Steuerberater zu beauftragen.[690] Die Untervollmachten sollten aber vom Bestand der Hauptvollmacht abhängig gemacht werden.[691]

b. Vergütung

Die Vergütung sowie der Ersatz von Auslagen des Vorsorgebevollmächtigten sollten ebenfalls geregelt werden; insbesondere wann die Vergütung zu zahlen

---

685 *Winkler* Vorsorgeverfügungen S. 55; *Zimmermann* Vorsorgevollmacht Rn. 110; *Zimmermann* NJW 2014, 1573, 1575.

686 *Zimmermann* NJW 2014, 1573, 1575.

687 So auch *Jocher* notar 2014, 3, 9; Müller/Renner/*Renner* Teil 2 B. III. 2. b) Rn. 313.

688 Jurgeleit/*Jurgeleit* BGB, § 1896 Rn. 42.

689 BtKomm/*Roth* C. I. 5. f. S. 201 Rn. 49 f.; letztlich ist das Interesse des Vertretenen entscheidend, vgl. Palandt/*Ellenberger* BGB, § 167 Rn. 12 m.w.N.

690 *Jocher* notar 2014, 3, 9; vgl. auch *Schüller* RNotZ 2014, 585, 589 f. der u.a. vorschlägt, die Unterbevollmächtigung nur in bestimmten Angelegenheiten, wie eben für Prozessvollmachten für Rechtsanwälte und Durchführungsvollmachten für Notare und deren Mitarbeiter, zuzulassen.

691 *Jocher* notar 2014, 3, 9; *Reymann* ZEV 2005, 514, 515; Müller/Renner/*Renner* Teil 2 B. III. 2. d) Rn. 316 ff.

ist und wie hoch sie ist.[692] Ausschlaggebend für die Höhe der Vergütung können der Umfang, der Wert, die Schwierigkeit, der Zeitaufwand, die Verantwortung, das Haftungsrisiko sowie die Qualifikation des Vorsorgebevollmächtigten sein.[693] Eine angemessene Vergütung bietet dem Vollmachtgeber zugleich einen gewissen Schutz davor, dass der Vorsorgebevollmächtigte seine Tätigkeit einstellt oder sich selbst „bedient".[694] Vorgeschlagen wird bspw. eine Vergütung, die sich an der Vergütung eines Betreuers oder an dem tatsächlichen Zeitaufwand orientiert. Infrage kommen auch eine Pauschalvergütung und eine Vergütung, die sich nach dem Wert des zu verwaltenden Vermögens bemisst.[695] Bei unternehmensbezogenen Vorsorgevollmachten ist zumeist nur eine auf Zeitintervalle gestützte Vergütung interessengerecht. Denn eine an der Betreuervergütung orientierte Vergütung wäre wohl zu niedrig. Auch eine Anknüpfung an den Unternehmenswert ist kaum praktikabel, da dies bei Gesellschaften eine oftmals komplexe Wertbestimmung voraussetzt. Wenn keine Vergütungsvereinbarung getroffen wird, ist gem. § 612 BGB die übliche Vergütung geschuldet.[696]

Anstelle einer Vergütung könnte der Vorsorgebevollmächtigte auch als Erbe oder Vermächtnisnehmer eingesetzt und so an der Gesellschaft beteiligt werden.[697] Dies könnte bspw. dann infrage kommen, wenn keine ausreichenden Mittel zur Verfügung stehen, um den Vorsorgebevollmächtigten angemessen zu entlohnen. Zwar würde dies zu einer Veränderung des Gesellschafterkreises führen, was voraussetzt, dass die Übertragung der Anteile frei ausgestaltet ist oder dass alle Gesellschafter der Übertragung zustimmen. Da es jedoch infolge der Geschäftsunfähigkeit des Vollmachtgebers zumeist ohnehin in absehbarer Zeit zu einer Veränderung des Gesellschafterkreises kommt, dürfte der Widerstand der Mitgesellschafter hiergegen eher gering sein.

---

692 *Sauer* RNotZ 2009, 79, 88 ff.; Müller/Renner/*Renner* Teil 2 F. III. Rn. 622; *Langenfeld* Vorsorgevollmacht S. 127 ff.; *Zimmermann* Vorsorgeverfügung Rn. 171 ff.; *Zimmermann* FamRZ 2013, 1535 ff.; vgl. auch *Winkler* Vorsorgeverfügungen S. 69 f. mit Formulierungsvorschlägen.

693 *Sauer* RNotZ 2009, 79, 88.

694 *Zimmermann* NJW 2014, 1573, 1576.

695 *Sauer* RNotZ 2009, 79, 88 ff.; *Zimmermann* Vorsorgeverfügung Rn. 171 ff.

696 *Sauer* RNotZ 2009, 79, 88; *Zimmermann* Vorsorgeverfügung Rn. 171; Palandt/*Weidenkaff* BGB, § 612 Rn. 2.

697 *Zimmermann* Vorsorgeverfügung Rn. 176 schlägt dies bspw. für den privaten Bereich vor.

c. *Haftung*

Grundsätzlich haftet der Vorsorgebevollmächtigte seinem Vollmachtgeber gegenüber vertraglich, deliktisch und bereicherungsrechtlich. Als mögliche Rechtsgrundlagen für Rückforderungs- und Schadensersatzansprüche kommen §§ 667, 280 ff. BGB, § 823 Abs. 2 BGB in Verbindung mit §§ 246, 266 StGB und § 812 Abs. 1 BGB in Betracht.[698]

aa) Haftungsbeschränkung

Eine Haftungsbeschränkung ist vor allem dann in Erwägung zu ziehen, wenn der Vollmachtgeber oder die Gesellschaft nicht über ausreichende finanzielle Mittel verfügen, um den Vorsorgebevollmächtigten angemessen zu entlohnen. Dann könnte eine Haftungsbeschränkung helfen die Hemmschwelle möglicher Kandidaten zu senken und sie für die Tätigkeit zu gewinnen.[699]

Die Haftungsbeschränkung könnte als Beschränkung der Haftung auf Vorsatz und grobe Fahrlässigkeit oder als Begrenzung auf die „diligentia quam in suis" im Sinne des § 277 BGB ausgestaltet sein. Bei Ersterem müsste das Risiko einer nachlässigen Aufgabenerfüllung durch den Vorsorgebevollmächtigten jedoch auf andere Weise, z. B. durch einen Überwachungsbevollmächtigten, abgefangen werden.[700] Dies ist bei einer Haftung entsprechend der Sorgfalt in eigenen Angelegenheiten nicht erforderlich. Nachteilig ist hieran aber, dass oftmals unklar ist, was der jeweilige Sorgfaltsmaßstab in eigenen Angelegenheiten ist, und dass der hierfür beweisbelastete Vorsorgebevollmächtigte deshalb schnell in Beweisschwierigkeiten geraten dürfte.[701]

bb) Auskunfts- und Rechenschaftspflicht, § 666 BGB

Neben einer Haftungsbeschränkung hat der Vertragsgestalter vor allem mögliche Haftungsrisiken im Zusammenhang mit den Verpflichtungen aus § 666 BGB zu berücksichtigen. Gem. §§ 666, 259 BGB schuldet der Vorsorgebevollmächtigte, spätestens mit dem Tod des Vollmachtgebers, eine geordnete und in sich

---

698 Vgl. vertiefend etwa *Horn/Schabel* NJW 2012, 3473, 3476.

699 *Langenfeld* Vorsorgevollmacht S. 138 f.; ähnlich *Sauer* RNotZ 2009, 79, 84 f.; *Roth* NJW-Spezial 2012, 615 sieht in einer Anpassung des Haftungsmaßstabes vor allem eine Möglichkeit, den Vorsorgebevollmächtigten vor einer Inanspruchnahme durch die Erben zu schützen.

700 *Sauer* RNotZ 2009, 79, 84.

701 *Sauer* RNotZ 2009, 79, 84; *Langenfeld* Vorsorgevollmacht S. 139; Palandt/*Grüneberg* BGB, § 277 Rn. 3 m.w.N.

verständliche Zusammenstellung von Einnahmen und Ausgaben, wobei die Entwicklung der Vermögensverhältnisse samt entsprechenden Belegen dokumentiert sein muss.[702] Hierfür hat er das von ihm übernommene Anfangsvermögen zu verzeichnen und die laufende Verwaltung festzuhalten; dies beinhaltet auch das Sammeln von Verträgen, Rechnungen und Belegen.[703] Die Anforderungen an die zu erbringenden Nachweise richten sich nach dem jeweiligen vertraglichen Verhältnis, Treu und Glauben, der Verkehrssitte sowie den Umständen des Einzelfalls.[704]

Da § 666 BGB nicht auf eine lang andauernde Verwaltung beträchtlicher Vermögenswerte zugeschnitten ist, wird eine Modifizierung dieser – dispositiven[705] – Generalklausel empfohlen. Dies gilt insbesondere für die Rechenschaftspflichten, die dem jeweiligen Näheverhältnis entsprechen sollten.[706] So sollte bspw. geregelt sein, welche Belege aufbewahrt werden müssen, wer der Empfänger von Auskunft und Rechnungslegung ist, wie lang eine Abrechnungsperiode ist und welche Darlegungs- und Beweislasten den Vorsorgebevollmächtigten treffen.[707]

Eine gänzliche Abbedingung der Auskunfts- und Rechnungslegungspflichten kommt bei unternehmensbezogenen Vollmachten nicht in Betracht. Zum einen dürfte eine Dokumentation bereits aus kaufmännischen Erwägungen erforderlich sein und zum anderen würde ein gänzlicher Ausschluss des Auskunftsanspruchs, im Gegensatz zu einer partiellen zeitlichen und sachlichen Beschränkung, wohl gegen § 138 BGB verstoßen.[708] Dies würde den Vollmachtgeber nämlich der

702 *Zimmermann* Vorsorgevollmacht Rn. 156; *Sarres* ZEV 2013, 313, 315 m.w.N.

703 *Zimmermann* Vorsorgevollmacht Rn. 168.

704 OLG Brandenburg, Urt. v. 20.11.2013 – 4 U 130/12, juris Tz. 56.

705 MüKoBGB/*Seiler* BGB, § 666 Rn. 18; Staudinger/*Martinek* BGB, § 666 Rn. 17; Palandt/*Sprau* BGB, § 666 Rn. 1; BeckOK-BGB/*Fischer* BGB, § 666 Rn. 11.

706 *Litzenburger* NotBZ 2007, 1, 3.

707 *Sarres* ZEV 2013, 313, 315.

708 So MüKoBGB/*Seiler* BGB, § 666 Rn. 18; Palandt/*Sprau* BGB, § 666 Rn. 1; BeckOK-BGB/*Fischer* BGB, § 666 Rn. 7; jurisPK-BGB/*Hönn* BGB, § 666 Rn. 3; sowohl für den Auskunfts- als auch den Rechenschaftsanspruch vertritt dies *Sarres* ZEV 2013, 312, 314; a.A. Staudinger/*Martinek* BGB, § 666 Rn. 17: Auch ein gänzlicher Ausschluss sei zulässig, da hierfür gute Gründe bestehen könnten und der Ausschluss dem fremdnützigen Charakter des Auftragsverhältnisses nicht widerspreche; offengelassen von BGH Urt. v. 16.05.1984 – IVa ZR 106/82, juris Tz. 17, BGH WM 1984, 1164, 1165; der Anspruch auf Rechnungslegung kann hingegen vollständig ausgeschlossen werden, vgl. Staudinger/*Martinek* BGB, § 666 Rn. 17; BeckOK-BGB/*Fischer* BGB, § 666 Rn. 11; *Horn/Schabel* NJW 2012, 3473, 3476; so wohl auch MüKoBGB/*Seiler* BGB, § 666 Rn. 18; jurisPK-BGB/*Hönn* BGB, § 666 Rn. 3.

Willkür des Vorsorgebevollmächtigten aussetzen und ihm das Risiko einer nicht nachweisbaren Schädigung aufbürden.[709] Zugleich würde ihm die Möglichkeit genommen, die Entwicklungen seines Vermögens nachvollziehen zu können.[710]

Regelungsbedürftig sind die Auskunfts- und Rechnungslegungsansprüche des Vollmachtgebers insbesondere deshalb, weil sie gem. § 1922 BGB auf dessen Erben übergehen und ihr erbrechtliches Streitpotenzial groß ist.[711] Dies liegt auch daran, dass der Vorsorgebevollmächtigte auch dann die (sekundäre) Darlegungs- und Beweislast trägt, wenn er durch den oder die Erben in Anspruch genommen wird. Zwar hat der Vollmachtgeber oder sein Erbe zunächst die tatbestandlichen Voraussetzungen, also das Bestehen des Geschäftsbesorgungsvertrags sowie das, was der Auftragnehmer hieraus erhalten bzw. erlangt hat, darzulegen und zu beweisen.[712] Sodann trägt der Vorsorgebevollmächtigte aber die Darlegungs- und Beweislast für die Richtigkeit seiner Rechnung; also für die auftragsgemäße Verwendung der erhaltenen bzw. erlangten Mittel sowie für das fehlende Verschulden im Falle der Unmöglichkeit der Herausgabe.[713] Zwar muss er ggf. nicht die Verwendung jedes einzelnen Geldbetrages nachweisen,[714] ein einfaches Bestreiten, bspw. hinsichtlich einer Weisung des Vollmachtgebers in einer bestimmten Art und Weise zu verfahren, genügt jedoch ebenso wenig, um sich zu entlasten.[715] Vorstehendes gilt auch, wenn der Vorsorgebevollmächtigte durch einen Erben des Vollmachtgebers in Anspruch genommen wird. Begründet wird dies damit, dass der Erbe außerhalb des Geschehensablaufs stehe und dem Bevollmächtigten nähere Angaben zumutbar seien.[716]

709 *Horn/Schabel* NJW 2012, 3473, 3476.

710 *Sarres* ZEV 2013, 312, 314.

711 *Roth* NJW-Spezial 2012, 615.

712 BGH Urt. v. 19.02.2004 – III ZR 147/03, NJW-RR 2004, 927; BGH Urt. v. 13.12.1990 – III ZR 336/89, NJW-RR 1991, 575, 576; *Horn/Schabel* NJW 2012, 3473, 3476.

713 BGH Urt. v. 21.06.2012 – III ZR 290/11, BeckRS 2012, 14989; BGH Urt. v. 17.04.2008 – III ZR 27/06, NJW-RR 2008, 1373, 1374; BGH Urt. v. 19.02.2004 – III ZR 147/03, NJW-RR 2004, 927; BGH Urt. v. 30.10.2003 – III ZR 344/02, NJW-RR 2004, 121; BGH Urt. v. 10.10.1996 – III ZR 205/95, NJW 1997, 47, 48; BGH Urt. v. 04.02.1991 – II ZR 246/89, juris Tz. 10 f., NJW 1991, 1884; BGH Urt. v. 13.12.1990 – III ZR 336/89, juris Tz. 6, NJW-RR 1991, 575, 576; OLG Hamm Beschl. v. 25.04.2012 – I 5 U 20/12, BeckRS 2012, 18422.

714 OLG Brandenburg Urt. v. 20.11.2013 – 4 U 130/12, juris Tz. 56.

715 BGH Urt. v. 17.04.2008 – III ZR 27/06, NJW-RR 2008, 1373, 1374; der Vortrag des Vollmachtgebers (bzw. des Erben) muss vielmehr unter Darlegung der für das Gegenteil sprechenden Umstände substanziell bestritten werden, vgl. hierzu auch *Horn/Schabel* NJW 2012, 3473, 3476 f. m.w.N.

716 BGH NJW-RR 2008, 1373, 1374; *Horn/Schabel* NJW 2012, 3473, 3477 m.w.N.

cc) Beginn, Ende und Kündigung

Da die Vorsorgevollmacht im Außenverhältnis unbedingt ist und mit sofortiger Wirkung erteilt wird, sollte im Innenverhältnis geregelt sein, dass der Vorsorgebevollmächtigte von der Vollmacht erst mit Eintritt des Vorsorgefalls Gebrauch machen soll.[717] Zugleich sollte klargestellt werden, obgleich sich dies bereits aus der Natur des Innenverhältnisses ergibt, dass den Vorsorgebevollmächtigten eine Pflicht zur dauerhaften Ausübung der Vorsorgevollmacht trifft.[718]

Da § 675 Abs. 1 BGB nicht auf § 671 BGB verweist, kann der Vorsorgebevollmächtigte nicht jederzeit gem. § 671 Abs. 1 BGB kündigen. Deshalb kann es sinnvoll sein, dem Vorsorgebevollmächtigten die Möglichkeit zur Kündigung mit einer angemessenen Frist zu eröffnen. Dies bietet sich dann an, wenn der Vollmachtgeber über einen Ersatzbevollmächtigten verfügt, der die Aufgaben des Kündigenden übernehmen kann. Außerdem sollten die Kündigungsgründe abschließend benannt sein. Eine Kündigung aus einem nicht genannten Grund könnte dann entweder als unwirksam angesehen werden oder nur unter Einhaltung einer längeren Kündigungsfrist zulässig sein. Hat der Vollmachtgeber, warum auch immer, keinen Ersatzbevollmächtigten, so könnte z. B. vereinbart werden, dass eine Kündigung durch den Vorsorgebevollmächtigten ab dem Eintritt der Geschäftsunfähigkeit des Vollmachtgebers – abgesehen von einer Kündigung aus einem wichtigen Grund – nur zulässig ist, wenn der Vorsorgebevollmächtigte eine Ersatzperson benennt und die Mitgesellschafter mit dieser Person einverstanden sind.

In einer schwierigen Situation befindet sich der Vorsorgebevollmächtigte auch im Falle des Widerrufs der Vorsorgevollmacht durch den Vollmachtgeber. Dann muss er nämlich beurteilen, ob der Vollmachtgeber geschäftsfähig ist und er den Widerruf somit zu beachten hat oder ob ihn, wenn der Vollmachtgeber geschäftsunfähig ist, eine Verpflichtung zur weiteren Tätigkeit trifft. Da jedoch eine Vermutung für die Geschäftsfähigkeit spricht, ist es riskant, auf den Fortbestand der Vollmacht zu vertrauen, sodass der Vorsorgebevollmächtigte oftmals das Betreuungsgericht einschalten wird, um die Notwendigkeit einer Betreuerbestellung prüfen zu lassen. Nur wenn die Geschäftsunfähigkeit

---

717 *Müller* DNotZ 1997, 100, 111 m.w.N.; dies ist ein weiteres Argument, das Innenverhältnis nicht in der eigentlichen Vollmachtsurkunde zu regeln, denn sonst besteht – wie aufgezeigt – die Gefahr, dass die nur das Innenverhältnis betreffende Regelung zu Unrecht als Beschränkung der Vertretungsmacht aufgefasst wird.

718 *Heckschen/Kreußlein* NotBZ 2012, 321, 323; *Spalckhaver* in Lipp Vorsorgeverfügungen, § 15 Rn. 33 ff.

des Vollmachtgebers zweifelsfrei, bspw. durch ein Sachverständigengutachten, geklärt ist, dürfte dies nicht erforderlich sein.[719] Wie diesem Problem kautelarjuristisch begegnet werden kann, ist fraglich. Eine Haftungsfreistellung des Vorsorgebevollmächtigten für den Fall, dass dieser die Geschäftsunfähigkeit des Vollmachtgebers falsch beurteilt, dürfte ein zu großes Missbrauchsrisiko darstellen. Die Wirksamkeit des Widerrufs von der Bestätigung durch eine dritte Person abhängig zu machen, dürfte in der Praxis aber ebenso wenig praktikabel sein.

dd) Sonstige Regelungspunkte

Neben den aufgezeigten Regelungspunkten werden regelmäßig auch folgende Aspekte als regelungsbedürftig angesehen: zunächst eine Rechtswahlklausel, wonach deutsches Recht gelten soll. Diese könnte wie folgt lauten: „… es gilt deutsches Recht“.[720] Außerdem wird bei großen Gesellschaften eine Bereithaltungspflicht des Vorsorgebevollmächtigten vorgeschlagen. So solle sich der Vorsorgebevollmächtigte verpflichten, sich für den Vorsorgefall verfügbar zu halten und bei längerer Abwesenheit den Vollmachtgeber, den Geschäftsführer der betroffenen Gesellschaft oder die Mitgesellschafter zu informieren.[721]

IV. Zusammenfassung

Die Ausgestaltung des Innenverhältnisses steht den Beteiligten offen. Entscheidend ist das Innenverhältnis insbesondere für die Frage, wie und wann die im Außenverhältnis – idealerweise – unbedingte Vorsorgevollmacht Verwendung finden soll. Bei unternehmensbezogenen Vorsorgevollmachten liegt im Innenverhältnis oftmals eine Geschäftsbesorgung im Sinne des § 675 BGB vor. Als Regelungsort für das Innenverhältnis bietet sich eine von der Vollmachtsurkunde getrennte Urkunde an. Wenn dort einzelne Befugnisse des Vorsorgebevollmächtigten aufgelistet werden, sollte jedenfalls darauf geachtet werden, dass die Aufzählung nicht abschließend ist. Mögliche Regelungspunkte sind die Bevollmächtigung mehrerer, wie z. B. die Einsetzung eines Überwachungs- und eines Ersatzbevollmächtigten, sowie Haftungsfragen. Hierbei ist eine Anpassung

---

719 *Schwab* FamRZ 2014, 888, 890; ähnlich auch (in Bezug auf eine Bank, die Kenntnis vom Widerruf der Vorsorgevollmacht und Zweifel an der Geschäftsfähigkeit hat) *Zimmermann* BKR 2007, 226, 228.

720 *Wachter* EWiR 2014, 9, 10.

721 *Heckschen/Kreußlein* NotBZ 2012, 321, 323; *Spalckhaver* in Lipp Vorsorgeverfügungen, § 15 Rn. 30 ff.

der Auskunfts- und Rechenschaftspflichten aus § 666 BGB einer Beschränkung der Haftung auf die Sorgfalt in eigenen Angelegenheiten vorzuziehen. Außerdem können Regelungen zum Beginn, dem Ende und den Kündigungsmöglichkeiten sinnvoll sein.

E. Zusammenfassung der Arbeit in Thesenform

I. Ausgangssituation: die Vorsorgevollmacht eines Gesellschafters

- Weder die Betreuungsbedürftigkeit noch die Geschäftsunfähigkeit eines Gesellschafters einer Personengesellschaft sind Gründe, die zu seinem Ausschluss aus der Gesellschaft führen. Sie führen auch nicht zur Auflösung der Gesellschaft. Selbst das in einer Personengesellschaft an die Mitgliedschaft geknüpfte Geschäftsführungsrecht verbleibt – trotz Geschäftsunfähigkeit – bei dem betroffenen Gesellschafter.
- Die Gesellschafterrechte eines betreuungsbedürftigen oder geschäftsunfähigen Gesellschafters übt grundsätzlich dessen Betreuer aus.
- Da die Tätigkeit eines Betreuers in der Gesellschaft mit einer Reihe von Nachteilen verbunden ist, empfiehlt es sich der Bestellung eines Betreuers mittels einer unternehmensbezogenen Vorsorgevollmacht entgegenzuwirken.
- Eine Vorsorgevollmacht ist eine Vollmacht im Sinne der §§ 164 ff. BGB, die einer Person erteilt wird, um für die Zeit künftiger eigener Hilfslosigkeit so vorzusorgen, dass die spätere Anordnung einer Betreuung erheblich eingeschränkt ist oder sich erübrigt.
    - o Da eine Vorsorgevollmacht im Außenverhältnis unbedingt erteilt werden sollte, gilt es auf Formulierungen wie „Vorsorgevollmacht“ oder „Vollmacht für den Fall einer möglichen Erkrankung“ zu verzichten.
    - o Eine unternehmensbezogene Vorsorgevollmacht sollte schriftlich erteilt werden und notariell beurkundet sein.

II. Abspaltungsverbot: Hindernis für die Erteilung einer Vorsorgevollmacht?

- Das Abspaltungsverbot ist in § 717 S. 1 BGB geregelt und besagt, dass die Ansprüche, die den Gesellschaftern aus dem Gesellschaftsverhältnis gegeneinander zustehen, nicht übertragbar sind. Dieser Grundsatz gilt für alle Personengesellschaften und soll den Gleichlauf von Mitgliedschaft (d. h. Haftungsverursachung) und Haftung sichern. Er ist Ausfluss des Charakters der

Personengesellschaft als eines auf gegenseitigem Vertrauen der Gesellschafter basierenden Zusammenschlusses.

- o Als gesetzliches Verbot im Sinne des § 134 BGB kann das Abspaltungsverbot nicht durch die Gesellschafter abbedungen werden.
- o Dem Wortlaut nach steht es zwar nur einer Übertragung von Gesellschafterrechten entgegen, jedoch erfordert der Sinn und Zweck der Norm, dass auch eine Bevollmächtigung zur Ausübung von Gesellschafterrechten am Abspaltungsverbot zu messen ist.
- o Entscheidend ist hierbei nicht die formale Ausgestaltung einer Bevollmächtigung, sondern ob die wirtschaftliche Zweckbindung und deren praktische Auswirkung darauf gerichtet sind, den Gesellschafter als Vollmachtgeber aus seiner Stellung zu verdrängen.

III. Fremdverwaltung von Gesellschafterrechten in Personengesellschaften

- Nachstehend genannten Fallgruppen der Fremdverwaltung von Gesellschafterrechten ist gemein, dass die Gesellschafterrechte durch einen Dritten ausgeübt werden und somit die formale Rechtsinhaberschaft und die Ausübung der sich daraus ergebenden Befugnisse auseinanderfallen.
- Nach überwiegender Ansicht kommt es in keinem dieser Fälle zu einer Abspaltung. Dies wird entweder damit begründet, dass der Dritte ein wie auch immer gearteter Mitberechtigter an dem fraglichen Gesellschaftsanteil ist, oder aber damit, dass die Mitgliedschaft und die Rechtsausübungsbefugnis nicht dauerhaft auseinanderfallen. Außerdem wird oftmals auf die Zustimmung der Mitgesellschafter als weitere Zulässigkeitsvoraussetzung verwiesen. Im Einzelnen:

  - o Die Testamentsvollstreckung an einem Gesellschaftsanteil ist mit der Situation einer Vorsorgevollmacht vergleichbar. Zu einer Abspaltung kommt es hierbei, soweit die Testamentsvollstreckung nach den gesellschaftsrechtlichen Grundsätzen überhaupt zulässig ist, nicht.
  - o Auch ein Nießbrauch an einem Gesellschaftsanteil führt nicht zu einer Abspaltung.
  - o Gleiches gilt für die Treuhand und dies, obwohl die Treuhand, anders als der Nießbrauch, nicht zu einer dinglichen, sondern lediglich zu einer schuldrechtlichen Mitberechtigung des Dritten an dem Gesellschaftsanteil führt.

- o Auch der gesetzliche Vertreter eines minderjährigen Gesellschafters kann dessen Gesellschafterrechte ausüben, ohne dass dies zu einer Abspaltung führt. Wollen die Gesellschafter die Mitwirkung des gesetzlichen Vertreters nicht, bleibt ihnen nur die Möglichkeit, sich bereits im Vornhinein mittels gesellschaftsvertraglicher Regelungen gegen das Eindringen eines Minderjährigen in die Gesellschaft zu schützen.
- o Gleiches gilt in Bezug auf das Abspaltungsverbot auch für die Ausübung von Gesellschafterrechten durch einen Betreuer. Dessen Mitwirkung können sich die Gesellschafter jedoch nicht erwehren, da der betreuungsbedürftige Gesellschafter andernfalls rechtlos gestellt und vom Willen der Mitgesellschafter abhängig wäre.
- o Stimmbindungsverträge unter Mitgesellschaftern sind stets zulässig. Nach herrschender Meinung sind auch Stimmbindungsverträge zwischen Gesellschaftern und Dritten zulässig.
- o Eine obligatorische Gruppenvertretung ist – auch für persönlich haftende Gesellschafter – nach herrschender Meinung, als Minus zu einem nach §§ 114 Abs. 2, 125 Abs. 1 HGB möglichen nahezu vollständigen Ausschluss von der Geschäftsführung und Vertretung der Gesellschaft, zulässig.

IV. Faktische Unwiderruflichkeit der Vorsorgevollmacht

- Die Vereinbarkeit der Ausübung von Gesellschafterrechten durch einen Vorsorgebevollmächtigten mit dem Abspaltungsverbot kann, entgegen der herrschenden Meinung, nicht mit der Widerruflichkeit und dem fehlenden verdrängenden Charakter der Vorsorgevollmacht begründet werden. Diese ist nämlich spätestens mit dem Eintritt der Geschäftsunfähigkeit des Vollmachtgebers faktisch unwiderruflich und wirkt zugleich verdrängend. Der Vollmachtgeber kann seinen Vorsorgebevollmächtigten dann nämlich oftmals weder selbst überwachen, noch die – grundsätzlich gem. § 168 S. 2 BGB jederzeit widerrufliche – Vorsorgevollmacht widerrufen, §§ 104 Nr. 2, 105 BGB.
- Ein Widerruf durch einen Kontrollbetreuer ist zwar theoretisch möglich, scheidet aber in der Regel aus, da er an hohe Hürden gebunden ist. Gleiches gilt für einen Widerruf durch einen Betreuer sowie durch das Betreuungsgericht.
- Ein Kontrollbetreuer im Sinne des § 1896 Abs. 3 BGB ist ein Betreuer, dessen Aufgabenkreis sich auf die Überwachung des Vorsorgebevollmächtigten und

die Geltendmachung von Rechten des Vollmachtgebers diesem gegenüber beschränkt.

- o Bei unternehmensbezogenen Vorsorgevollmachten dürfte als Grund für seine Bestellung vor allem die besondere Schwierigkeit oder der Umfang der Geschäfte infrage kommen. Nach herrschender Meinung erfordert dies zusätzlich konkrete – und somit oftmals nur schwierig nachweisbare – Anzeichen dafür, dass der Bevollmächtigte seiner Aufgabe nicht gewachsen ist.
- o Aber selbst wenn ein Kontrollbetreuer bestellt wird, kommt es nur selten zum Widerruf der Vorsorgevollmacht. Dieser kann nämlich nur als letztes Mittel erfolgen, und nach einer im Vordringen befindlichen Auffassung auch nur dann, wenn der Kontrollbetreuer durch das Betreuungsgericht hierzu besonders ermächtigt wurde.

- Ein gewöhnlicher Betreuer wird bestellt, wenn sonst den für das Vermögen oder das Wohl des Vollmachtgebers bestehenden Gefahren nicht ausreichend begegnet wird. Jedenfalls dann, wenn dem Betreuer nur einzelne Aufgabenkreise zugewiesen sind, kann er nach herrschender Meinung die Vorsorgevollmacht nur widerrufen, wenn die Befugnis hierzu bereits in dem bei der Bestellung des Betreuers durch das Gericht festzulegenden Aufgabenkreis ausdrücklich enthalten ist.
- Das Betreuungsgericht kann die Vorsorgevollmacht grundsätzlich nicht widerrufen. Zwar hat es gem. §§ 1908 i Abs. 1, 1846 BGB die im Interesse des Vollmachtgebers erforderlichen Maßnahmen in dringenden Fällen selbst zu treffen – wozu auch der Widerruf der Vorsorgevollmacht zählen kann. Da ein Betreuer aber auch durch eine einstweilige Anordnung gem. §§ 300, 301 FamG bestellt werden kann, entfällt oftmals die für den Widerruf der Vorsorgevollmacht erforderliche Dringlichkeit.

V. Vereinbarkeit der Vorsorgevollmacht mit dem Abspaltungsverbot

- Die Vereinbarkeit der Ausübung von Gesellschafterrechten durch einen Vorsorgebevollmächtigten mit dem Abspaltungsverbot ergibt sich u. a. aus einem Vergleich zur Betreuung. Ebenso wie der Betreuer muss der Vorsorgebevollmächtigte die Gesellschafterrechte des Gesellschafters ausüben können. Für die Frage der gesellschaftsrechtlichen Zulässigkeit ist es unerheblich, ob der drohenden Rechtlosstellung mittels eines Betreuers oder mittels eines Vorsorgebevollmächtigten begegnet wird.

- Auch der Vergleich mit der Treuhand und mit Stimmbindungsvereinbarungen spricht für die Zulässigkeit einer Vorsorgevollmacht, zumal bei einer Vorsorgevollmacht kein struktureller, d. h. von Anfang an angelegter Interessenkonflikt, wie bei der Treuhand oder bei einer Stimmbindungsvereinbarung, besteht.
- Für die Zulässigkeit spricht des Weiteren, dass ein Gesellschafter sogar bei voller Geschäftsunfähigkeit von der Geschäftsführung und Vertretung der Gesellschaft ausgeschlossen werden kann, sodass dies erst recht bei dem infolge der Betreuungsbedürftigkeit eintretenden Einwirkungs- und Kontrollverlust zulässig sein muss.
- Da die Vorsorgevollmacht die Selbstbestimmungsfähigkeit der Gesellschaft im Fall der Betreuungsbedürftigkeit eines Gesellschafters sichern und eine staatliche Einflussnahme in Form des Betreuungsverfahrens verhindern soll, gleicht es einem Zirkelschluss, wenn man hierin einen Verstoß gegen das Abspaltungsverbot sehen würde. Die Vorsorgevollmacht dient nämlich gerade dazu, den Sinn und Zweck des Abspaltungsverbots im Interesse der Gesellschaft zu sichern.

VI. Auch unwiderrufliche Vollmachten mit Abspaltungsverbot vereinbar

- Eine Vorsorgevollmacht verstößt auch deshalb nicht gegen das Abspaltungsverbot, weil die Definition, wonach nur widerrufliche Vollmachten nicht gegen das Abspaltungsverbot verstoßen, ungenau ist. Auch eine (faktisch) unwiderrufliche Vorsorgevollmacht verstößt – entgegen der Ansicht der herrschenden Meinung – nicht gegen das Abspaltungsverbot.
- Diese Annahme lässt sich im Wesentlichen auf zwei Aspekte stützen. Zum einen können Vollmachten immer aus einem wichtigen Grund widerrufen werden und zum anderen können sich die Gesellschafter in besonderen Situationen immer der Mitwirkung eines Dritten in der Gesellschaft entledigen.
- Dass gewöhnliche Vollmachten, obgleich sie unter gewissen Voraussetzungen „unwiderruflich" erteilt werden können, aus einem wichtigen Grund widerrufen werden können, ist auf den Rechtsgedanken der §§ 267 Abs. 2 S. 2, 554 a, 662 Abs. 1, 723 Abs. 1 S. 2 BGB zurückzuführen.
- Der Vergleich mit dem Vormund, dem Betreuer und dem Testamentsvollstrecker zeigt, dass sich die Gesellschafter einer Personengesellschaft in besonderen Situationen der Mitwirkung eines Dritten entledigen können.

- o Die Vertretungsmacht eines Vormundes kann – ebenso wie die der Eltern als gesetzliche Vertreter des Minderjährigen – gem. § 1796 BGB beschnitten werden, wenn ein erheblicher Gegensatz zwischen seinen Interessen bzw. von ihm nahestehenden Personen und denen des Mündels besteht. Außerdem kann er gem. § 1886 BGB aus seinem Amt entlassen werden.
- o Ein Betreuer wird gem. § 1908 b BGB entlassen, wenn die Betreuung durch den Betreuer dem Wohl des Betreuten nicht mehr dienlich ist.
- o Ein Testamentsvollstrecker kann gem. § 2227 BGB durch das Nachlassgericht entlassen werden, wenn dies zum Schutz des Erben oder der übrigen Beteiligten erforderlich ist. Mitgesellschafter sind zwar nicht antragsberechtigt, sie können aber bei fortlaufenden Verstößen des Testamentsvollstreckers gegen die gesellschaftsvertraglichen Pflichten gem. §§ 117, 127 HGB Klage auf Entziehung der Geschäftsführungs- und Vertretungsbefugnis gegen den Gesellschaftererben erheben. Äußerstenfalls können sie sogar gem. § 140 HGB dessen Ausschließung aus der Gesellschaft herbeiführen.

VII. Zustimmungserfordernis und Zustimmungspflicht

- Damit ein Vorsorgebevollmächtigter sämtliche Gesellschafterrechte ausüben kann, ist die Zustimmung der Mitgesellschafter erforderlich. Das Zustimmungserfordernis beruht jedoch nicht auf dem Abspaltungsverbot, sondern auf den anderen Grundsätzen des Personengesellschaftsrechts, insbesondere dem Grundsatz der Höchstpersönlichkeit der Mitgliedschaft.
  - o Das Zustimmungserfordernis kann nicht auf das Abspaltungsverbot zurückgeführt werden, weil dieses unabdingbar ist. Eine vertragliche Gestaltung, die wirtschaftlich als Abspaltung im Sinne des § 717 BGB zu werten ist, kann nicht aufgrund der Zustimmung der Gesellschafter zulässig sein. Es macht diesbezüglich nämlich keinen Unterschied, ob die Gesellschafter im Vornhinein versuchen, das Abspaltungsverbot abzubedingen, oder sie dies in Bezug auf eine konkrete Situation versuchen. Beides ist unzulässig.
  - o Das Zustimmungserfordernis beruht vielmehr auf den anderen personengesellschaftsrechtlichen Grundsätzen, insbesondere auf dem Grundsatz der Höchstpersönlichkeit der Mitgliedschaft. Hiernach müssen sich die Gesellschafter aufgrund des höchstpersönlichen Charakters des gesellschaftlichen Zusammenschlusses niemanden aufdrängen lassen, mit dem sie sich nicht auf die Gesellschaft eingelassen haben.

- Weder eine einfache Nachfolgeklausel (freie Vererbbarkeit) noch die freie Übertragbarkeit von Gesellschaftsanteilen kann als konkludente Zustimmung gewertet werden.
- Entgegen der Ansicht der herrschenden Meinung, die eine Zustimmungspflicht der Gesellschafter unter Verweis auf den Grundsatz der Höchstpersönlichkeit der Mitgliedschaft ablehnt, besteht in Einzelfällen eine Zustimmungspflicht. Diese ergibt sich aus der gesellschaftlichen Treuepflicht.
    - o Danach hat ein Gesellschafter auf die Belange der Mitgesellschafter im Rahmen des Zumutbaren Rücksicht zu nehmen und darf sich nicht willkürlich oder grundlos über anerkennenswerte Interessen der Gemeinschaft oder der Mitgesellschafter hinwegsetzen. Dies beinhaltet auch, angemessen auf Krisen der Gesellschaft zu reagieren und ggf. einer Änderung des Gesellschaftsvertrags zuzustimmen. Da die Betreuungsbedürftig- bzw. Geschäftsunfähigkeit eines Gesellschafters im Einzelfall eine Unternehmenskrise darstellt, kann sich somit auch eine Pflicht zur Erteilung der Zustimmung zur Tätigkeit eines Vorsorgebevollmächtigten ergeben. Diese besteht jedoch nicht, wenn dies den Gesellschaftern nicht zugemutet werden kann; bspw. aufgrund der Person des Vorsorgebevollmächtigten oder wegen anderer schutzwürdiger Interessen.

VIII. Das Innenverhältnis

- Da die grundsätzlich abstrakte Vorsorgevollmacht erst durch das Innenverhältnis konkretisiert wird, ist bei der Ausgestaltung des Innenverhältnisses besondere Aufmerksamkeit geboten. Ziel ist es, einerseits den Vollmachtgeber vor einem Vollmachtmissbrauch zu schützen und andererseits dem Vorsorgebevollmächtigten so viel Handlungsspielraum zu ermöglichen, dass die Bestellung eines Betreuers nicht erforderlich wird.
- Bei einer unternehmensbezogenen Vorsorgevollmacht besteht das Innenverhältnis in der Regel aus einer Geschäftsbesorgung im Sinne des § 675 BGB.
- Das Innenverhältnis sollte in einer von der Vollmachtsurkunde getrennten Urkunde geregelt sein. Wird es hingegen in der Vollmachtsurkunde selbst geregelt, ist darauf zu achten, dass der Text klar nach Innen- und Außenverhältnis getrennt ist. Andernfalls könnte der Rechtsverkehr über die Wirksamkeit der Vollmacht irren und die Regelungen fälschlicherweise als Beschränkungen der Vertretungsmacht interpretieren, was die Verwendbarkeit der Vollmacht erheblich einschränken würde.

- Ob Befugnisse des Vorsorgebevollmächtigten einzeln aufgeführt werden sollten, ist eine Frage des Einzelfalls. Jedenfalls sollte die Aufzählung nicht abschließend sein.
    - Mögliche Regelungspunkte einer unternehmensbezogenen Vorsorgevollmacht sind: Überwachungs- und Ersatzbevollmächtigter; Vergütungs- und Auslagenfragen; Haftungsfragen und Kündigungsregeln. Es empfiehlt sich die Pflichten aus § 666 BGB zu modifizieren, da diese nicht auf eine lang andauernde Verwaltung beträchtlicher Vermögenswerte zugeschnitten sind.

Literaturverzeichnis

Bamberger, Heinz Georg/Roth, Herbert, Beck'scher Online-Kommentar BGB, München 2015, Edition 35.

Bauer, Fritz, Anmerkung zu BGH Beschluss v. 13.07.1961 – V ZB 9/61, JZ 1962, 123–124.

Baumbach, Adolf/Hueck, Alfred, GmbHG Gesetz betreffend die Gesellschaften mit beschränkter Haftung, 20. Auflage, München 2013.

Baumbach, Adolf/Hopt, Klaus/Merkt, Hanno/Roth, Markus, Handelsgesetzbuch, 36. Auflage, München 2014.

Bechtold, Joachim, Der Nießbrauch am Kommanditanteil, Mainz 1991.

Behnke, Thorsten, Minderjährige als Gesellschafter – Minderjährigenhaftungsbeschränkungsgesetz und Beratungspraxis, NZG 1999, 244–246.

Bestelmeyer, Horst, Nochmals: Der Widerruf der Vorsorgevollmacht durch den Kontrollbetreuer, FamRZ 2015, 550–554.

Beuthien, Volker, Treuhand an Gesellschaftsanteilen, ZGR 1974, 27–85.

Bengel, Manfred/Reimann, Wolfgang, Handbuch der Testamentsvollstreckung, 5. Auflage, München 2013.

Bienwald, Werner/Sonnenfeld, Susanne/Hoffmann, Brigitte/Bienwald, Christa, Betreuungsrecht, 5. Auflage, Bielefeld 2011.

Böhm, Horst, Probleme beim Widerruf einer Vorsorgevollmacht durch einen – zu diesem Zweck bestellten – Kontrollbetreuer, FamRZ 2013, 1703–1706.

Bommert, Rainer, Neue Entwicklungen zur Frage der Testamentsvollstreckung in Personengesellschaften, BB 1984, 178–183.

Brambring, Günter/Mutter, Christoph, Beck'sches Formularbuch Erbrecht, 3. Auflage, München 2014.

Brambring, Günter/Jerschke, Hans-Ulrich, Beck'sches Notar-Handbuch, 6. Auflage, München 2015.

Bühler, Martin, Vorsorgevollmacht zur Vermeidung einer Gebrechlichkeitspflegschaft oder Betreuung, BWNotZ 1990, 1–5.

Bühler, Martin, Vollmachtserteilung zur Vermeidung einer Betreuerbestellung – Möglichkeiten und Grenzen der Vorsorgevollmacht, FamRZ 2001, 1585–1597.

Dauner-Lieb, Barbara/Langen, Werner, BGB Schuldrecht Band 2/2: §§ 611 – 853, 2. Auflage, Baden-Baden 2012.

Diefenbach, Matin/Winkel, Anne, Die Abberufung des Testamentsvollstreckers gem. § 2227 BGB bei objektiv begründetem Misstrauen in die Amtsführung, ZErb 2014, 297–300.

Dodegge, Georg/Roth, Andreas, Systematischer Praxiskommentar Betreuungsrecht, 4. Auflage, Köln 2014.

Dörrie, Robin, Die Testamentsvollstreckung im Recht der Personenhandelsgesellschaften und der GmbH, Berlin 1994.

Ebenroth/Boujong/Joost/Strohn, Handelsgesetzbuch, Band 1, 3. Auflage, München 2014.

Einmahl, Jürgen, Die Ausübung der Verwaltungsrechte des Gesellschaftererben durch den Testamentsvollstrecker, AcP 160 (1961) 29–50.

Emmerich, Volker, Die Testamentsvollstreckung an Gesellschaftsanteilen, ZHR 132 (1969), 297–326.

Ensthaler, Jürgen, Gemeinschaftskommentar zum Handelsgesetzbuch mit UN-Kaufrecht, 7. Auflage, Neuwied 2007.

Ermann, Walter, Verwaltung der Rechte eines Kommanditisten durch einen persönlich haftenden Gesellschafter der Kommanditgesellschaft, in Festschrift für Hans Carl Nipperdey zum 70. Geburtstag I, München 1965, S. 277–296.

Ermann, Walter, Handkommentar zum Bürgerlichen Gesetzbuch mit Einführungsgesetz (teilkommentiert), AGBG (teilkommentiert), Abzahlungsgesetz, Beurkundungsgesetz, Wohnungseigentumsgesetz, Schiffrechtegesetz, Ehegesetz, Hausratsverordnung, unter Einarbeitung weiterer einschlägiger Bestimmungen, Bd. 1, § 1–853, 7. Auflage, Köln 1981.

Ermann, Walter, Bürgerliches Gesetzbuch: Handkommentar mit AGG, EGBGB (Auszug), ErbbauRG, LPartG, ProdHaftG, UKlaG, VBVG, VersAusglB und WEG, Bd. 1, 14. Auflage, Köln 2014.

Ermann, Walter, Bürgerliches Gesetzbuch: Handkommentar mit AGG, EGBGB (Auszug), ErbbauRG, LPartG, ProdHaftG, UKlaG, VBVG, VersAusglB und WEG, Bd. 2, 14. Auflage, Köln 2014.

Esch, Günter, Die Nachlasszugehörigkeit vererbter Personengesellschaftsbeteiligungen, NJW 1984, 339–343.

Esch, Güner/Baumann, Wolfgang/Schulze zur Wiesche, Dieter, Handbuch der Vermögensnachfolge, 7. Auflage, Berlin 2009.

Evert, Arne, Die Testamentsvollstreckung an Personengesellschaftsbeteiligungen in der notariellen Praxis, MittBayNot 2003, 427.

Faust, Florian, Die Testamentsvollstreckung am Anteil eines persönlich haftenden Gesellschafters, DB 2002, 189–195.

Fleck, Hans-Joachim, Stimmrechtsabspaltung in der GmbH, in Festschrift für Robert Fischer, Berlin 1979, S. 107–129.

Fleischer, Holger/Goette, Wulf, Münchener Kommentar zum GmbHG, Band 1, 2. Auflage München 2015.

Flume, Werner, Allgemeiner Teil des Bürgerlichen Rechts Erster Band Erster Teil – Die Personengesellschaft, Berlin 1977.

Flume, Werner, Allgemeiner Teil des Bürgerlichen Rechts Zweiter Band – Das Rechtsgeschäft, 4. Auflage, Berlin 1992.

Flume, Johannes W., Der minderjährige Gesellschafter, Ein Beitrag zur Zusammenführung von Beschlussdogmatik und Minderjährigenrecht, NZG 2014, 17–22.

Frank, Johann, Der Nießbrauch an Gesellschaftsanteilen, MittBayNot 2010, 96–104.

Gaier, Reinhard, Münchener Kommentar zum Bürgerlichen Gesetzbuch Band 6 Sachenrecht, §§ 854–1296, WEG, ErbbauRG, 6. Auflage, München 2013.

Gernhuber, Joachim, Der Senior und sein Zwangsvermögenspfleger, FamRZ 1976, 189–197.

Gogos, Demetrius, Die Geschäftsführung der offenen Handelsgesellschaft, Tübingen 1953.

Gummert, Hans/Weipert, Lutz, Münchener Handbuch des Gesellschaftsrecht, Band 1: BGB-Gesellschaft – Offene Handelsgesellschaft – Partnerschaftsgesellschaft – Partenreederei – EWIV, 4. Auflage, München 2014.

Gummert, Hans/Weipert, Lutz, Münchener Handbuch des Gesellschaftsrecht, Band 2: Kommanditgesellschaft – GmbH & Co. KG – Publikums KG – Stille Gesellschaft, 4. Auflage, München 2014.

Gummert, Hans, Münchener Anwaltshandbuch Personengesellschaftsrecht, 2. Auflage München 2015.

Habersack, Mathias, Grenzen der Mehrheitsherrschaft in Stimmrechtskonsortien, ZHR 164 (2000) 1–22.

Habersack, Mathias, Münchener Kommentar zum Bürgerlichen Gesetzbuch, Band 5 Schuldrecht – Besonderer Teil III; §§ 705 – 853 Partnerschaftsgesellschaftsgesetz, Produkthaftungsgesetz, 6. Auflage, München 2013.

Hau, Wolfgang, juris Praxiskommentar BGB, Band 5 – Erbrecht, 7. Auflage, Saarbrücken 2014.

Hauschild, Armin/Kallrath, Jürgen/Wachter, Thomas, Notarhandbuch Gesellschafts- und Unternehmensrecht, München 2011.

Heckschen, Heribert, Demographie und Vertragsgestaltung, Auswirkungen der Altersentwicklung auf die Gestaltungspraxis bei Übertragungs- und Gesellschaftsverträgen, NZG 2012, 10–16.

Heckschen, Heribert/Kreußlein, Matthias, Vorsorgevollmachten und Satzungsgestaltung im GmbH-Recht, NotBZ 2012, 321–329.

Heidel, Thomas/Schall, Alexander, Handelsgesetzbuch Handkommentar, Baden-Baden 2011.

Hepp-Schwab, Hermann, Die Mitgliedschaft des Personengesellschafters und der Nießbrauch an seinem Gesellschaftsanteil, Berlin 1998.

Hehemann, Heinrich, Testamentsvollstreckung bei Vererbung von Anteilen an Personengesellschaften, BB 1995, 1301–1312.

Henssler, Martin, Münchener Kommentar zum Bürgerlichen Gesetzbuch Band 4 Schuldrecht Besonderer Teil II., § 611–704 BGB, EFZG, TzBfG, KSchG, 6. Auflage, München 2012.

Henssler, Martin/Strohn, Lutz, Gesellschaftsrecht, 2. Auflage, München 2014.

Hermanns, Marc, Übertragung von Mitgliedschaftsrechten an Dritte – Gestaltungsmöglichkeiten und -grenzen, ZIP 26 (2005), 2284–2290.

Hoffmann-Becking, Michael/Rawert, Peter, Beck'sches Formularbuch Bürgerliches, Handels- und Wirtschaftsrecht, 11. Auflage, München 2013.

Horn, Claus-Hendrik/Schabel, Felix, Auskunfts- und Rückforderungsansprüche nach möglichem Vollmachtsmissbrauch, NJW 2012, 3473–3479.

Horn, Norbert, Handelsgesetzbuch (ohne Seerecht): Kommentar Band 2 Zweites Buch, §§ 105–237, 2. Auflage, Berlin 1996.

Huber, Ulbrich, Vermögensanteil, Kapitalanteil und Gesellschaftsanteil an Personalgesellschaften des Handelsrechts, Heidelberg 1970.

Hübner, Rudolf-Matthias/Hammes, Philipp-Gerald, Testamentsvollstreckung und Vertretung bei Gesellschafts- und Geschäftsanteilen, BB 2013, 2307–2314.

Hueck, Alfred, Der gemeinschaftliche Vertreter mehrerer Erben in einer Kommanditgesellschaft, ZHR 125 (1963), 1–24.

Hueck, Alfred, Stimmbindungsverträge bei Personenhandelsgesellschaften, in Festschrift für Hans Carls Nipperdey zum 70. Geburtstag, Band I, München 1965, S. 401–426.

Hueck, Alfred, Das Recht der offenen Handelsgesellschaft, 4. Auflage, Berlin 1971.

Hurst, Werner, Die Vertreterklausel bei der offenen Handelsgesellschaft, DNotZ 1967, 6–22.

Immenga, Ulrich, Die Minderheitsrechte des Kommanditisten, ZGR 1974, 385–426.

Jäger, Axel, Der Betreuer als gesetzlicher Vertreter des Gesellschafter-Geschäftsführers und des Gesellschafters, DStR 1996, 108, 109.

Jocher, Martin, Die Vorsorgevollmacht des Unternehmers, notar 2014, S. 3–13.

Jürgens, Andreas, Betreuungsrecht, 5. Auflage, München 2014.

Junker, Markus/Beckmann, Roland Michael/Rüßmann, Helmut, juris Praxiskommentar BGB, Band 2 – Schuldrecht, 7. Auflage, Saarbrücken 2015.

Jurgeleit, Andreas, Die Reform des Betreuungsrechts – eine Übersicht, FGPrax 2005, 139–141.

Jurgeleit, Andreas, Betreuungsrecht, 3. Auflage, Baden-Baden 2013.

Keilbach, Heinz, Vorsorgeregelungen zur Wahrung der Selbstbestimmung bei Krankheit, im Alter und am Lebensende, FamRZ 2003, 969–982.

Keilbach, Heinz, Formular für Vorsorgeregelungen, DNotZ 2004, 164–172.

Kaiser, Dagmar/Schnitzler, Klaus/Friederici, Peter/Schilling, Roger, BGB Familienrecht Band 4: §§ 1297–1921, 3. Auflage, Baden-Baden 2014.

Kessal-Wulf, Sibylle, Münchener Kommentar zum Bürgerlichen Gesetzbuch Band 9 Erbrecht, §§ 1922–2385, §§ 27–35 BeurkG, 6. Auflage, München 2013.

Kick, Sabine, Die Haftung des Erben eines Personenhandelsgesellschafters, Köln, Berlin, Bonn, München 1997.

Klöckner, Stefan, Wirksamkeit der Stimmabgabe eines Treuhänders in der Publikums-Gesellschaft, BB 2009, 1313–1318.

Klumpp, Hans-Hermann, Die obligatorische Gruppenvertretung – Gesellschaftsrechtliche Fragen bei Personengesellschaften, Kapitalgesellschaften, erbrechtliche Folgeprobleme, ZEV 1999, 305–307.

Köhler, Helmut, Die Willensbildung in der OHG und KG, JA 1983, 168–174.

Koller, Ingo/Roth, Wulf-Henning/Kindler, Peter/Morck, Winfried, Handelsgesetzbuch, 8. Auflage, München 2015.

Kreppel, Thomas, Der Testamentsvollstrecker und die Erben des Gesellschafters, DStR 1996, 403–433.

Kroiß, Ludwig/Ann, Christoph/Mayer, Jörg, BGB Erbrecht Band 5: §§ 1922–2385, 4. Auflage, Baden-Baden 2014.

Kropp, Gabriela, Die Vorsorgevollmacht, FPR 2012, 9–13.

Krüger, Wolfgang, Münchener Kommentar zum Bürgerlichen Gesetzbuch Band 2 Schuldrecht Allgemeiner Teil, §§ 241–432, 6. Auflage, München 2012.

Kurze, Dietmar, Die Kontrollbetreuung, NJW 2007, 2220–2224.

Langenfeld, Andrea, Vorsorgevollmacht, Betreuungsverfügung und Patiententestament nach dem neuen Betreuungsrecht, Konstanz 1994.

Langenfeld, Gerrit, Die Vorsorgevollmacht des Unternehmers, ZEV 2005, 52–54.

Limmer, Peter/Hertel, Christian/Frenz, Norbert/Mayer, Jörg, Würzburger Notarhandbuch, 4. Auflage, Köln 2015.

Lipp, Volker, Erwachsenenschutz und Verfassung – Betreuung, Unterbringung und Zwangsbehandlung, FamRZ 2013, 913–992.

Lipp, Volker, Handbuch der Vorsorgeverfügungen, Vorsorgevollmacht, Patientenverfügung, Betreuungsverfügung, München 2009.

Litzenburger, Wolfgang, Vorsorgevollmacht ohne Auftrag?, NotBZ 2007, 1–10.

Litzenburger, Wolfgang, Urteilsanmerkungen zu OLG Hamm, Urteil vom 20.11.2007–26 U 62/06, BeckRS 2008, 20414, FD-ErbR 2008, 267869.

Lutter, Marcus/Hommelhoff, Peter, GmbH-Gesetz Kommentar, 18. Auflage, Köln 2012.

Lorenz, Stephan, Grundwissen – Zivilrecht: Auftrag und Geschäftsbesorgung, JuS 2012, 6–9.

Lorz, Rainer, Testamentsvollstreckung und Unternehmensrecht, München 1995.

Lorz, Rainer/Kirchdörfer, Rainer, Unternehmensnachfolge, 2. Auflage, München 2011.

Marotzke, Wolfgang, Die Mitgliedschaft in einer offenen Handelsgesellschaft als Gegenstand der Testamentsvollstreckung, JZ 1986, 457–508.

Mayer, Dieter, Testamentsvollstreckung am Kommanditanteil, ZIP 1990, 976–979.

Meier, Sybille M., Handbuch Betreuungsrecht, 2001 Heidelberg.

Michalski, Lutz, Urteilsanmerkungen zu ThürOLG Jena, Urteil vom 09.07.1997 – 2 U 1248/96, NZG 1998, 343–345, NZG 1998, 345–346.

Michalski, Lutz, Kommentar zum Gesetz betreffend die Gesellschaften mit beschränkter Haftung (GmbH-Gesetz), Band I, §§ 1–34 GmbHG, 2. Auflage, München 2010.

Michalski, Lutz, Kommentar zum Gesetz betreffend die Gesellschaften mit beschränkter Haftung (GmbH-Gesetz), Band II, §§ 35–85 GmbHG, §§ 1–4 EGGmbHG, 2. Auflage, München 2010.

Milzer, Lutz, Die adressatengerechte Vorsorgevollmacht, NJW 2003, 1836–1839.

Müller, Gabriele, Altersvorsorgevollmacht – Gestaltung ihres Inkrafttretens, DNotZ 1997, 100–113.

Müller, Gabriele/Renner, Thomas, Betreuungsrecht und Vorsorgeverfügungen in der Praxis, 4. Auflage, Köln 2015.

Muscheler, Karlheinz, Die Haftungsordnung der Testamentsvollstreckung, Tübingen 1994.

Muscheler, Karlheinz, Die Entlassung des Testamentsvollstreckers, AcP 197 (1997), 226–304.

Muscheler, Karlheinz, Pflicht des Testamentsvollstreckers zur Kündigung seines Amtes, NJW 2009, 2081–2087.

Nedden-Boeger, Claudio, Der Widerruf der Vorsorgevollmacht durch den Kontrollbetreuer, FamRZ 2014, 1589–1668.

Nedden-Boeger, Claudio, Vertrauen ist gut, Kontrolle nur ausnahmsweise besser! FamRZ 2015, 554–555.

Oetker, Hartmut, Kommentar zum Handelsgesetzbuch, 4. Auflage, München 2015.

Palandt, Otto, Bürgerliches Gesetzbuch, 71. Auflage, München 2012.

Palandt, Otto, Bürgerliches Gesetzbuch, 73. Auflage, München 2014.

Palandt, Otto, Bürgerliches Gesetzbuch, 77. Auflage, München 2018.

Podewils, Felix, Anmerkung zu AG Schleswig, Beschluss vom 05.07.2013 – 4 XVII B 11924, jurisPR-FamR 7/2014.

Prinz, Ulrich/Hoffmann, Wolf-Dieter, Beck'sches Handbuch der Personengesellschaften, Gesellschaftsrecht – Steuerrecht, 4. Auflage, München 2014.

Prütting, Hanns/Wegen, Gerhard/Weinreich, Gerd, BGB Kommentar, 10. Auflage, München 2015.

Quack, Norbert, Die Testamentsvollstreckung an Kommanditanteil, BB 1989, 2271–2274.

Raddatz, Anselm, Die Nachlasszugehörigkeit vererbter Personengesellschaftsanteile: Folgerungen für die Rechte nachlaßbeteiligter Dritter, Berlin 1990.

Raub, Felicia, Vorsorgevollmachten im Personengesellschaftsrecht, 2013 Bonn.

Reuter, Dieter, Stimmrechtsvereinbarungen bei treuhänderischer Abtretung eines GmbH-Anteils, ZGR 1978, 633.

Reimann, Wolfgang, Vereinbarungen zwischen Testamentsvollstreckern und Erben über die vorzeitige Beendigung der Testamentsvollstreckung, NJW 2005, 789–794.

Reymann, Christoph, Vorsorgevollmachten von Berufsträgern, ZEV 2005, 457–463.

Reymann, Christoph, Vorsorgevollmachten von Berufsträgern: Gestaltungsoptimierung im Außenverhältnis, ZEV 2005, 514–517.

Reymann, Christoph, Vorsorgevollmachten von Berufsträgern: Bestandssicherung, Dritteinflussabwehr und Kontrolle, ZEV 2006, 12–16.

Rieger, Gregor, Machtlos trotz Vollmacht? Materiell- und verfahrensrechtlicher Schutz vor Vorsorgevollmacht und Betreuungsverfügung, in Festschrift für Dieter Schwab zum 70. Geburtstag, Bielefeld, 2005, S. 1043–1061.

Röhricht, Volker/Graf v. Westphalen, Friedrich/Haas, Ulrich, Handelsgesetzbuch Kommentar zu Handelsstand, Handelsgesellschaften, Handelsgeschäften und besonderen Handelsverträgen (ohne Bilanz-, Transport- und Seerecht), 4. Auflage, Köln 2014.

Rohleff, Reimer, Die Verwendung des Nießbrauchs am Anteil einer Personenhandelsgesellschaft zur Ersparung von Schenkungs- und Erbschaftsteuer, NJW 1971, 1337–1341.

Roth, Wolfgang, Erbrechtliche Probleme bei der Vorsorgevollmacht, NJW-Spezial 2012, 615.

Säcker, Franz Jürgen, Münchener Kommentar zum Bürgerlichen Gesetzbuch Band 1 Allgemeiner Teil, §§ 1–240, PostG, AGG, 6. Auflage, München 2012.

Saenger, Ingo/Aderhold, Lutz/Lenkaitis, Karlheinz/Speckmann, Gerhard, Handels- und Gesellschaftsrecht Praxishandbuch, 2. Auflage, Baden-Baden 2011.

Saenger, Ingo, Gesellschaftsrecht, 2. Auflage, München 2013.

Sarres, Ernst, Informations- und Gegenrechte bei der vorsorgenden Vollmacht, ZEV 2013, 312–315.

Sauer, Ulrich, Die Gestaltung des Innenverhältnisses von General- und Vorsorgevollmachten, RNotZ 2009, 79–96.

Schäfer, Carsten, Vorsorgevollmachten im Personengesellschaftsrecht, ZHR 175 (2011) 557–583.

Scherer, Stephan, Münchener Anwaltshandbuch Erbrecht, 4. Auflage, München 2014.

Schlegelberger, Franz, Handelsgesetzbuch, Band III, 5. Auflage, München 1991.

Schmidt, Karsten, Die obligatorische Gruppenvertretung im Recht der Personengesellschaften und der GmbH, ZHR 146 (1982) 525–554.

Schmidt, Karsten, Stimmrecht beim Anteilsnießbrauch, ZGR 1999, 601–612.

Schmidt, Karsten, Gesellschaftsrecht, 4. Auflage, Köln 2002.

Schmidt, Karsten, Münchener Kommentar zum Handelsgesetzbuch, Band 2 Zweites Buch. Handelsgesellschaften und stille Gesellschaft, Erster Abschnitt. Offene Handelsgesellschaft, §§ 105–160, 3. Auflage, München 2011.

Schmidt, Karsten, Münchener Kommentar zum Handelsgesetzbuch, Band 3 Zweites Buch. Handelsgesellschaften und stille Gesellschaften, Zweiter Abschnitt. Kommanditgesellschaft, Dritter Abschnitt. Stille Gesellschaft, §§ 161–237, Konzernrecht der Personengesellschaft, 3. Auflage, München 2012.

Schön, Wolfgang, Der Nießbrauch am Gesellschaftsanteil, ZHR 158 (1994), 229–270.

Scholz, Franz, Kommentar zum GmbH-Gesetz mit Anhang Konzernrecht, II. Band §§ 35–52, Anh. § 45 Gesellschafterversammlung und Gesellschafterkompetenzen in der GmbH & Co. KG, 11. Auflage, Köln 2014.

Schörnig, Michael, Die gesellschaftsrechtliche Zulässigkeit einer obligatorischen Gruppenvertretung bei Personen- und Kapitalgesellschaften durch eine sog. Vertreterklausel, ZEV 2002, 343–350.

Schüller, Michael, Untervollmachten bei General- und Vorsorgevollmachten – Risiken und Gestaltungsmöglichkeiten, RNotZ 2014, 585–591.

Schulze, Reiner, Bürgerliches Gesetzbuch Handkommentar, 8. Auflage, Baden-Baden 2014.

Schwab, Dieter, Probleme des materiellen Betreuungsrechts, FamRZ 1992, 493–507.

Schwab, Dieter, Münchener Kommentar zum Bürgerlichen Gesetzbuch Band 8 Familienrecht II, §§ 1589–1921, SGB VIII, 6. Auflage, München 2012.

Schwab, Dieter, Vorsorgevollmacht und Selbstbestimmung, Anmerkung zu BGH, Urteil v. 25.3.2014 - X ZR 94/12 – , FamRZ 2014, 937, FamRZ 2014, 888–891.

Schwerdtfeger, Armin, Gesellschaftsrecht Kommentar, 3. Auflage, Köln 2015.

Siebert, Wolfgang, Nießbrauch am Gewinnrecht des Gesellschafters einer offenen Handelsgesellschaft, BB 1956, 1126–1227.

Soergel, Th., Bürgerliches Gesetzbuch, Band 2, Allgemeiner Teil 2, §§ 104–240, 13. Auflage, Stuttgart 1999.

Soergel, Th., Bürgerliches Gesetzbuch, Band 3, Schuldrecht II, §§ 611–853, 10. Auflage, Stuttgart 1969.

Soergel, Th., Bürgerliches Gesetzbuch, Band 11/1, Schuldrecht 9/1, §§ 705–758, 13. Auflage, Stuttgart 2011.

Soergel, Th., Bürgerliches Gesetzbuch, Band 16, Sachenrecht 3, §§ 1018–1296, 13. Auflage, Stuttgart 2001.

Soergel, Th., Bürgerliches Gesetzbuch, Band 20, Familienrecht 4, §§ 1741–1921, 13. Auflage, Stuttgart 2000.

Soergel, Th., Bürgerliches Gesetzbuch, Band 22, Erbrecht 2 (§§ 2064–2273; §§ 1–35 BeurkG), 13. Auflage, Stuttgart 2003.

Staub, Hermann, Handelsgesetzbuch Großkommentar, Dritter Band, §§ 105–160, 5. Auflage, Berlin 2009.

Staub, Hermann, Handelsgesetzbuch Großkommentar, Vierter Band, §§ 161–236, 5. Auflage, Berlin 2015.

Staudinger, Julius v., Kommentar zum Bürgerlichen Gesetzbuch mit Einführungsgesetz und Nebengesetzen, Buch 1. Allgemeiner Teil, §§ 164–240 (Allgemeiner Teil 5), Neubearbeitung Berlin 2014.

Staudinger, Julius v., Kommentar zum Bürgerlichen Gesetzbuch mit Einführungsgesetz und Nebengesetzen, Buch 2. Recht der Schuldverhältnisse, §§ 362–396 (Erfüllung, Hinterlegung, Aufrechnung), Neubearbeitung Berlin 2011.

Staudinger, Julius v., Kommentar zum Bürgerlichen Gesetzbuch mit Einführungsgesetz und Nebengesetzen, Buch 2. Recht der Schuldverhältnisse, §§ 657–704 (Geschäftsbesorgung), Neubearbeitung Berlin 2006.

Staudinger, Julius v., Kommentar zum Bürgerlichen Gesetzbuch mit Einführungsgesetz und Nebengesetzen, Recht der Schuldverhältnisse, §§ 705–740, Neubearbeitung Berlin 2003.

Staudinger, Julius v., Kommentar zum Bürgerlichen Gesetzbuch mit Einführungsgesetz und Nebengesetzen, Buch 3. Sachenrecht, ErbbauRG; §§ 1018–1112 (Dienstbarkeiten, Vorkaufsrecht, Reallasten), Neubearbeitung Berlin 2009.

Staudinger, Julius v., Kommentar zum Bürgerlichen Gesetzbuch mit Einführungsgesetz und Nebengesetzen, Buch 4. Familienrecht, §§ 1773–1895 (Vormundschaftsrecht), Neubearbeitung Berlin 2014.

Staudinger, Julius v., Kommentar zum Bürgerlichen Gesetzbuch mit Einführungsgesetz und Nebengesetzen, Buch 4. Familienrecht, §§ 1896–1921 (Betreuung und Pflegschaft), Neubearbeitung Berlin 2013.

Staudinger, Julius v., Kommentar zum Bürgerlichen Gesetzbuch mit Einführungsgesetz und Nebengesetzen, Buch 5. Erbrecht, §§ 2197–2228 (Testament 2), Neubearbeitung Berlin 2012.

Stimpel, Walter, Testamentsvollstreckung über den Anteil an einer Gesellschaft bürgerlichen Rechts, in Festschrift für Hans Erich Brandner zum 70. Geburtstag, Köln 1996, S. 779–798.

Stürner, Rolf, Jauernig Bürgerliches Gesetzbuch mit Allgemeinem Gleichbehandlungsgesetz, 15. Auflage, München 2014.

Sudhoff, Heinrich, Der Nießbrauch am Anteil einer Personengesellschaft, NJW 1971, 481–486.

Sudhoff, Heinrich, Nochmals: Der Nießbrauch am Gesellschaftsanteil, NJW 1974, 2205–2211.

Sudhoff, Heinrich, Unternehmensnachfolge, 5. Auflage, München 2005.

Sudhoff, Heinrich, GmbH & Co. KG, 6. Auflage, München 2005.

Sudhoff, Heinrich, Personengesellschaften, 8. Auflage, München 2005.

Teichmann, Arndt, Gestaltungsfreiheiten in Gesellschaftsverträgen, München 1970.

Teichmann, Arndt, Der Nießbrauch an Gesellschaftsanteilen, ZGR 1972, 1–23.

Ulmer, Peter, Zur Bedeutung des gesellschaftsrechtlichen Abspaltungsverbots für den Nießbrauch am OHG (KG) Anteil, in Festschrift für Hans-Joachim Fleck zum 70. Geburtstag, Berlin 1988, S. 383–400.

Ulmer, Peter, Nachlaßzugehörigkeit vererbter Personengesellschaftsbeteiligungen? NJW 1984, 1496–1502.

Ulmer, Peter, Testamentsvollstreckung am Kommanditanteil – Voraussetzungen und Rechtsfolgen, NJW 1990, 73–83.

Ulmer, Peter/Schäfer, Carsten, Die Zugriffsmöglichkeiten der Nachlaß- und Privatgläubiger auf den durch Sondervererbung übergegangenen Anteil an einer Personengesellschaft, ZHR 160 (1996), 413–442.

Ulmer, Peter/Habersack, Mathias/Löbbe, Marc, Gesetz betreffend die Gesellschaft mit beschränkter Haftung (GmbH), Großkommentar Band I: Einleitung §§ 1–28, 2. Auflage, Tübingen 2013.

Ulmer, Peter/Habersack, Mathias/Habersack, Mathias, Gesetz betreffend die Gesellschaft mit beschränkter Haftung (GmbH), Großkommentar Band II: §§ 29–52, 2. Auflage, Tübingen 2014.

Volmer, Verbraucherkreditgesetz und Repräsentationsprinzip, ZfIR 1999, 891–895.

Wachter, Thomas, Anmerkung zu OLG Frankfurt/M., Beschl. v. 16.04.2013 - 20 W 494/11, EWiR 2014, 9–10.

Wachter, Thomas, Praxis des Handels- und Gesellschaftsrechts, 3. Auflage, Bonn 2015.

Walter, Ute, Die Vorsorgevollmacht, Grundprobleme eines Rechtsinstituts unter besonderer Berücksichtigung der Frage nach Vorsorge im personalen Bereich, Bielefeld 1997.

Walter, Ute, Das Betreuungsrechtsänderungsgesetz und das Rechtsinstitut der Vorsorgevollmacht, FamRZ 1999, 685–695.

Walter, Ute, Vorsorgevollmacht und Überwachungsbetreuung, ZEV 2000, 353–356.

Wedemann, Frauke, Vorsorgevollmachten bei Personengesellschaften und GmbHs, ZIP 2013, 1508–1515.

Wedemann, Frauke, Das Stimmrecht beim Anteilsnießbrauch im Spiegel von Rechtsvergleichung und Rechtssetzungslehre, NZG 2013, 1281–1289.

Wedemann, Frauke, Ältere Menschen – eine besondere Hausforderung für Rechtsprechung, Gesetzgebung und Beratung, NJW 2014, 3419–3424.

Weidlich, Dietmar, Die Testamentsvollstreckung im Recht der Personengesellschaften, Köln, Berlin, Bonn, München 1993.

Werner, Rüdiger, Der dauernd handlungsunfähige Gesellschafter, StBW 2010, 523–528.

Werner, Rüdiger, Wie man einen Testamentsvollstrecker los wird, ZEV 2010, 126–130.

Werner, Rüdiger, Der handlungsunfähige GmbH-Gesellschafter, GmbHR 2013, 963–968.

Westermann, Harm Peter, Der überforderte Gesellschafter, in Einheit und Vielheit im Unternehmensrecht, Festschrift für Uwe Blaurock zum 70. Geburtstag, Tübingen 2013.

Wiedemann, Herbert, Die Übertragung und Vererbung von Mitgliedschaftsrechten bei Handelsgesellschaften, München 1965.

Wiedemann, Herbert, Verbandssouveränität und Außeneinfluss, Gedanken zur Errichtung eines Beirates in der Personengesellschaft, in Festschrift für Wolfgang Schilling zum 65. Geburtstag, Berlin 1973, S. 105–124.

Wiedemann, Herbert, Gesellschaftsrecht Band I Grundlagen, München 1980.

Wiedemann, Herbert, Gesellschaftsrecht Band II, München 2004.

Wilde, Heiko, Der unter Betreuung stehende Gesellschafter, GmbHR 2010, 123–129.

Winkler, Matthias, Vorsorgeverfügungen, Patientenverfügung, Vorsorgevollmacht, Betreuungs- und Organverfügung, 4. Auflage, München 2010.

Zimmermann, Walter, Die Vorsorgevollmacht im Bankgeschäft, BKR 2007, 226–232.

Zimmermann, Walter, Betreuungsrecht, 4. Auflage, Stuttgart 2010.

Zimmermann, Walter, Vorsorgevollmacht – Betreuungsverfügung – Patientenverfügung – für die Beratungspraxis, 2. Auflage, Berlin 2010.

Zimmermann, Walter, Die Vergütung des Vorsorgebevollmächtigten, FamRZ 2013, 1535–1538.

Zimmermann, Walter, Die Formulierung der Vorsorgevollmacht, NJW 2014, 1573–1576.

Zöllner, Wolfgang, Kölner Kommentar zum Aktiengesetz, Einleitungs-Band, Köln 1984.

Zöllner, Wolfgang, Zu Schranken und Wirkung von Stimmbindungsverträgen, insbesondere bei der GmbH, ZHR 155 (1991) 168–189.

www.ingramcontent.com/pod-product-compliance
Ingram Content Group UK Ltd.
Pitfield, Milton Keynes, MK11 3LW, UK
UKHW021940290926
8980IPUK00016B/1726

9 783631 785195